荟萃古今谜语故事 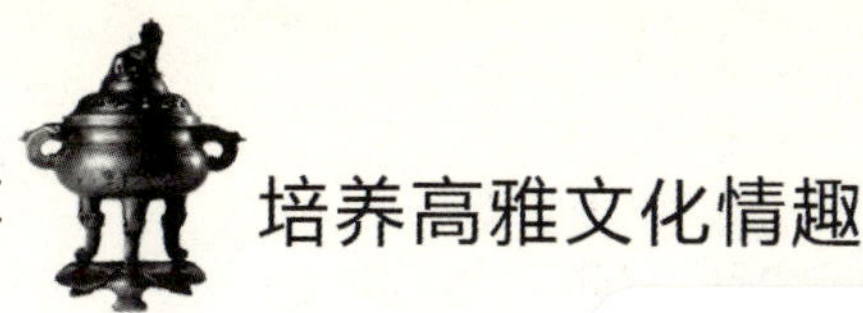 培养高雅文化情趣

中华上下五千年谜语趣话

蒋焱兰 周馥华 / 编著

西苑出版社

图书在版编目（CIP）数据

中华上下五千年谜语趣话/蒋焱兰，周馥华编著.
—北京：西苑出版社，2010.10
ISBN 978-7-80210-831-8

Ⅰ.①中… Ⅱ.①蒋… ②周… Ⅲ.①谜语—作品集—中国 Ⅳ.①I277.8

中国版本图书馆 CIP 数据核字（2010）第 201651 号

中华上下五千年谜语趣话

编　　者　蒋焱兰　周馥华
出版发行　西苑出版社
通讯地址　北京市海淀区阜石路 15 号　　邮政编码：100143
　　　　　电　　话：010-88624971　　传　　真：010-88637120
　　　　　编 辑 部：010-88637291
网　　址　www.xycbs.com　　E-mail：xycbs8@126.com
印　　刷　唐山新苑印务有限公司
经　　销　全国新华书店
开　　本　787mm×1092mm　1/16
字　　数　344 千字
印　　张　20
版　　次　2011 年 1 月第 1 版
印　　次　2011 年 1 月第 1 次印刷
书　　号　ISBN 978-7-80210-831-8
定　　价　32.00 元

序

谜语——脑比拼一分钟

谜语最初起源于民间口头文学，是我们的祖先在长期生产劳动和生活实践中创造出来的，是劳动人民聪明智慧的结晶。后经文人的加工、创新，有了文义谜。我们一般称民间谜为谜语，文义谜为灯谜，也统称为谜语。

我国的谜语源远流长，已经有三千多年的历史了。早在生产力还十分低下的西周以前，就出现了一种用暗示和隐喻来描述某种事物的歌谣，如流行于商代的一首牧歌：“女承筐，无实。士刲羊，无血。”就运用了民间谜语的诡词法，写牧场上的一对男女青年，女的拿筐，男的一刀一刀剪着羊毛。“无实”和“无血”恰到好处，整首牧歌给人的印象是深刻的，既饱含情景交融、热情隽永的诗意，又不失诡辩机智、妙趣横生的谜味。

到了春秋战国时期，这种歌谣发展演变成“庾辞”（亦称“隐语”）。当时由于列国分争，有不少游说者在进谏时，往往都用“隐语”道出己见，使君王从中得到启发。我国第一部国别体记事史《国语》书中《晋语·五》就记载：

范文莫退朝，武子曰：“何莫也？”对曰：“有（秦）客庾辞于朝，大夫莫之能对也，吾知三焉。武子怒曰：“大夫非不能也，让父兄也。……击之以杖，折委笄。”

这段话说的是在鲁宣公十七年（前592），晋国范武子的儿子文子

（名燮）退朝晚了，当时告老在家的范武子问儿子为什么退朝晚了，文子回答说："秦国来了使者，在朝中讲了五条庾辞，朝中的大夫们竟无人能答，我一下子猜破了三条。"武子听了大怒道："朝中大夫不答是因为谦让父老之故。"说罢，怪儿子不知礼，举起手中杖向儿子打去。《国语》作者左丘明未能将这些庾辞内容给我们交代清楚，但说明庾辞已在当时很盛行了。与《国语》齐名的《左传》里更是记载了不少隐语故事。

这些"庾辞"和"隐语"，就是"灯谜"的雏形。直至南朝宋文学家鲍照作"井""龟""土"三个字谜，并收入在他的《鲍参军集》里，才有了"谜"字一称。

开始时，谜"流行于人们口头说猜，三国时期才有人把谜写在纸上贴出来令人猜对。直到南宋时期，文人雅士们为了显示自己的才学，在元宵花灯之夜，把一些精制的谜条贴在纱灯上吸引过客，所以才有了"灯谜"的称号。灯谜，又被称为灯虎、文虎、打虎、弹壁灯、商灯、射、解、拆等，人们还常常把"猜灯谜"比做"射虎"。

清中叶以后，谜风大盛，涌现了许多谜师。辛亥革命后，灯谜还形成了南宗北派两种风格。

解放后，灯谜活动更是蓬勃发展，谜题谜作日益完善丰富。在世界各地都有灯谜活动及灯谜学术交流。

谜语是我国特有的一种文明高雅的文字游戏，也是民间传统文化花园里一枝色彩诱人、异香扑鼻的奇葩。它是我国劳动人民智慧的结晶，也是文人们喜闻乐见的一种综合性艺术。它知识性较强，构筑新颖，具有雅俗共赏的艺术特色。灯谜的语言平实精炼且变化多端，有很浓郁的文学气息，言辞中深藏人生的哲理……它们像一朵朵含蓄深沉而又绚丽多姿的小花，展现在我们面前，如一个微小而又广阔的世界。

猜谜语是我国人民喜闻乐见的集普及性与群众性于一体的文化娱乐活动，既可启发思维、锻炼智力，也可使我们增长知识、增加学习能力、提高文学修养、享受生活情趣，因而历来深受人民群众的喜爱。

《中华上下五千年谜语趣话》是结合中国传统文化，又结合脑力

激荡游戏，结合当今素质教育，从大量脍炙人口、广为流传的谜语故事中精选整理而成的，是一本实用的灯谜指南，集合了灯谜故事、灯谜文化及灯谜历史知识，是为读者朋友们指点猜灯谜迷津的集大成之作。

本书适合学校、机关、企事业单位、家庭用于组织丰富的文化娱乐活动时使用，也适合广大读者朋友用于提高自己的猜谜水平和开发自己的智力，培养高雅的文化情趣和爱好！

目 录

目

第二篇　灯谜文化趣味故事

第一篇

灯谜历史故事

先秦时期

一谜骂倒"笑面虎"

有个姓胡的财主，家财万贯，横行乡里，皮笑肉不笑，人人叫他"笑面虎"。笑面虎只要看见比自己穿得好的人，便拼命巴结，对那些粗衣烂衫的穷人，望也不望一眼。

那年春节将临，胡家门口一前一后来了两个人，前边那人叫李才，后边那个叫王少。李才衣着整齐华丽，王少穿得破破烂烂。家丁一见李才，忙回入禀报，笑面虎慌忙迎出门来，满脸堆笑，恭敬相让。李才说要"借银十两"，笑面虎忙取来银两，李才扬长而去。笑面虎还没回过身来，王少上前喊道："老爷，我借点粮。"

笑面虎瞄他一眼，就骂道："小子，你凭什么借粮？走开！"

在回家的路上，王少越想越气，忽然心生一计。

元宵将临，各家各户都忙着做花灯，王少也乐哈哈地忙了一天。到了元宵灯节的晚上，家家户户街头房前都挂上了各式各样的花灯，王少也提着一盏花灯上街。花灯扎得又大又亮，特显眼的是上面还题着一首诗。

王少来到笑面虎门前，把花灯提得高高的，引得好多人围看。笑面虎正在观灯，一见此景，也挤到花灯前，只见灯上题着四句诗。他认不全，念不通，就吩咐身后的账房先生念给他听，账房先生看了看，念道：

头尖身细白如银，
论称没有半毫分，
眼睛长到屁股上，
光认衣裳不认人。

笑面虎一听，只气得面红耳赤，怒眼圆睁，叫道："好小子，胆敢骂老爷！"就命家丁要抢花灯。王少忙举起灯，笑嘻嘻回道："老爷，怎见得是骂你呢？"

笑面虎气呼呼说道："你那灯上是怎写的？"王少朗声念了一遍。

笑面虎恨恨说："这还不是骂我？"

王少笑出声来："老爷，你真多心！这四句诗是个谜，谜底是'针'，你想想，是不是？"笑面虎一怔，只气得干瞪眼，没话可说，转过身狼狈地走了。周围的人明知王少是指着和尚骂秃贼，也乐得哈哈大笑。

这事越传越远。第二年灯节，不少人就都将谜语写在花灯上，供观灯的人猜测取乐。

灯谜由此就成了花灯的一种副产品，斗智助兴，用来增添节日气氛。

“飞熊入梦”隐招姜太公

在商朝，姬昌（周文王）还没有得天下的时候，称为西伯。西伯要出去打猎，占卜了一卦，卦辞上说：

所获非龙非龚，非虎非罴；
所获霸王之辅。

大家看了这卦辞都在猜：非龙非龚，非虎非罴，是个什么东西呢？什么样的猎物才能成为霸王之辅呢？

姜太公像

一天，西伯打猎来到渭水河边，看到一个老人在钓鱼。他便上前与这老人谈话。两人谈得非常投机，西伯很佩服这个老人的学问和见识，便说：“我的先君太公说过：‘当有圣人适周，周以兴’。莫非就是先生吗？我的太公盼望你很久了！”西伯用车把他拉回来，尊为师，并称这位老人为“太公望”。

原来这个老人姓姜名尚，字子牙，道号即为飞熊，他后来果然辅佐姬昌打败了荒淫无道的商纣王，夺得了天下。西伯姬昌也就成了周朝的开国皇帝周文王。

这件事后来演化为周文王因“飞熊”入梦而遇到姜太公的传说，这是因为大家在解这段卜辞之谜的时候，认为“非龙非龚”，龙、龚都是天上飞的东西。“非龙非龚”隐“飞”字。“非虎非罴”隐“熊”字，又“非”与“飞”同音，所以就传成“飞熊入梦”了。

婢女巧解宁戚隐语意

管仲，名夷吾，谥号“敬仲”，春秋时期齐国颍上（今安徽颍上）人，史称管子。春秋时期齐国著名的政治家、军事家。

管仲像

有一天，齐桓公让管仲去请宁戚。宁戚说“浩浩乎，育育乎”，管仲听了，不明白他的意思，可又不好意思问。在中午吃饭的时候，他为这件事发起愁来。他身边的婢女见他发愁便问道：“大人，您为何事发愁啊？”管仲说：“这不是你们这些听使唤的丫头们所能知道的！”婢女说：“大人，你可不要小看年轻人，也不要低看下等人啊，从前吴国规定没有换牙的孩子不能入军门，他们国里的孩子，拔去了他们的牙齿而得以参军，从而为保卫自己的国家出力；百里奚，原是个喂牛的，秦穆公却请他做了宰相，于是称霸于诸侯。这样看来，下等人怎么能被低看、年轻人怎么能被小看呢？”管仲听了之后便说：“不错，说得很有道理。桓公让我去请宁戚，宁戚只应了声‘浩浩乎，育育乎’，我不明白他的意思，所以发愁。”婢女说：“诗经里面有句话：‘浩浩者水，育育者鱼，未有室家而安召我居？’宁戚是想娶妻成家了吧！”管仲一听，顿然明白过来。

宰相破梦宋王病自愈

宋王病了，一天夜里梦见河里的水都干了，醒来以后心里很忧虑。他认为：天子是龙体，如果河里没有水，龙也就难以活下去了。

第二天，宰相来探望他的病，宋王就把这个梦告诉了宰相，认为自己将不久于人世了。宰相听后想了想说：“这是一个吉梦，河里没有了水，就是一个‘可’字，这是说您的病很快就可以好了。”宋王听了很高兴。不久，病真的就好了。

淳于髡隐语巧谏激齐王

在战国的时候，齐国有一个名叫淳于髡的人。他的口才非常好，又很会说话。他擅长使用一些有趣的隐语，来规劝君王，使君王不但不生气，而且乐于接受。

当时齐国的齐威王，本来可以是一个很有才智的君主，但是，在他即位以后，却整天沉迷于酒色，不管国家大事，每天只知道饮酒作乐，而把一切正事都交给大臣去办理，自己从来不闻不问。所以，齐国的官吏们都贪污失职，再加上各国的诸侯也都趁机来侵犯，齐国几乎濒临灭亡的边缘。当时虽然齐国有很多爱国之士，他们也都为国家的未来担心，但是，却都因为畏惧齐威王而没有人敢出来劝谏。

其实齐威王是一个非常聪明的人，他也很喜欢说些隐语，以此来炫耀自己的智慧，虽然他不喜欢听到别人的劝告，但如果劝告有方的话，他还是会接受的。淳于髡知道这点后，便设想了一个计策，准备找个机会来劝告齐威王。

有一天，淳于髡见到了齐威王，就对他说：“大王，为臣有一个谜语想请您猜一猜：某国有一只大鸟，这只

大鸟住在大王的宫廷中已经整整三年了，可是它既不振翅飞翔，也不发声鸣叫，只是毫无目的地蜷缩着，大王您猜猜，这是一只什么鸟呢？”齐威王本来就是一个聪明人，一听就知道淳于髡是在讽刺自己，说自己就像那只大鸟一样，身为一国之尊，却毫无作为，只知道享乐。

齐威王不想做一个碌碌无为的昏庸的君王，他思索了一会儿之后便决定要振作起来，做一番轰轰烈烈的事情，因此他对淳于髡说：“你不知道，这只大鸟非常厉害，它不飞则已，一飞就会冲到天上去；它不鸣则已，一鸣就会惊动众人，你慢慢等着瞧吧！”

从此齐威王不再沉迷于饮酒作乐，而开始整顿国政。首先他召见了国内所有的大臣，尽忠负责的人，就给予奖励；而那些腐败无能的就加以惩罚，结果全国上下，很快就振作起来，到处充满蓬勃的朝气。接着他又着手整顿军事，使国家的军事力量越来越强大，提高了国家的威望。

各国诸侯听到这个消息以后都很震惊，不但不敢再来侵犯，甚至还把原先侵占的土地都归还给齐国。齐威王的这一番作为真可谓是“一鸣惊人”呀！而淳于髡也因其隐语运用得法，收到了良好的效果。

三人同放一只羊

淳于髡平时也善说隐语。有一次他见到邹忌，恰巧邹忌也是一个善说隐语的人，于是两人就用说隐语来议论政事。

邹忌讽齐王纳谏图

淳于髡说：“一件白狐皮袄，补上一块破羊皮，怎么样？”邹忌说：“是的，这就是说，不要把贤明的人和不成器的人相混杂。”淳于髡说：“把一个方的榫头插进圆的轴孔中怎么样？”邹忌说：“是的，这是说要把门口把严谨，不要留宾客。”淳于髡又说：“三个人共牧一只羊，羊吃不饱，人也不得休息，怎么样？”邹忌说：“是啊，应该裁减官员，免得老百姓负担过重，受干扰过多啊。”说完，他们都会心地笑了起来。

庄姬鱼龙谏楚王

战国的时候，楚怀王不听屈原的忠谏，反而听信子兰、靳尚等人的谗言，把国家弄得日益衰危，最后客死在秦国。太子横继承了王位，即后来的楚顷襄王。他继续宠信子兰、靳尚这些奸佞，把屈原流放到江南，屈原

很忧愤，最后投汨罗江而死。忠谏之士都感到没有办法劝说国王来挽回楚国的危局。有个经常侍奉在顷襄王身旁的庄姬，为人忠贞而机智，她对楚国的这种局面也十分担忧。

在一次宴会上，她巧妙地对顷襄王说：

“大鱼失水，有龙无尾，

墙欲内崩，而王不视。”

顷襄王听了不明白，要她解释这几句话的意思。庄姬说：“君王在远离国都五百里的地方，只知眼前享乐，而不思祸患将起，好比大鱼失水。君王已经三十多岁了，还没有太子，好比有龙无尾。国家没有坚强的辅弼，必然要衰亡。国家将要出现祸乱，就像墙欲内崩一样，可是君王却毫不注意，一味地沉迷于欢乐而不知悔改，这样下去，国家很快就要灭亡的呀！”顷襄王听了，感到她讲得很有道理，不但没有对她发脾气，还称赞了她的智慧和勇气，表示接受她的意见，奋发图强。

颠倒衣裳藏暗语

战国时候，魏国国君魏文侯病重，太子击还在外郡驻守。大臣们担心魏文侯死后会发生内乱，京城里人心浮动。文侯自己更是着急，想尽快让太子回来，但又怕走漏了风声，对太子不利，他终于想出了一个办法。

有一天，文侯让可靠的心腹大臣臧唐亲自给太子送一箱衣服去，并嘱咐臧唐一定要在鸡鸣以前送到。臧唐遵照文侯的吩咐，见到了太子。太子打开衣箱一看，见箱里的衣服都是颠倒放着，他弄不明白是什么意思，正在想着，忽然听到鸡鸣叫起来，他抬头向窗外一看，天还没有亮，他忽然若有所悟地对臧唐说：“赶紧备车，我随你一起回京。”

臧唐说：“老王并没有给臣下要你回京的命令啊？”

太子说：“父王送我衣服，并不是因为我寒冷，不过是要我赶快回去的隐语罢了。《诗经》里说：‘东方未明，颠倒衣裳。颠之倒之，自公召之。’不正是这个意思吗？”太子立即起程赶回京城，文侯见儿子回来了，知道他猜中了自己的意思，非常高兴。不久，魏文侯死去，太子击当了国君，这就是历史上的魏武侯。

伍子胥殿上猜谜

伍子胥，名员，字子胥，春秋末期吴国大夫，军事家、谋略家。他第一次上朝时，在殿前刚举完千斤鼎，楚王又传谕试才，满朝文武都比不过他。

相国见伍子胥文韬武略确实不凡，但不知他才思是否敏捷，于是沉吟片刻之后，口说四句，要伍于胥猜猜是个什么字：

兄与弟同姓，弟与兄同名。

兄有苗山秀，弟有万里明。

伍子胥像

伍子胥见老相国一考再考，不信任自己，心里有些不高兴，他明知这隐语的谜底，也不直接回答，而是笑曰：“老大人，你且听我念四句。”说罢吟曰：

霜有雪没有，箱有柜没有。
你有我没有，立功自会有。

老相国一听，大惑不解，支支吾吾。

伍子胥连连拱手：“失敬，失敬。”原来，相国与伍子胥所吟的四句诗都是隐射一个字。聪明的你知道是什么字吗？

（谜底大揭密：相）

项橐出谜难孔子

国学经典著作《三字经》中这样写道：“昔仲尼，师项橐。古圣贤，尚勤学。赵中令，读鲁论，彼既仕，学且勤，披蒲编，削竹简，彼无书，且

孔子像

知勉。”

句中的“仲尼”我们都知道是孔子。但这“项橐”是什么人，为什么孔子还要以他为师？

原来，项橐是春秋鲁国时的一个神童，长得眉清目秀，又无师自通，聪明过人。他从小就喜欢观察事物，遇事总爱砸破砂锅问到底。提出的问题也总使大人难以回答。夏天，项橐见电闪雷鸣，瓢泼大雨从天而降，就问父亲：“天为啥打闪打雷？”父亲说：“是天老爷让打闪给娘娘照明，他打雷轰劈坏人和妖怪。”项橐反问父亲：“那坏人和妖怪只有夏天有，冬天没有吗？”问得父亲张口结舌。

项橐的舅舅来项橐家，晚上在院里乘凉，天空晴朗，繁星满天，舅舅逗项橐说：“橐儿，你说说天上有多少

颗星星？”项橐说：“跟地上的人一样多。”接着他倒反问舅舅：“你头上头发有多少根？”舅舅回答：“跟你的一样多，不信你数数呀！”项橐则机智地说：“行，你把头发拔下来，我就数。”惹得在座的人哈哈大笑。

项橐7岁时，孔子就把他当做老师一般请教，后世还尊项橐为圣公呢。

有一天，项橐正在与同伴玩筑城墙。他们把路上的土堆起来，筑出了一个小小的方形城，项橐往里一坐，俨然一副“城里人”的派头，自得其乐。此时孔子坐车正巧路过这个城墙，城墙挡住了孔子的去路。孔子见状，问坐在城内的项橐：“小孩子，你怎么不避让车子？”小项橐毫不惊慌，从容应对：“从昔至今，只听说车避城，哪里听说过城避车呀？”孔子闻之，无言而对，只好绕城而过。

车子从这座“城”绕过去后，孔子下车返身走到“城”下，望着坐在“城”内的这位不同一般的孩子，觉得很可爱，于是向项橐提出了一系列问题。孔子问：“你知道何山无石？何门无关？何车无轮？何牛无犊？何马无驹？何刀无环？何人无妇？何女无夫？何日不足？何日有余？何雄无雌？何树无枝？何城无使？何人无字？”

项橐不紧不忙地回答：“土山无石，空门无关，舆车（轿子）无轮，泥牛无犊，木马无驹，斫刀无环，仙人无妇，玉女无夫，冬日不足，夏日有余，孤雄无雌，枯树无枝，空城无使，小儿无字。”

待项橐答毕，孔子又说：“我车中有双陆局（一种古代博戏），和你一起玩玩怎么样？”谁知项橐却说：“吾不博戏也。夫子好博，风雨无期；诸侯好博，国事不治；吏人好博，文案稽迟；农人好博，耕种失时；学生好博，忘读书诗；小儿好博，笞挞及之。此是无用之事，何用学之！”一番流畅而又极富哲理的话，令孔老夫子既难堪又佩服。

接着，小项橐说：“听说孔圣人很有学问，特求教求教。”孔子笑答：“请讲……”项橐朝孔子拱拱手说：“何水无鱼？何火无烟？何树无叶？何花无枝？”孔子听后道：“你真是问得怪，江河湖海，无水无鱼；柴草灯烛，无火没烟；至于植物，无叶即不能成树；无枝也难于开花。”

项橐一听“咯咯”笑了，他晃着脑袋说：“孔圣人，不对啊，井水可是无鱼，萤火也无烟，枯树无叶，雪花无枝，呵呵。”

项橐原来也是出了一个谜语给孔子猜，孔子居然没有猜出来，怪不得他要拜项橐为师。

一个7岁之龄的孩童，面对一位知识渊博、见多识广的大学者的多个提问，居然对答如流，滴水不漏，且能言善辩富有哲理，不愧是天下神童也。项橐以其非凡超众的智慧，难倒了孔圣人，被人们誉为“孔子师”。只可惜令人扼腕叹息的是他10岁就夭亡了。

这么聪明，何况你们当学生的呢？”

颜回妙语巧借梳

孔子周游列国，路上看见一个妇人，头上戴着象牙梳子。孔子就对他的弟子们说：“谁能把她的象牙梳子拿来？”颜回说：“我能取来。”

颜回像

颜回到妇人跟前，跪着说：

“吾有徘徊之山，百草生其上，有枝而无叶，万兽集其里，有饮而无食，故从妇人借罗网而捕之。”

那妇人笑了笑，就把头上的象牙梳子取下来递给颜回。颜回问：“夫人您不问缘由，就把梳子给我，是为什么？”妇人说：“徘徊之山者，是您的头；百草生其上，有枝而无叶者，是您的发；万兽集其里者，是生了虱子；借网捕之，不就是借我的梳子吗？所以我就把梳子借给你，这有什么奇怪的呢？”颜回把梳子拿回来，孔子听了颜回借梳子的经过，便说：“妇人尚且

子路难解买“东西”

孔子经常四处周游讲学。

有一天，他来到了吴国邗城（今扬州市），正打算进城游访，不料他乘坐的木榫坏了，于是取出几串钱，对得意门生子路说：“你去城内街市上买些吃的给大家充饥，剩下的钱然后买些‘东西’赶快回来。”老夫子说到“东西”二字时语气特别重。

子路接过钱，有些茫然，这填饱肚子的食物倒不难买，可剩下的钱买什么东西老师却又不明说，叫我怎么去办呢？但又不敢深问，只好耷拉着脑袋进了城门。

子路满腹猜疑，边走边想，不小心撞在一货摊上。摆摊的是个慈祥老人，老人笑道：“小老弟，看你神不守舍，怕是遇到了难事吧，来、来、来，坐下说给老伯听听，或许能助你一臂之力。”子路见摆摊老人非但未斥骂他，还叫他坐，心里很是感动，便连声称谢，并将老师的话说了一遍。

老人一听，哈哈大笑道：“小老弟，别犯愁，你买好食物后，再买两项物品，保你那孔圣人满意。子路按照老人所教的去办，孔夫子一看，果然十分高兴地说：“正合我意！正合我意！”原来，老人告诉子路：“东方甲乙木，西方庚辛金。你老师是叫你买了充饥的食物后，再买些木料和铁钉去修

车子。”

鲁班出谜考徒弟

众所周知，生活于春秋末期的鲁班是著名的能工巧匠，他有很多发明创造，是我国古代一位最优秀的土木建筑工匠。

鲁班像

鲁班有很多门徒，有一天，他想考考自己的徒弟，就把他们都叫来说：“你们明天一早就来我家，我要考考你们。”第二天早上，徒弟们就一起来到了鲁班家，可是发现师傅家的门关着，上面写着一行字：“今日可不见。”

徒弟们都觉得很奇怪，但还是猜不出师傅的意思。大家正要离去的时候，其中年龄最小的一个徒弟突然说：“我觉得师傅可能在河边，我们去看看吧。”大家都不解地问他：“你怎么知道师傅可能在河边呢？”小徒弟说：“门上这五个字，‘可’是‘河’字的边，‘不见’两个字合在一起可看成是‘觅’字，你们想想看，师傅不是在暗示我们去河边找他吗？”

大家听了觉得有一些道理，于是一起去了河边，真的发现师傅就在那里。鲁班看见徒弟们非常高兴，然后，他指着旁边的一堆梓木说：“你们用这些梓木，做三天，要做得精。这就是我今天想考你们的题目。”

三天后，徒弟们各自拿着自己的作品来见师傅，这些作品都各具特色，非常吸引人，但是鲁班却都不满意。这时，鲁班最小的徒弟走了进来，手里拿着一个非常精巧的书架，书架的梓木正好构成一个“晶”字，鲁班看到这个作品，哈哈大笑，赞赏地说：“这才是我要求你们做的。”别的徒弟们都大惑不解，围着小徒弟询问原因，小徒弟说：“师傅说用梓木做三日，做得精，‘梓’的谐音是‘字’，而‘精’是‘晶’的谐音，三个日字不正是‘晶’字吗？”大家听了才恍然大悟，看来做工匠，不仅要有精巧的手艺，也要有机灵的头脑，鲁班用这个字谜考验了徒弟，同时也教育他们要善于动脑。

秦汉时期

项羽解字护桂树

项籍（前232～前202）字羽，通常被称做项羽，中国古代著名将领及政治人物，秦下相（今江苏省宿迁市宿城区）人。秦末时被楚怀王熊心封为鲁公，在前207年的决定性战役巨鹿之战中统率楚军大破秦军。秦亡后自封“西楚霸王”，统治黄河及长江下游的梁楚九郡。后在楚汉战争中为汉高祖刘邦所败，在乌江（今安徽和县）自刎而死。项羽的勇武古今无双，他是中华数千年历史上最为勇猛的将领，“霸王”一词就是专指项羽的。

项籍像

项羽年少的时候，很爱护树木，他常对伙伴们说：“古代的贤士都是爱树如爱子的。”如果遇到有人任意砍伐树木，他就会千方百计地劝阻。

有一年，征战途中，他率领将士们驻扎在一个山村，看见一个农夫正要砍倒院子里一株枝繁叶茂的桂树，项羽赶忙走上前去，问道：“这棵树长得很好，老伯为什么要砍掉它呢？”

那老伯叹了一口气说：“我本来也不想砍掉这棵树，但是我家庭院是正方的，有一棵树立在庭院里，就成了个‘困’字，我怕不吉利，就想砍掉它。”

项羽一听，笑道：“依我看，砍了这棵树更不吉利，你想，四方的庭院中，树倒人留，这不成了个‘囚’字吗？你若家中困难，我尚可帮助你，要是被囚禁，我就无能无力了。”

那老伯仔细一想，觉得项羽说得有道理，就放下了斧子。项羽便命人送给老伯一些粮米。

东方朔智猜射覆

东方朔，是西汉著名的辞赋家，他性格诙谐，言词敏捷，滑稽多智，常在武帝前谈笑取乐。

武帝刚刚即位的时候，征召天下贤良方正和有文学才能的人，各地士人、儒生都纷纷上书应聘。东方朔也给汉武帝上书，上书用了三千片竹简，两个人才能扛得起，武帝读了两个月

东方朔像

才读完。在自我推荐书中，东方朔详细地介绍了自己的求学经历，并对自己大为夸奖了一番，武帝读了东方朔自许自夸的推荐书，赞赏他的气概，命令他在公车署中待命，而后因其语言诙谐风趣，常常逗得汉武帝捧腹大笑，汉武帝对其甚是喜爱，就任命他侍诏金马门，不久又升为侍郎，侍从左右。

汉武帝喜欢游戏，在忙碌政务的空暇常出谜语，让侍从猜谜。东方朔每猜必中，应答如流，很快得到宠幸。而东方朔则利用接近皇帝的机会，屡屡向汉武帝谏诤国政，为国家作了很多贡献。

古代宫廷里有一种游戏叫“射覆”，非常受欢迎，方法是把一件东西覆在盆下，让人猜射，猜出以后，先要念一段“射覆词”，这段射覆词就相当于现在的谜面，要说出物的特点，这种猜谜形式叫做“射覆谜”。汉武帝很喜欢射覆游戏，有一次召集臣子们在宫廷里猜射。汉武帝命人把守宫（壁虎）覆在盆里，让臣子们猜射，大家均不能猜中，后来东方朔说：“臣以龙又无角，谓之蛇又有足，跂跂脉脉善缘壁，是非守宫即蜥蜴。”

揭开盆一看，果然是蜥蜴，汉武帝为此赏给了东方朔十匹帛。

东方朔妙解蚊子

话说东方朔是西汉武帝时的太中大夫，他酷爱读书，博闻善辩，精通诗文，又擅长谜语，汉武帝对其非常宠爱，而有位郭舍人也很得武帝的宠信。

汉武帝像

武帝很喜欢猜谜逗乐，所以经常让东方朔和郭舍人猜谜比胜负。东方朔总是取胜，郭舍人心中暗暗不服气，总是想找个机会报复一下东方朔，于

是他私下请了几位制谜高手一同制了一个谜语，想伺机难倒东方朔。

有一天，两人一同在武帝面前议事。议事完毕后，武帝让二人出谜比赛。郭舍人一看机会来了，就对武帝说："我已经有一个谜语了，能不能让我先说？"武帝准许了。郭舍人就把他事先精心准备的谜语道出：

客从东方，讴歌且行。
不从门入，逾我垣墙。
游戏中庭，上入殿堂。
击之拍拍，死者攘攘。
格斗而死，主人被创。

说完，郭舍人得意扬扬地看着东方朔，心想这下看你能不能猜得出。

东方朔略一思索，就猜中谜底了，但他不想直接说出，而是用谜语作答曰：

长喙细身，昼匿夜行；
饮朱砂酒，拍见阎王。

郭舍人一听，知道东方朔已经破了自己的谜语，原来他们两人所咏之物都是蚊子。郭舍人自己精心准备的谜语被东方朔瞬间破出，不得不自叹不如，从此对东方朔更加敬佩了。

东方朔巧解哑谜

东方朔机敏诙谐，得到汉武帝的赏识。东方朔又善于隐语和射覆，汉武帝经常召东方朔来与他说隐语和射覆为乐。

有一次，上林来向武帝献礼，汉武帝见东方朔来了，便用手杖敲击大殿的门槛说道："叱叱，先生束束。"东方朔听见了便说："是上林来献枣七十七枚吗？"汉武帝问："你怎么知道的？"东方朔说："我见陛下用手杖敲门槛的两根木头，两木林也，陛下说束束，束束枣也。叱叱四十九也。"汉武帝听了，高兴得对东方朔夸奖了一番。

白水真人光武帝

西汉末年，王莽称帝后，十分嫉恶刘氏。因为钱字有"金、刀"，而"刘"字正是由"卯、金、刀"组成（皆指繁体字），王莽便改称钱为"货泉"，是取货币如泉水一样的流通。迄今传于世的货币以货泉为最多，品类也最为繁杂。从现今发现的版别来看，有传形、异书、异范、合背、呈月、决纹、剪边、圆穿、花穿等近百种之多。

王莽像

相传刘秀建立东汉政权以后，对王莽的货泉十分欣赏，于是继续沿用货泉达16年之久。

刘秀喜欢货泉还有一个典故。因为刘秀虽然是开国明君，英明神武，却十分相信谶纬迷信。有人曾预言：真人既出，可复汉灭莽。他即位后认真品味了“货泉”二字，王莽的货泉，钱文篆书，独具特色，“货泉”中的“泉”字，可以拆成“白水”两个字，而“货”（货的繁体为貨，字形如同亻＋真）字又可以拆成“真人”两个字，所以“货泉”就变成“白水真人”了。而刘秀当初起兵白水乡，他视“货泉”为“受命”之依据，认定是一种吉利的征兆，便把自己比做“白水真人”，把货泉也改称为“白水真人”钱。

任棠哑谜谏太守

后汉的时侯，有个叫任棠的人，是一个非常有名的隐者。他节操高尚，志向高远，却隐居于民间，甘于平淡，以教书为业。

有一年，庞参出任汉阳太守，刚刚上任，便亲自去拜访任棠。他到了任棠家，恭候了很久，任棠并不与他交谈。只将院中最粗大的一棵薤白拔出来，又盛了一盂水放在门前，把门帘打开，自己抱着孙子蹲伏在下。庞参的随从们觉得任棠实在是太傲慢了，竟然对新来的太守如此无礼，便想前

对弈图

去斥责他。庞参伸手把他们拦住了，他知道任棠是给他设了一道哑谜，略略思考一下说道：“他是在告诉我怎样做太守呢：水的意思是要我清廉；拔出一大根薤，意思是要我敢于整治豪门强族；抱着小孩蹲伏门下，是要我开门怜恤孤儿呀。”于是他深深地感叹一声便回去了。庞参上任之后，果然按照任棠的指点，坚持清廉为政，抑强扶贫，把汉阳郡治理得很好，受到人民的敬爱。

董卓当死汉当兴

董卓，字仲颖，陇西临洮（今甘肃省岷县）人。东汉末年少帝、献帝时的权臣。官至太师、郿侯。灵帝末年的十常侍之乱时，他受大将军何进之召率军进京，旋即掌控朝中大权，废少帝，立献帝。董卓为人残忍嗜杀，倒行逆施，招致群雄联合讨伐。最后被其亲信吕布所杀。

清代画家任熊画的
貂蝉秋调琴

当时，曹操和袁绍起兵反董卓，各路诸侯也都响应，董卓挟持献帝西迁长安，并立自己为太师。他还放火焚烧了洛阳城，洛阳的老百姓对董卓深恶痛绝。后来，董卓又在郿坞大兴土木，暴敛黄金不计其数，老百姓都怨声载道。长安城里流传着一首歌：

千里草，何青青！
十日卜，不得生。

这歌声每天在夜空飘荡，声调非常悲切，后来歌声随风吹进董卓帐中，董卓听得格外清楚，便忙问谋士李肃："这首童谣主何吉凶？"李肃顺口答道："只是表示刘氏当灭，董氏当兴之意。"这首童谣实际上是一则反映民心的谶语式谜语，是隐语已发展成雏形的文义字谜。

童谣的第一、三两句是"董卓"两个字的分拆，第二、四句是谶语。《后汉书·五行志》记载："'千里草'为'董'，'十日卜'为'卓'。'青青'的前面加'何'，实际上是贬义'不得生'。"实际上，这首歌谣是骂董卓应当去死了。巧合得很，第二天，董卓入朝，司徒王允指使吕布杀了他，除了这一害。这个字谜也就一直流传了下来。

绝妙好辞传后世

东汉时，浙江上虞有一个女子叫曹娥，她的父亲是个乐手。在5月5日划舟祭江神的仪式中，曹娥的父亲不幸落水淹死。当时她才14岁，为了寻找父亲的尸首，她沿江哭号了17个昼夜，最后也投江而死。

曹操像

县令度尚，为了表彰这位孝女，就把这条江改名曹娥江，并在江边立庙、竖碑。在请名家撰写的碑文还没有交稿时，却有一位不满20岁的侍酒童子献出了自己写好的碑文。大家看了赞不绝口，就把这篇碑文刻到了碑上。东汉的大文学家蔡邕闻听这篇碑文写得好，路过上虞时，便赶去观赏，赶到碑前，天已黑了，他只好摸着读完碑文，读完后便在碑的背面写了8个字：

黄绢幼妇外孙齑臼

一时没有人能解这8个字的意思。传说，三国时候，曹操在一次出巡时得知了蔡邕题的这8个字的事，便问随从人员，谁能解得开？只有主簿杨修开口说他已解开了。曹操叫杨修先不要说出来，让他自己再想想看。他们骑马又走了30里路的工夫，曹操才说他也猜出来了。便让杨修先说说看，杨修说："黄绢，是有色的丝，是个"绝"字；幼妇，即少女，是个"妙"字；外孙，是女儿之好，女子为"好"；齑臼，是接受捣辛辣之物的，受辛为"辞"字，这8个字的意思是称赞这篇碑文为"绝妙好辞"。曹操听了大笑说："正和我猜的一样。可是我的才思终不及你好，我是又走了30里后才猜出来的呢！"

后来，原来的碑被毁了，到宋代重建此碑时，由蔡卞书写了碑文，把这8个字写在了碑的正面碑文之末，这8个字的字谜便成为曹娥碑的一个组成部分而传为千古佳话。

曹操诗谜考华佗

华佗，字元化，一名旉，沛国谯（今安徽省亳州市谯城区）人，东汉末医学家，华佗与董奉、张仲景被并称为"建安三神医"。晚年的曹操患了头脑痛风症，僚臣华歆向他推荐了神医华佗，并讲述了他的医术高明，于是曹操命人将华佗星夜里请来。

华佗像

曹操是个素来多疑心、不信诈的人，虽将华佗请至府中仍不相信，想亲自考考华佗。他口授徐庶写了一封信，信上说：

胸中荷花，西湖秋英，
晴空夜明，初入其境，
长生不老，永远康宁，
老娘获利，警惕家人，
五除十三，假满期临，

胸有大略，军师难混，

医生接骨，老实忠诚，

无能缺技，药店关门。

华佗看后马上明白了，自言自语道，相爷在考我，原来这是一首诗谜，每一句打一中草药名：

胸中荷花：穿心莲；

西湖秋英：杭菊；

晴空夜明：满天星；

初入其境：生地；

长生不老：万年青；

永远康宁：千年健；

老娘获利：益母；

警惕家人：防己；

五除三十：商陆；

假满期临：当归；

胸有大略：远志；

军师难混：苦参；

医生接骨：续断；

老实忠诚：厚朴；

无能缺技：白术；

药店关门：没药。

猜字谜曹植夺魁

曹操是东汉末年的大政治家、军事家，而且对文学、书法、音乐等都有精湛的造诣。他的几个儿子也相当有才华，尤其幼子曹植（字子建）学富五车，才高八斗，出类拔萃。

有一天，曹操领着曹丕、曹植骑马郊游，观赏丹枫金菊。这天秋高气爽，蓝天一碧如洗，成群的燕子在天

曹植像

空中飞翔。曹操凝望着天空，感叹不已。忽而想到：何不以此景为题，制个字谜考考两个儿子才学的高低呢？只见他沉吟片刻，便手指天上的燕子，吟了四句诗：

一对燕子绕天飞，

一只瘦来一只肥。

一年四季来一次，

一月里倒来三回。

曹操要两个儿子以此四句诗为谜面，猜一字。曹丕冥思苦想了良久，终未悟出是个什么字。才思敏捷的曹植，一句一句推敲，沉吟片刻，便破了此谜。他对曹操说："这是个'八'字。一对燕子像'八'字的一撇一捺，瘦的是撇，肥的是捺。'一年四季来一次'，指一年中有一个'八'月。'一月里倒来三回'，指一月中有初'八'、十'八'、二十'八'。"曹操听后特别高兴，从此对曹植更加喜爱，

一度曾欲立曹植为世子。

曹操试谜选良婿

丁仪，三国时魏国文学家，字正礼，沛国（现安徽濉溪县）人，丁冲之子，丁廙之兄。曹操有个娇俏的女儿清河公主，因无如意才郎而迟迟未嫁。其时曹操以“相王之尊”“挟天子以令诸侯”，位高权重，大家都想高攀这门亲事。上门求婚者皆为王孙公子。可是曹操一个也看不中。

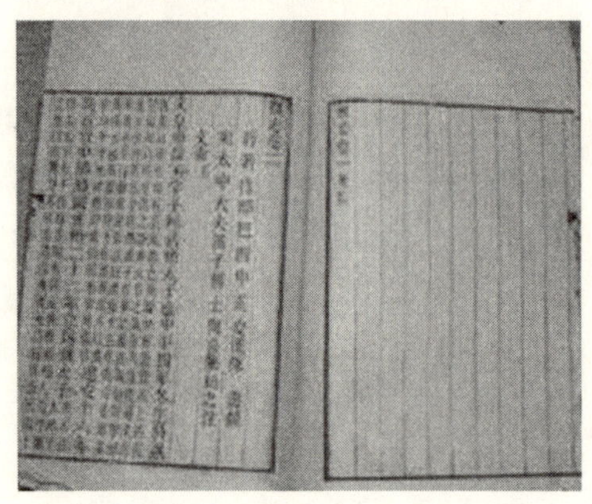

三国志

后来，他听说沛人丁仪，字正扎，从小勤奋好学，博览群书，是个名士，便派人去请丁仪来宫中一会。儿子曹丕向父王劝谏：“听说丁仪虽有才学，但其貌不扬。妹妹的终身大事非同一般，请父王三思。”曹操听后严肃地说：“用人唯才是举，择婿也应德才兼备，为父只看真才实学，不重外貌，不求十全十美。”

是日，丁仪应召而来。宾主相互寒暄礼毕，曹操便开始试他学问。曹操先捋须吟了四句：

一字九横六竖，
问遍天下不知。
有人去问孔子，
孔子想了三天。

曹操问丁仪是个什么字。文思敏捷的丁仪马上答出来了。曹操微微一笑，取出早已写好了的纸条，只见上面又是四句：

道士腰间两柄锤，
和尚肋下一条巾，
就是平常两个字，
难倒不少运行人。

丁仪略一沉吟，含笑在纸上点了两点。曹操见他才思敏捷，对答如流，于是把他留在相府，择日完婚。

（谜底大揭密：昌、平常）

诸葛亮猜谜拜师

诸葛亮，字孔明，号卧龙（也作伏龙），汉族，琅琊阳都（今山东临沂市沂南县）人，蜀汉丞相，三国时期杰出的政治家、战略家、发明家、军事家。在世时被封为武乡侯，谥号忠武侯。

诸葛亮小时候勤奋好学，读书过目不忘。父亲诸葛珪肚里的学问倒了个干干净净，还是不能满足儿子的求知欲望。诸葛珪正犯愁的时候，听说百里之外的深山有个隐士才多识广，便决定带着儿子去拜师。

诸葛亮像

诸葛亮像出林的鸟，跟着父亲飞进了老林，飞到了一座依山傍水的茅舍。小孔明见到一塘碧水托出几丛荷莲，一群游鱼振鳍摆尾，在碧水中上下腾跃，鼓浪翻花，高兴得直跳：“真有趣、真有趣！”诸葛珪进门施礼，向老隐士说明了来意。那位童颜鹤发、仙风飘逸的老隐士对着小孔明端详了半天，捋须微笑，突然手屈一指，伸到小孔明面前。小孔明认得，这是老先生在问他：将来做了一品相，应当如何作为，小孔明一思，也以哑答哑。只见他向隐士深鞠一躬，后退三步，默站在一旁，这意思就是“鞠躬尽瘁死而后已”，隐士暗暗点了点头。正好，此时有位落第秀才前来拜访老隐士，老人笑问：“这位儒生本姓‘千里草青青’，单名‘日高花影重’。小孩儿，你可知道我这位朋友的尊姓大名？”聪明的小孔明略一沉吟，马上答了出来。老隐士拍拍他的头说：“我收下你这个学生！”

（谜底大揭谜：董昆）

薛敬文智解蜀吴

三国时期，东吴有个薛综，字敬文，沛郡竹邑（今安徽濉溪）人。他博学多识，机警善辩，是东吴的良臣。他也很喜欢文字游戏。

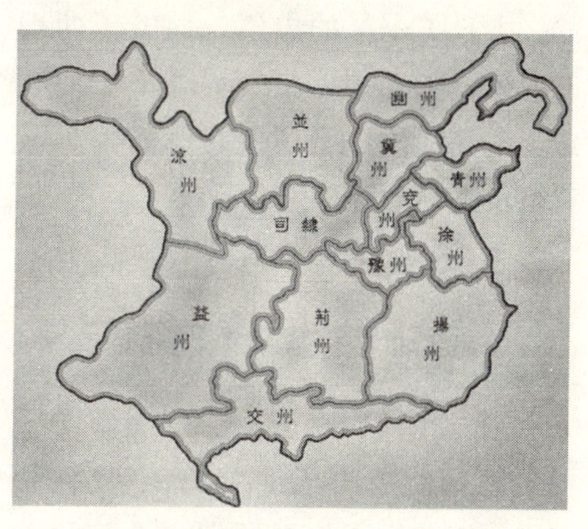

三国时期地图

有一次西蜀派使者张奉访问东吴，张奉是个轻狂好胜的人，好卖弄文采，在孙权接待他的宴会上，想显示一下自己的才能，竟然不顾东吴君臣颜面，在孙权面前拿东吴尚书阚泽的姓名加以嘲弄。阚泽生性憨厚，又毫无准备，一时答不上来，连孙权也感到很尴尬。张奉见此情形，就更加得意，张狂跋扈，不可一世。殿下东吴群臣都很气愤，却又无可奈何。薛综见到张奉的举止，十分不满，但这是国宴使者，又不能太失礼，他心生一计，便压着

三分火气，走上前来向张奉敬酒说：

蜀者，何也？
有犬为獨，无犬为蜀，
横目勾身，虫入其腹。

张奉一听立刻脸红了，一时回答不上，呆了半天才说：“那就不应当把你吴国也说一说吗？”

薛综却应声而答道：

无口为天，有口为吴，
君临万邦，天子之都。

这两首解释“蜀吴”二字的言辞，大长了东吴的志气，而煞了西蜀的威风，张奉的嚣张气焰一下子便收敛了，薛综的一番话使在座的东吴文武官员无不大笑称快。

管公明智射三覆

三国时有个人叫管辂，字公明，三国时期魏国术士平原郡（今德州平原县人），是历史上著名的术士，被后世卜卦观相的人奉为祖师。管辂一生著述甚丰，主要有《周易通灵诀》二卷、《周易通灵要诀》一卷、《破躁经》一卷、《占箕》一卷，给后人留下了宝贵的文化遗产。他幼年好天文，既精通《易》和占卜，也善于射覆。

相传馆陶县令诸葛原升任新兴太守时，管辂前去送行，去送行的还有许多宾客。诸葛原便请管辂以射覆为戏，于是暗取三样东西分别放在三个盒子里，让管辂猜射。管辂略略思索之后，先在盒子上分别写了四句射覆

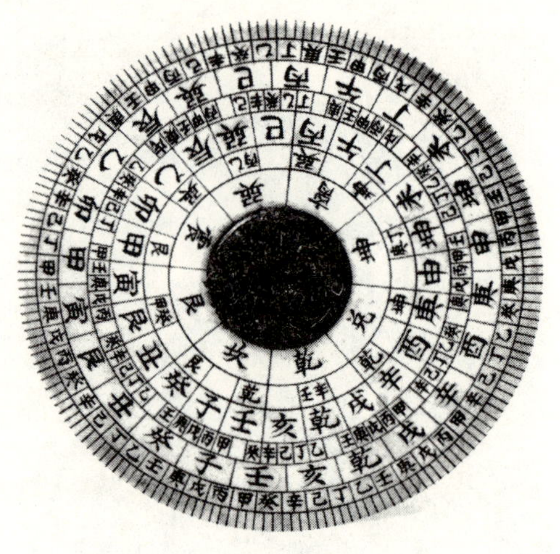

易经罗盘

词，又在后面写出谜底，第一个盒上写道：

含气须变，依乎宇堂，
雌雄以形，羽翼舒张。

第二个盒子上写道：

家室倒悬，门户众多，
藏精蓄毒，得秋乃化。

第三个盒子上写道：

觳觫长足，吐丝成罗，
寻网求食，利在昏夜。

当场打开三个盒子一看，果然都猜中了，在场的人无不惊叹管辂的才智。你知道管辂写的谜底是什么吗？

（谜底大揭密：燕卵、蜂窠、蜘蛛）

三次梦狗解不同

魏时周宣善于占卜别人的梦。有个人梦见一只小狗，便去向周宣请教。周宣说：“你一定能得到一顿美餐。”之后，果然有人请他吃了一顿好饭。

过了几天，他又去找周宣，说他又梦见一只小狗，周宣说：“你应该防备跌倒。”不久他从车上掉下来，摔伤了脚。他感到奇怪，便又去找周宣说：“我昨夜又梦见小狗了。”周宣说：“你要小心谨慎，防止家里着火。”不久，家里真的失了火。他更奇怪了，便去问周宣：“我梦见小狗，你三次给我占卜占得不一样，却都应验了，这是什么缘故？”周宣说：“小狗是一种祭祀之物，所以第一次做梦是应当得到吃的；祭祀结束了，要防止被车轮辗轧，所以你从车上掉下来摔伤了脚；摔伤之后，你必定在家里劈柴做饭，所以就要防备失火。”那人说：“我第一次做梦是真的，后两次都是我编造的，怎么也应验呢？”周宣说：“吉凶懊丧羞辱，产生于意念之中，你意念上有活动，就和做梦一样。我占梦，也是根据人的意念活动分析出来的，所以都能应验。”

伏羲八卦（先天八卦）图

魏晋南北朝时期

温峤猜谜成佳婿

温峤是晋代有名的才子，23岁那年进京赶考，只顾赶路，错过了宿头，来到一个前不归村后不归店的人家投宿。这家只有母女二人，女儿穿着粗布衣裙，却长得十分美丽。老妈妈问过温峤的来意后，便命女儿收拾出一个房间让客人安歇。温峤进了这个房间，见墙上挂着几幅字画，倒也清雅，他掌灯细看，发现在一个条幅上用秀丽的字体写的竟是一条字谜：

一间大厦空又空，
里面倒吊齐桓公。

温峤想了好长时间也没有猜出来，不由得自叹：在家乡，人人都叫我才子，可来到这深山脚下，却连这字谜都猜不出，真是天外有天啊！不觉又顺口吟道：

天无涯学亦无涯，
书到用时方恨少。

他在反复吟咏着想下联的时候，那位姑娘给他送茶来了，她听了温峤念着这句上联，便在转身走出去时假装不经心地说了一句：

细无度精亦无度，
事非经过不知难。

温峤一听，这不正是对着他吟的那句上联说的吗？不禁对这位女子更加倾慕起来。

古代名画赏析

第二天早上，温峤要结账向母女告别，老妈妈不但不收他的钱，反而为他置备了一桌可口的饭菜来招待他。饭后，又拿出女儿写好的那副对联下句，下面署名“玉香”，递给温峤说：“公子愿意写出上联吗?”温峤喜出望外地拜礼道：“晚生恭心奉命。”便在玉香早已备好的纸上写下了他昨晚吟的上联。老妈妈把这一副对联挂起来，便说：“我看你们是天生的一对，公子如果愿意，我就收你做我的女婿了。”温峤心里又高兴又不好意思，便说：“妈妈，我还没有猜出那个字谜呢!”玉香一听，便含羞地告诉了他的谜底。温峤又问：“为什么要单出这个字谜呢?玉香说：“此字为人伦之本，万福之源。齐桓公名小白，齐桓公的名字倒过来

写，便是此字的下边了。”聪明的你也知道谜底了吧？

（谜底大揭密：尽）

陶侃妙语刺避讳

陶侃，字士行（或作士衡），本为鄱阳（今江西鄱阳）人，后徙庐江寻阳（今江西九江西）。他是我国东晋时期名将，大司马。初为县吏，渐至郡守。永嘉五年（311），任武昌太守。建兴元年（313），任荆州刺史。后任荆江二州刺史，都督八州诸军事。他精勤吏职，不喜饮酒、赌博，为人称道。他是我国晋代著名诗人陶渊明的曾祖父。

陶侃像

古代封建社会都有许多名讳，祖先的名字不准随便提及，万不得已时便借同音字避讳。东晋权臣王导，忌一“攸”字。一次，陶侃不小心犯了这个名讳，王导本来就忌陶侃之才，立刻借故将他逐出荆州，调任广州刺史。陶侃就讽刺说：“你的祖上讳名‘攸’，要是我呈文作句遇上这个字，该取哪一个同音字呢？当作无骹尊傍犬，还是犬傍无骹尊？”

王导出身士族，与其兄王敦专权东晋，当时称为“王与马（指司马氏），共天下”。他听了陶侃的话好久省悟不得，后来才发觉受了讽刺。

原来，陶侃这番话隐了两个字谜。没有脚的“尊”即“酋”字，酋旁犬是“猷”；犬旁酋是“猶”。猷，指道路；猶，是短足善攀树的猴子。猷、猶都和“攸”同音，连在一起意思是路中的一只猢狲。陶侃以此讽刺王氏兄弟气候长不了，好比仕途中攀附的政治小丑。

后来，王敦果然事败，陶侃回到荆州，加封征西大将军，为稳定江南局势作出了卓越的贡献。

军师妙语解凶梦

后晋时，通海节度使段思平，遭到篡国的杨干真的忌恨。当段思平得悉杨干真要逮捕他，便逃跑了。路上捡到一个核桃，打开一看，见里面有“青昔”二字，他想：“青”是十二月，“昔”是廿一日，我应该在这一天起兵讨伐杨干真。

于是段思平便借助于别人的兵力，来到河边，准备渡河杀敌。在准备渡河的前一天夜里，他梦见有人把他的

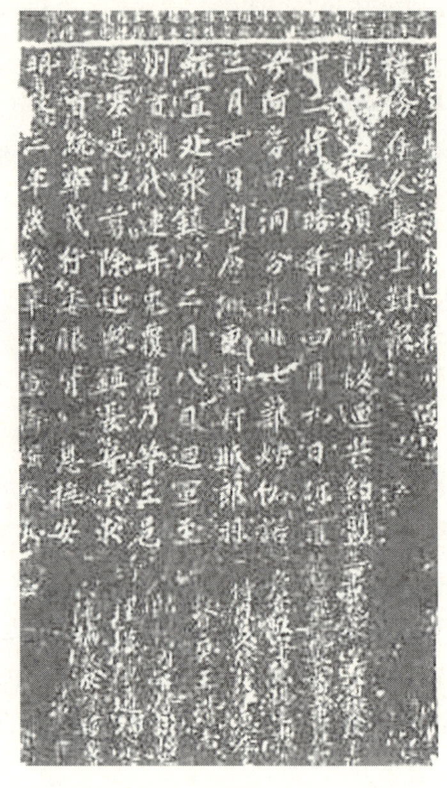

段思平碑文

头砍下来，又梦见玉瓶的瓶耳被打破了，镜子也碎了，认为很不吉利。他心里有些恐惧，不敢渡河，军师董伽罗对他说：“这三个梦都是吉祥之兆啊，您是大夫，‘夫’字去了头，是‘天’字，预兆您要当天子了。玉瓶少了耳朵，是个‘王’字。镜子里有人影，说明总有个人和你相对峙，镜子破了，对立的人影也没了，表示您的敌手不在了，您可以取胜。”段思平听了这番解释，胆子壮了起来，立即决定渡河进军，不久就把杨干真打败而自立，改国号为大理，改元文德，成为大理国的开国之君。

童子诗谜劝回家

传说，晋人王质进山砍柴，中午时骄阳似火，炎热难当，他便把斧头放在霞洞洞口的大柏树下，自己靠在树下乘凉。

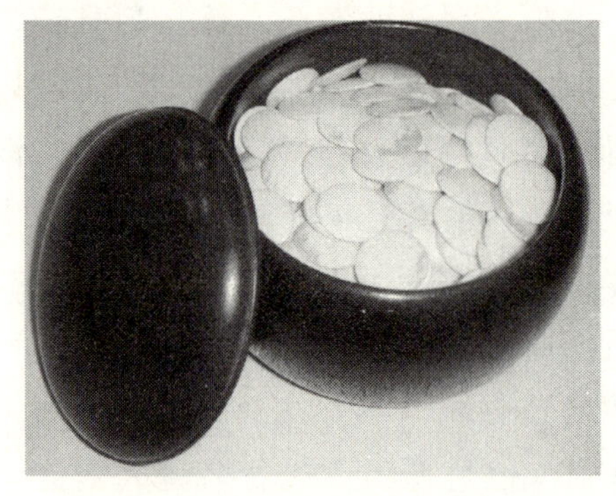

围棋

这时，有两位童子正在石桌上对弈。其中一个一边下着棋一边口中哼着小曲，特别悠闲。王质便也凑过去看他们对弈，他虽然是个樵夫，但通晓棋路，棋艺非凡。他便细心观看，不时还指点一两步。这两个小孩子一边下棋一边吃东西，有时也顺手递几颗枣给他。

过了一会儿，一局棋还没下完，一个童子便说：

嘴比嘴大，嘴比嘴小；

嘴被嘴吃，嘴被嘴咬。

王质不明白是什么意思。另一个童子问王质说：“怎么不回去？”王质这才明白，原来那童子是用字谜提醒他呢。你能猜出此字谜吗？

（谜底大揭密：回）

吴隐之诗谜劝赌

吴隐之，字处默，晋代人，一生兢兢业业、操守廉洁。

在广州市小北江与流溪河的汇合处，有一座石门，因两岸有山对峙，劈石如门而得名。在石门下游一里左右，有一处泉水叫贪泉。传说凡是饮用此水的人，都会顿生贪念，所以操守清廉的人都对此水望而却步，宁可渴死也不愿喝下贪泉的水。

贪泉

吴隐之在广州任刺史时，清正廉洁，他觉得贪与不贪，与个人品德有关，而与是否饮贪泉的水无关。有一天，他专程到贪泉饮水赋诗，并刻于贪碑之上，也以此表明自己的清廉奉公的决心：

古人云此水，一歃怀千金；
试使夷齐饮，终当不易心。

这首诗是说，人贪与不贪，关键在于主观，而不在客观。商末相互推位让国、志趣高尚的伯夷、叔齐兄弟即使饮过此水，也依然清廉。

传说当时广州赌博成风，屡禁不止，他专门写了一首《戒赌诗》：

贝者是鬼不是人，
只因今贝起祸根，
有朝一日分贝了，
到头成为贝戎人。

这首诗其实是则字谜诗，诗中“贝者”为“赌”，“今贝”为“贪”，“分贝”为“贫”，“贝戎”为“贼”。是说由赌而贪，由贫而成贼，这是每个赌徒的道路。吴隐之利用离合字谜，淋漓尽致地描写了赌博的后果，规劝世人不要赌博。

娥眉猜字胜须眉

南朝梁代文学家刘孝绰，兄弟及群从子侄70人皆能文。他有个三妹叫令娴，文才出众，世称刘三娘。刘孝绰罢官归家，在门上题诗道：

闭门罢庆吊，高卧谢公卿。

令娴续道：

落花扫仍合，聚兰摘复生。

为世所传。

相传有一天令娴的大姐夫王叔英、二姐夫张嵊来看望刘孝绰，几个人在一起饮酒。两个姐夫知三妹有才。二姐夫张嵊便出了一首诗谜让令娴猜，诗谜是：

魏晋南北朝时绘画

竹做栏杆木做墙，
只关猪来不关羊，
三个小子来捉猪，
吓得猪儿乱撞撞。

刘令娴嫣然一笑说："二姐夫休想难倒我，这是'算盘'，对吗?"张嵊点头称是。接着刘令娴便也出个字谜让张嵊猜：

砍去左边是树，
砍去右边是树，
砍去中间是树，
只有不砍不是树。

二姐夫猜了半天也没猜出来。刘孝绰在旁说："小妹说的乃是个'彬'字。想不到一个字谜把姐夫难倒，真乃'蛾眉不让须眉'也!"

大姐夫王叔英又出了一首咏物诗谜让令娴猜，此谜是：

仙花和露捣芳尘，
驻得宫娥不老春。
香晕红湖生玉颊，
暖融降腊点樱唇。

令娴轻启朱唇，笑着说："大姐夫，这个谜底应该'胭脂'。"王叔英连说："猜得对！猜得对!"

孝文帝设谜考群臣

我国南北朝时期的北魏，猜谜语被视为一种高尚的娱乐。当时的文人相聚，经常以猜谜为游戏，连皇帝也经常和群臣一起猜谜取乐。

孝文帝像

有一次，孝文帝设宴招待群臣，大家都向文帝进酒，文帝越喝越高兴。过了一会儿，文帝醉眼蒙眬地对群臣说："朕这里有一谜，谁先猜出，有赏。"接着，文帝口占一谜：

三三横，两两纵，

谁能辨之赐金钟。

文帝的谜语一说出，群臣都认真地思索起来。不大一会儿，接连几个人说出几个谜底，文帝都摇头否定了。这时，彭城的王勰站起来说："是不是个'习（習）'字？"

文帝高兴地点点头，命手下人给了王勰一份厚赏。过后，王勰给大家解释说："三三横，两两纵，正好是个'羽'字。金钟是酒杯，酒杯也叫'大白'。'羽'加'白'即为谜底'習'字呀！"大家这才明白过来，一起赞叹王勰的聪明才智。

徐陵名句创诗谜

徐陵（507～583），字孝穆，南朝时陈国文学家。著有古诗集《玉台新咏》，书中有一首诗是这样的：

藁砧今何在，山上复有山，

何当大刀头，破镜飞上天。

这是一首很让人费解的诗谜。"藁砧"是古时的一种刑具，给犯死刑的人在砧板上铺上藁草，然后用鈇（铡刀）斩之。藁砧不在了，只有鈇，"鈇殊"谐音夫，第一句隐"夫"字；第二句"山上复有山"是个"出"字；第三句"大刀头"，刀头有环，环和还同音，隐"还"字；第四句"破镜"，喻指半个月亮，即为"半月"，原来这首诗谜的谜底是：夫出半月当还。

这首古诗，一直被称为诗谜之始。

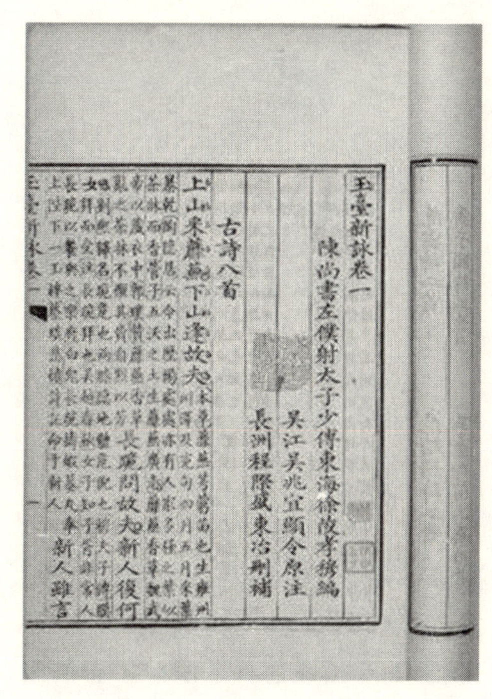

玉台新咏

同起同眠猜筷子

在魏晋南北朝时，北魏咸阳王拓跋禧起兵谋反，后来事情败露，官兵到处追捕他。他从洪池向东南逃跑，一路之上跟他逃走的人越来越少，后来只剩下兼防阁尹龙武一个人跟着他了。此情此景，他十分伤心而失落，为了解除忧闷，同时也为了稳定这唯一的同伴的情绪，便对龙武说："你何不说个谜语咱们猜猜来解除烦闷呢？"龙武看到目前只有他两人共患难的情况，心有所感，就联想起一个谜语来：

眠则同眠，起则同起，

贪如豺狼，赃不入己。

拓跋禧猜道："这是'眼睛'。"龙

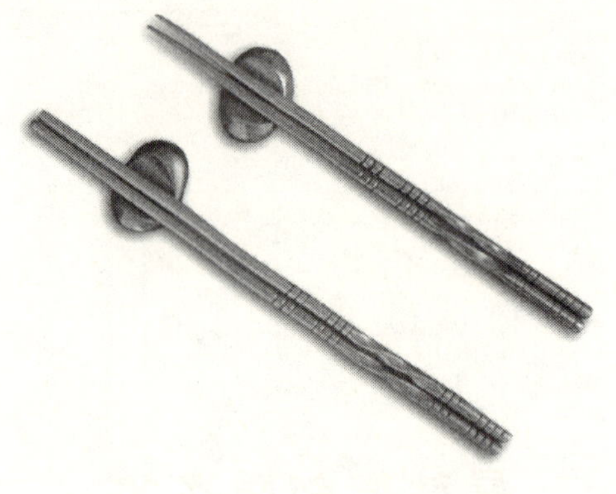

筷子

武点了点头，又摇了摇头说：“不是‘眼睛’，而是另一样东西。”拓跋禧想了一会儿，最终还是没能猜出来。龙武笑着说：“这东西不是别的，而是‘筷子’。”拓跋禧听了说：“不管是眼睛还是筷子，谢谢你为我解闷儿了。”二人就这样一路猜谜为乐，暂时忘记了忧愁。

吕安题字戏友兄

魏晋时期，嵇康是竹林七贤之一，字叔夜，今安徽宿州市人，是三国时魏末文学家、思想家与音乐家，魏晋玄学的代表人物之一，擅长音律。嵇康年少时就很有才华，后来官拜中散大夫，世称嵇中散。其留下的“广陵绝响”的典故被后世传为佳话。《广陵散》更是成为我国十大古琴曲之一。他的《声无哀乐论》《与山巨源绝交书》《琴赋》《养生论》等作品亦是千秋相传的名篇。

嵇康为人旷达、任性，喜欢老庄哲学。和他同时代的吕安，字仲悌，

嵇康像

山东东平人，也是个孤傲清高之士，这两人都是十分相投的朋友。每当想念的时候，虽然远隔千里，也要即刻动身前去探访。

有一次，吕安久不见嵇康，十分思念，便不远千里，驾车来到安徽宿县嵇家造访，因未事先相约，恰巧嵇康不在家。嵇康的哥哥嵇喜出门来迎接。吕安知道嵇喜这个人不像他弟弟，为人庸俗，所以看不起他，便不肯进去，连门槛都未进，便要打道回府，嵇喜出于礼貌好客，再三挽留。吕安竟无动于衷，只在门上写了个“鳯”字就走了。

嵇喜看见这个“鳯”字，不解其意，还以为是客人赏识他而题写的，欣赏良久，沾沾自喜。认为是很吉祥的字，便一直保留在门上。人们都怀疑，既然是那么吉祥的字，为什么吕安却不肯进门呢？后来人们才明白，

吕安是写了一个谜语，“鳳”字是“凡鸟”二字组成的，是说嵇喜不过是一只庸俗的凡鸟罢了。这个吕安，简直傲得可以，全然不讲情面，且人家又没招他惹他，又是好友的兄长。而嵇喜呢，也确实是一只“凡鸟”，被人讥讽，却还扬扬自得。

北齐高祖煎饼谜

高洋（529～559），北齐文宣帝。有一天，文宣帝设宴和几个亲近的臣子饮酒作乐，文宣帝说：“我出个谜语，你们猜猜吧，谜面是：卒律葛答。”

煎饼

众人想了半天，都猜不出来，其中有个叫石动筩的人，聪明机智，就说道：“臣已射得，是‘煎饼’。”文宣帝笑着说：“爱卿猜对了！”

文宣帝又说：“你们也出个谜语吧，我猜猜。”众人都还没作答，石动筩就抢先说：“我作一谜，请皇上一射：卒律葛答。”

文宣帝猜不出来，只能问石动筩谜底是什么，石动筩答道：“是‘煎饼’。”

文宣帝一听，非常气愤，说：“我刚出过的谜语，你怎么又重复呢？”

石动筩不慌不忙地说：“我是乘着陛下的热锅还热，就跟着再做了一个。”

文宣帝听后大笑。

屐谜面刺隐忍父

南朝齐梁年间，扬州出了位叫高爽的才子。他博学多才，《玉台新咏》等书都收录了他的一些诗歌，同时他也是正史有记载的最早的扬州籍谜人。他曾做过梁武帝萧衍的弟弟临川王萧宏的高级幕僚，任过晋陵县（今常州市）令，后因事获罪，被赦免不久就去世了。他曾赠诗给过王俭而受到赏识，齐永明二年（484）王俭做了丹阳郡尹，高爽因此被举荐为郡孝廉。

梁武帝时，高爽投奔到吴兴太守孙廉门下，但遭到冷遇，于是写了首木屐谜诗：

> 刺鼻不知嚏，蹋面不知瞋，
> 啮齿作步数，持此得胜人。

他用木屐讽喻孙廉，意思是说被人指着鼻子都没反应，被人蹬到脸上也不发怒，咬着牙忍气吞声地走路，靠这些胜于别人，取得名位。

历史上的孙廉与其父孙谦处官平直，都以善政著称，孙廉在仕途上确也擅于钻营。高爽在得不到礼遇后，便讥讽孙廉是个不计耻辱、阿谀权贵的人。

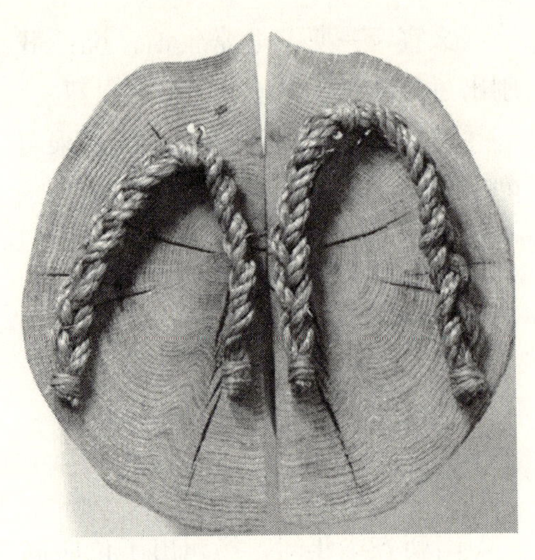

木屐

这是一首咏木屐的诗歌，也是一则事物谜。不仅因为它是借物喻人的隐语，更为重要的是诗歌本身拟人化的用词，恰恰符合现代灯谜别解的特征，最明显的是“刺”“面”“齿”三字，都具有双重解释。“刺”原意是（鼻子遇到不好的味道）受到刺激，又可理解为讥刺；“面”本意是（木屐的）上层表面，又可理解为人的脸；“齿”本意是木屐底下凸出的两边横木，又可直接理解为牙齿。我国早期的谜语一般只是通过汉字的谐音达到影射目的，而这首诗谜却发挥了汉字一字多义的作用，谜面创作与隐喻手法寄托了作者自身的情感，在谜史发展上无疑是一大进步。

鼓诗愤泄空肥儿

高爽是一个博学多才的人，又风趣幽默。

鼓

他和一个叫孙抱的人是好朋友。孙抱，是个腰宽体胖的人，相传腰带十围。但是，在孙抱当了延陵县令以后，便开始疏远高爽，对高爽非常冷漠。高爽为此非常生气，便在县衙的“堂鼓”上题写了一首诗谜：

徒有八尺围，腹无一寸肠。
面皮如许厚，受打未讵央。

诗谜的谜底就是“堂鼓”。谜语的首句写鼓的大小，第二句写鼓的空心结构，第三句写鼓的特点，末句写鼓的作用。但其实高爽是“醉翁之意不在酒”，他是在借这首诗谜讽刺孙抱的形象和堂鼓有相像之处，有力地回应了孙抱的无情无义。

徐之才巧解姓名

南北朝时，有个叫徐之才的，字士茂，是一代名医，出身世医家庭。他5岁诵孝经，8岁略通义旨，13岁被召为太学生。善答辩，喜谐谑，不管是公私场合，总爱和人开玩笑。当时还有个很好学但不善辞令的人叫王

昕，徐之才便拿他的姓开玩笑说：

有言则讧，

近犬则狂，

加颈足而为马，

施角尾而为羊。

用笔画增损之法，把个“王”字很准确地烘托出来，又充满了谐谑的口吻，使王昕一时无法回答。

有一回徐之才大宴宾客，有个叫卢元明的，知道徐之才爱开玩笑，便以先发制人的手段，对徐之才的姓名加以嘲讽：

卿姓是未入人，名是字之误，“之”当为乏也。

铜爵

用徐之才姓名的字形，来嘲弄徐之才不入人列，应该叫“乏才”。徐之才毫不示弱，立刻当场予以反击曰：

卿姓在亡为虐，在丘为虚，

生男则成虏，配马则成驴。

又说：

君之名，去头则为兀明，出颈则为无明，灭半则为无目，变声则为无盲。

这下子弄得卢元明更加难堪，在座的人都大笑不已。

隋唐五代时期

侯白妙语活枯槐

侯白字君素，隋代魏郡临漳（今属河北）人。好学有捷才，举秀才，任职儒林郎，善于巧辩，在京城曾经与仆射越国公杨素斗智。越国公杨素是隋朝名臣、诗人，杰出的军事家、统帅。

杨素像

一天，侯白同杨素骑马出去游玩。杨素忽然看见路旁有棵槐树死了，便在树前停下，对侯白说："侯学士学识过人，才智出众，可有手段能叫这棵树活吗？"侯白略加思索说道："完全可以。"随即下了马，吩咐手下人找来槐树子，再将槐树子放在枯死的槐树上，回头对杨素说："这样，这棵槐树定能活。"杨素一时没想明白，问道："为什么能活？"侯白回答说："我这是一则谜：

"槐树子放在死去的槐树上，槐树定活。（猜《论语》一句。）

"只要你猜出谜底，就知道原因了。"杨素想了很长时间，才转身对侯白说："莫不是'子在，回何敢死？'"侯白说："不错。"杨素不由得感叹说："不愧是制谜高手，的确高人一筹。"

原来，侯白所制之谜中，"回"是指孔子的大弟子颜回，"子"是指"孔子"。本意是："孔子活着，我颜回怎么敢死呢？"在这里，侯白用了曲解本意的别解法，"回"是"槐"的谐音，"子"作"槐树子"解。别解法对后世灯谜影响很大；而"子在，回何敢死"这一谜语也就流传在历代谜坛，成为千古佳话了。

侯白奇谜戏友人

隋朝的侯白幽默诙谐，大家常被他逗得捧腹大笑。他说的谜语，妙趣横生，余味无穷。

有一天，侯白和一帮文人学士碰到一起，大家要猜谜助酒兴，并规定："必须是实物，不得虚解惑众。如果解释清楚却并无此物，那就应当受罚。"只见满肚谜语的侯白，略一思索便笑

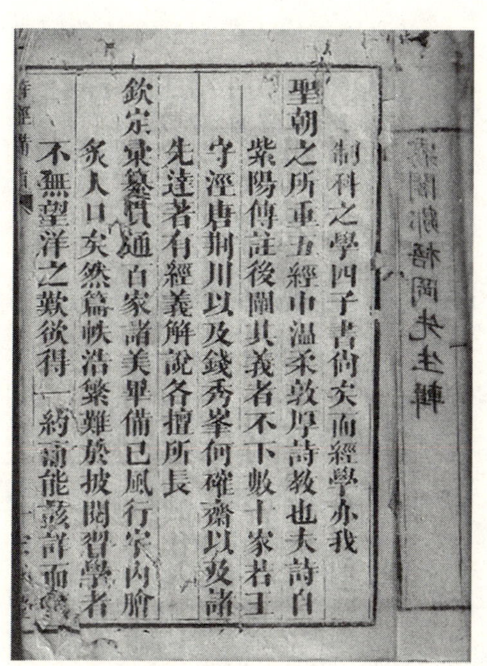
制科之學四子書尚矣而經學亦我
聖朝之所重五經中溫柔敦厚詩教也夫詩自
紫陽傳註後闡其義者不下數十家若王
守溪唐荊川以及錢秀峯何確齋以玫諸
先達者有經義解說各擅所長
欽定彙纂貫通百家諸美畢備已風行宇內膾
炙人口矣然篇帙浩繁難於披閱習學者
不無望洋之歎欲得一約而能該詳而

诗经书页

嘻嘻地说：

背共屋许大，肚共碗许大，口共盏许大。

侯白的话音刚落，大家就叽叽喳喳地议论开来：天下哪有这种东西，口像小酒杯那么大，背像房子那么大，一定没有此物，定是侯学士杜撰出来哄骗我们的，侯学士该罚。

侯白听了大家的话也不着急，不慌不忙地站起身，领大家到院子里，指着屋檐下的小燕子窝说："就是它，你们看像不像？"众人一见之下，顿时大笑不已。

又有一回，有位朋友请客，侯白迟到了，大家就罚他说谜语，并且规定：不得幽隐难猜，不能稀奇古怪，也不能假合而成，不得是人们没有见过的东西。侯白不假思索应声就说：

有物大如狗，面貌极似牛。

大家纷纷猜了起来，有的说是獐，有的说是鹿，但都觉得不太对。大家便又以为这一定是一种大家没有见过的稀奇古怪的东西，侯白违犯了规定，非罚他不可。侯白微微一笑，说道："你们且慢罚，我说出这东西来，肯定大家都见过。大家问究竟是什么？"侯白说："是牛犊啊！"侯白又说一谜：

有物大如狗，撵着不走拖着走。

大家又没猜出来，侯白说："这是'死狗'啊！"众人大笑。

侯白用谜语开起玩笑来，有时也令人啼笑皆非。据说，侯白同大臣杨素很有交情。侯白机智善辩，杨素常与他一起说笑逗乐。

有一天，杨素同大臣牛弘退朝回来，在路上碰到了侯白。侯白眼珠一转便装模作样地对他们二位说："日之夕矣！"

牛弘一愣，不知何意，杨素却听出来了，对侯白说："你这个人呀，什么时候也改不了戏谑别人的脾气。"

原来《诗经》中有这么两句话："日之夕矣，牛羊下来。"侯白说的"日之夕矣"，隐含"牛羊下来"，是在戏称牛弘、杨素为"牛、羊（杨）"退朝下来。

暗语劝降宇文士及

隋炀帝十四年（616），隋右屯位将军宇文化及等杀死了炀帝杨广，太仆杨义臣担心宇文化及的弟弟宇文士及和自己的结义弟弟以后受牵连，于是打发家人把一个盛有两颗枣子和一只用糖做成的乌龟的瓦罐送给宇文士及。

瓦罐

宇文士及打开瓦罐，见里面只有两颗枣子和一只乌龟，很是费解。他有一个聪明伶俐的小妹淑姬，端详了一会儿这两件东西说："这个是哑谜，其实很简单，两颗枣子隐意“早早”；糖做的乌龟隐意“归唐”，是劝您“早早归唐”的意思。"

宇文士及恍然大悟，原来杨义臣是担心他受哥哥牵连，劝他赶快投奔唐王李渊，以免受灾祸，宇文士及非常感谢杨义臣，也想用一件器物作隐语回答杨义臣，并表明其愿意投于大唐的意思。聪明的淑姬有了一个好点子，她折了一个纸鹅，鹅颈上挂了一个小小的鱼网，网上竖着一个算命先生的招牌，把这些放在一个漆盒里。宇文士及非常诧异，不知道妹妹这么做是什么意思，淑姬乖巧地跟他解释了一番，宇文士及连声称妙。

杨义臣的家人带着这个漆盒回去复命，义臣打开漆盒，仔细思索了一下，笑着说："原来是‘我谨遵命’（鹅颈遵命）。"

太宗两作咏物诗

唐太宗李世民（599～649），是唐朝第二位皇帝，他名字的意思是“济世安民”。祖籍赵郡隆庆，政治家、军事家、书法家、诗人。即位后，积极听取群臣的意见、努力学习文治天下，有个成语叫“兼听则明，偏信则暗”，就是说他的。他是中国历史上最出名的政治家与明君之一。唐太宗开创了历史上的“贞观之治”，他虚心纳谏，在国内厉行节约，使百姓休养生息，终于使得社会出现了国泰民安的局面。为后来全盛的开元盛世奠定了重要的基础，将中国传统农业社会推向鼎盛时期。

李世民像

李世民擅于作咏物诗谜。有一天，

太宗批阅奏折一直到深夜，看着旁边的蜡烛，便心血来潮，随笔写下：

焰畏风来动，花开不待春。
镇下千行泪，非是为思人。

九龙盘焰动，四照逐花生。
郎此流高殿，堪持待月明。

李世民正欣赏着自己的佳作，这时一阵风吹过，窗前烛焰闪动，太宗便又作了一首诗：

萧条起关塞，摇飏下蓬瀛；
拂林花乱彩，响谷鸟分声；
披云罗影散，泛水织文生。

第二天早朝时，魏征求见，太宗便给魏征看了昨晚的两首诗谜，魏征看了，很快就猜出谜底是“蜡烛”和“风”，但魏征却正色说:“圣上日理万机，怎么作这样望风捕影的诗呢。”太宗听了，心里非常不高兴，从此就不再作咏物诗谜了。

王勃赋诗留空字

初唐四杰之一的王勃，字子安。绛州龙门（今山西万荣）人。王勃与于龙以诗文齐名，并称“王于”，亦称“初唐二杰”。王勃也与杨炯、卢照邻、骆宾王齐名，齐称“初唐四杰”，其中王勃是“初唐四杰”之冠。他少年才高，十几岁时他的诗文就很有名气了。相传他在去交趾探亲的路上，借神人之助赶到南昌，正逢九月九日洪都大都督阎伯屿为女婿吴子章

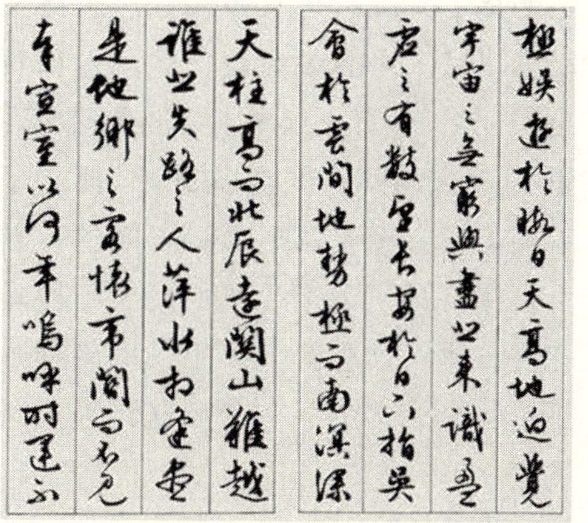

滕王阁序书法作品

过生日，在滕王阁里举行盛大的宴会。阎伯屿为了显示女婿的才华，让吴子章事先作好了一篇《滕王阁序》，准备在宴席间让他当场写出来，不料刚来到宴席上的年轻人王勃不了解这个情况，当主人假意请席上的高手为这次滕王阁筵席当场作序时，王勃就不客气地应声而承接了这个任务。王勃这一举动，使主人阎伯屿和他的女婿吴子章颇感不快。阎伯屿便命人把王勃写的逐句抄报给他，准备挑刺，然后再让吴子章出场写。

不料，他把王勃的文章一句一句读来，不但挑不出刺，而且愈来愈感到他的文才横溢，旁征博引，道理精达。及读到“落霞与孤鹜齐飞，秋水共长天一色”时，不禁拍案惊叹“妙文，天才!”吴子章在一旁很不服气，等王勃把文章快写完时，吴子章便赖说王勃这篇文章是抄窃了他的文章，而且当场就把王勃刚写出来的文章从头至尾一字不差地背了出来，以证明这是他的文章，弄得众人真假难辨。

王勃笑了笑说：“你且莫慌，这篇序文尚未写完，你的下面是什么，先请背出。”吴子章背不出来，王勃便落笔写道：“一言均赋，四韵俱成。”他看了看吴子章，接着就把咏滕王阁的一首七言律诗写了下来。他怕吴子章再玩花样，所以故意留了一手，把诗的最后一句写成，留下一个哑谜让大家猜测：

槛外长江　自流

写完掷笔就走。大家见这里空了一个字未写，究竟是什么字，谁也说不清，有的猜是“水”字，有的猜是“独”字，问吴子章，吴子章哑然无语。阎伯屿只好亲自赶到会馆，请王勃把这个字补上。王勃说：“我已经将那字留在原稿上了。”阎伯屿说：“没有，那里只留着一个空。”王勃说：“是的，我留的就是那个字。”阎伯屿想了许久，才明白：空者“空”也。

小王勃6岁作诗谜

相传，王勃6岁时就能诗善画，而且爱猜谜语。有一年寒冬，大雪纷飞。王勃跟着叔叔学习画画，画完一幅后，就围着炉子取暖，小王勃乖巧地说：“叔叔，请您出个谜语。”叔叔抬眼望着窗外，想了想，说：

此花自古无人栽，
一夜北风遍地开，
看看无根又无叶，
玉树琼枝放异彩。

王勃像

王勃听了没有立即回答谜底，而是又赋诗一首：

只织白布不纺纱，
铺天盖地压庄稼。
鸡行上面画竹叶，
狗跑上面印梅花。

说完，叔叔会心地笑了，他知道侄儿已经猜出谜底。

（谜底大揭密：雪）

跳梁小丑

杨炯（650～692），汉族，弘农华阴（今属陕西）人，排行第七，唐朝诗人，初唐四杰之一。唐高宗显庆六年（661），年仅11岁的杨炯被举为神童，上元三年（676）应制举及第，授校书郎。后又任崇文馆学士，迁詹

事、司直。武后垂拱元年（685），降官为梓州司法参军。天授元年（690），任教于洛阳宫中习艺馆。如意元年（692）秋后改任盈川县令，吏治以严酷著称，死于任所。因此后人称他为“杨盈川”。

杨炯是位非常有才华的诗人，可是一生怀才不遇，很不得志，他对那些趋炎附势、才疏学浅之辈嗤之以鼻，常借机对他们进行嘲讽和挖苦。

有一天，他和文朋诗友在酒楼解烦，指着邻桌一个大腹便便的人，对好友悄声说：“这人是个*麒麟楦*。”杨炯见好友们不解，便解释说：“如今不是正流行一种叫要麒麟的游戏吗？其实，那麒麟不是真的，而是一个假面具，然后套在驴身上，赶着它满场子乱跑。等到要完了把戏，把假套子去掉，还是一头驴。”听他这么一说，好友们便哈哈大笑起来。

唐代画家周昉人物画

同桌饮酒的人当中，有位在秘书省当文官的好友，接着说：“我常常遇见的一种人，跟老兄说的麒麟楦难分伯仲，令人唆鼻！”

“那是哪种人？”众人齐声问道。那文官笑了笑，没说话，而是用筷子在酒杯里点下点，然后在桌子上写了个“生”字。

杨炯细细琢磨，恍然大悟，骂道：“此种人更是令人咒骂，不屑挂齿！”见别的诗友还未明白是怎么回事，杨炯便解释道：“‘生’隐‘*跳梁小丑*’，‘生’由‘牛’和‘一’组成，牛为‘丑’，‘一’喻指梁，合起来即为跳梁小丑。”众人一听，又哈哈大笑起来。

武则天巧破青鹅意

在唐朝，女皇武则天当政时遭到

武则天像

李氏宗室和元老们的反对。柳州司马徐敬业赴任时途经扬州，便和同被贬官南方的唐之奇、骆宾王、杜求仁、徐敬业弟徐敬猷以及前盩厔（今陕西周至）尉魏思温、奉使到扬州的监察御史薛璋等，一起策划起兵反对武则天。他让骆宾王设法拉拢中书令裴炎作内应。骆宾王便编了一首童谣：

一片火，两片火，

绯衣小儿殿上坐。

教京都和裴炎家乡的孩子们传唱。裴炎听到后，不明白童谣的意思，便去问骆宾王。骆宾王解释说："绯衣合起来是个'裴'字，两片火是'炎'字，殿上坐是南面称王，这就是说你裴炎要南面称王了。"两人最后谈得十分投机，裴炎就答应作内应。为了机密起见，裴炎给徐敬业写了一封密信。但是这封密信被武则天的人查获。他们打开一看，上面只有两个字："青鹅"。朝中的官员们都不明白是什么意思，便呈给武则天看，武则天一看，便解释说："青者，十二月，鹅字乃'我自与'三字组成。这就是相约在十二月起兵，裴炎自会在朝中作内应的意思。"于是武则天杀了裴炎，并派李孝逸追击徐敬业。徐敬业的部将王那相杀掉徐敬业，降顺了武则天。徐敬业的谋反，遂被平息。

骆宾王诗谜请好友

骆宾王，字观光，婺州义乌人（今中国浙江义乌）人，是初唐四杰之一，7 岁能诗，有"神童"之称。大家都会吟诵的"鹅、鹅、鹅，曲项向天歌，白毛浮绿水，红掌拨清波"，就是骆宾王 7 岁时作的。

一次，骆宾王过生日设宴请客，客人们先后于开宴前来到了，只有一位很要好的朋友没有来。于是他又写了一张请帖：

骆宾王像

自西走到东边停，
蛾眉月上挂三星，
三人同骑无角牛，
口上三划一点青。

派人赶快送给那位朋友，那人看了这份请帖，很受感动，便立即动身来到骆宾王家赴宴了。客人们问请柬上这首诗是什么意思，他说："骆兄知道我爱猜谜语，所以写了一首诗谜：'一心奉请'，我怎能不立即前来呢！"

狄仁杰却成熟狗

狄仁杰（630 ~ 700），字怀英，汉族，唐代并州太原（今山西省太原南郊区）人；唐（武周）时杰出的政治家，武则天当政时期任宰相。他以

狄仁杰像

不畏权势著称，他断案公正，是一代名臣。

狄仁杰能诗善词，性格豪爽耿直，喜欢开玩笑。据《朝野佥载》记载：有一次，他以“卢”字为谜，嘲讽侍郎卢献说：

足下匹马乃作驴（驢）

意思是说，你这个卢（盧）姓，加上匹马就成驴（驢）字了。

卢献听后，也抓住对方的“狄”姓作了一则谜以反击：

中劈明公成二犬

狄仁杰不服气地说：“卢侍郎弄错了，狄字是犬字旁，但另一边是火字，不是犬。”

卢献说：“犬边有火，那就是煮熟狗了。”

说完，两人相视大笑，从此，狄仁杰就又多了个“熟狗”的绰号。

怀素猜谜论书法

唐代大书法家怀素，俗姓钱，字藏真，湖南零陵人（今湖南省永州市零陵区）。怀素是中国历史上杰出的书法家，他的草书称为“狂草”，用笔圆劲有力，使转如环，奔放流畅，一气呵成，和张旭齐名。后世有“张颠素狂”或“颠张醉素”之称。怀素少年当和尚时即喜爱书法，没有纸，在寺前种芭蕉，以蕉叶当纸来练字，故名他的书斋曰“绿天庵”。

颜真卿像

有一次，大书法家颜真卿来访他，二人饮酒论书，十分欢悦。酒至半酣，怀素起身说：“近来有人出了一则谜语让我猜，现在写出来向太守请教。”说完在书桌上舞动他的笔写下：

白蛇过江，头顶一轮明月。

颜真卿捋着胡须称赞道：“上人之

书，亦真有白蛇过江之势，岂是谜底的那根灯草所能比拟！不过这个谜出得颇有诗情画意，所以流传甚广，它还有个下联，情致更为不凡。”颜真卿接过怀素手中的笔，在另一张纸上书道：

乌龙挂壁，身披万点金星。

怀素近前一看，发现颜真卿写的是正楷，且端庄雄伟，气势恢弘，不禁大赞道：“颜兄的字真是妙极，让小弟大开眼界。”颜真卿笑说：“小弟的狂草才令人耳目一新呀。”

两人又继续谈诗论文，这时，一个小和尚进来为他们添酒，怀素便指着这副对联说：“徒儿，这上下联各隐一物，你能猜出来吗?”

这个小和尚也是个聪明好学之人，他想了一会儿，提起笔来用行书写出了谜底。颜真卿一见，夸道：“真是名师出高徒啊！”

（谜底大揭密：油灯、秤）

曹著物谜胜对手

唐代有个名叫曹著的人，从小就聪明过人，十分机敏善辩，尤其善猜谜和制谜，二十几岁时，已名声大振，远近皆知，无人能敌。

有一天，家人领进一个人来。此人自称是过路人，矮矮的个头，两眼却炯炯有神，听说曹著善于猜谜制谜，顺便进门来请教请教。刚坐下，来人便口占一谜叫曹著猜。此谜是：

古鼎

一物坐也坐，卧也坐，立也坐，行也坐。

说完，便十分得意地看着曹著。曹著听后微微一笑，没有立即说出谜底，却另出一条谜给那人猜：

一物坐也卧，立也卧，行也卧，卧也卧。

这下那人被难住了，想来想去想不出。曹著提示说：“我的谜底能吃你的谜底。”那人仍然猜不出，显得十分尴尬。原来，此人听说曹著的名声大心中有些不服，这次是专程来与曹著较量的，没想到刚一交锋便败下阵来。这下他算从心里佩服曹著，自叹不如，甘拜下风了。后来两人成了朋友。

（谜底大揭密：青蛙、蛇）

诗仙醋店巧说谜

李白，字太白，号青莲居士。唐朝著名诗人。祖籍陇西成纪（现甘肃

省秦安县陇城），有“诗仙”“诗侠”之称。有《李太白集》传世，诗作中多是醉时写的。唐肃宗乾元年间，李白已是年过花甲，骑着毛驴四处远游，浪迹天涯。

有一天，他正行走在金陵途中，炎热的天气使他觉得七窍生烟，口渴难忍，便想寻个酒家解解渴。忽见前面不远处一家门前挑出一面小旗，上书“佳醋”两字。李白走近一看，原来是一处醋店。他心里便想，没有酒喝，喝点醋解解渴倒也不错。

李白像

于是，李白将毛驴拴在树上，缓步走进店门，一看，店内已坐着一个人，看穿戴像个县官。李白没理他，直奔柜台，对店家说：

一人一口又一丁，
竹林有寺没有僧，
女人怀中抱一子，
二十一日酉时生。

店家本是个落迫文人，听了李白的话，就琢磨起来，不一会儿，便弄清了这首诗谜的谜底，并断定来人绝非等闲人物。于是，他忙拱手笑答：“此乃山西陈醋，北国上品，客官尽可品尝！”

李白醋店遇知音，不由得兴致大发，便和店家聊起来。一会儿，把醋饮完，把醋壶还给店家后说：

鹅山一鸟鸟不在，
西下一女人人爱，
大口一张吞小口，
法去三点水不来。

店家马上解出了这首诗谜的谜底，便对李白告别：“客官，祝你一路平安！”李白颔首笑道：“谢谢！”

李白刚转身要走，那个县官模样的人站起来叫道：“且慢，你是何许人也，竟敢在我面前咬文嚼字！”原来，此人看到李白同店家相谈甚欢，而自己却没听明白他们的话，也插不上言语，在旁受到了冷落，感到被怠慢了。李白根本没把这无学无识的县令放在眼里，便不慌不忙地说：

豆在山根下，月亮半空挂，
打柴不见木，王里是一家！

说完，走出门外跨上毛驴扬长而去。县官还愣在那里琢磨这首诗呢，李白早就走得无影无踪了。店家虽然解得此谜，也佯装不明白的样子。

读者朋友，也请你猜一猜大诗人李白的这三首谜诗的谜底吧！

（谜底大揭密：何等好醋、我要回去、岂（岂）有此理）

来客居然姓“没人偷”

李白 5 岁时，随着父亲从西域回到四川剑南道昌明县的青莲乡定居。父亲亲自教他读书、赋诗和剑术。开元三年（715）春天，有一位远客来到青莲乡寻访李白的父亲，正遇见李白在院中练习剑术。李白很礼貌地向客人答话，并问来客的姓名，客人说：“吾号东岩子，姓‘无人偷’，名曰‘鸟落山头不见脚’。”李白听后想了一下，便说：“晚生知道了，请稍候，待我禀明家父知道。”便回到家中告诉父亲有谁来访了。父亲立刻让李白放低了声音，赶忙出屋将客人迎接进来。

青铜壶

父亲和客人抵掌密谈了好久，话又转到李白身上来。客人见李白聪颖好学，气宇轩昂，很是喜爱。父亲也正想给李白找个见多识广的老师，讲一讲天下见闻，古今大事，济世经略，以启发他的心智，开阔他的视野。他便让李白拜师求教。客人在李白家住了一个多月，李白与他几乎形影不离，如饥似渴地听取客人的见闻和议论，成为李白成长过程中极为重要的一课。他的《大猎赋》就是听了客人的讲述写成的。

你知道这位客人姓甚名谁吗?

（谜底大揭密：俞岛）

李太白以谜取名

唐朝天宝年间，诗仙李白被玄宗召入京城做了供奉翰林。开始的时候，他十分得意，很想在这个官位上有所作为。但可惜那时正是玄宗当政后期，政治日趋腐败黑暗，根本就不可能给李白以施展才能的机会。李白便日夜饮酒解忧。

有一天，李白刚喝完酒，醉醺醺地回到住处。有一个名叫李谟的学士来到了李白的住处，他怀里抱着个刚满月的孩子，兴高采烈地对他说：“李翰林，看看我的小外孙，多可爱，你学识渊博，才高八斗，请给孩子起个名字吧！”李白醉眼朦胧地看了看李谟的小外孙，便拿起笔来写了 20 个字：

树下彼何人，不语真吾好。

语若及日中，烟霏谢成宝。

李谟一看，心想，李白真喝醉了，

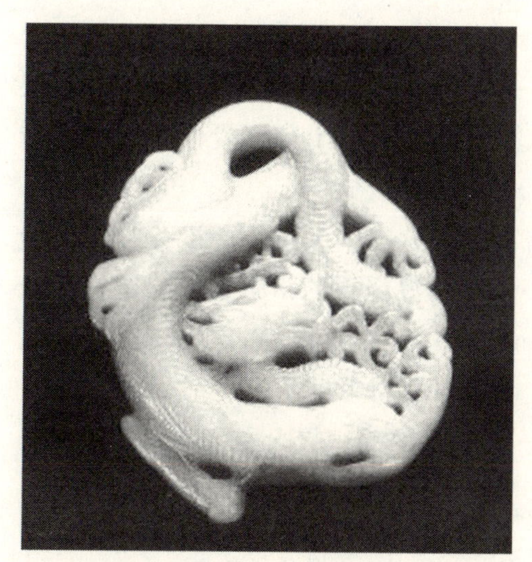

龙纹玉佩

让他给外孙起个名字，他却写了首诗，便起身告辞说："本来是请翰林给起名字的，可是您却写了首诗，不明白是什么意思。看来您真喝醉了，休息吧！"

李白笑嘻嘻地说："没醉，没醉，名字就在这四句诗里呢。树下人是'木''子'，即'李'也。不语是'莫''言'，即'谟'也。好是'女''子'，女之子，'外孙'也。语及日中是谈到中午即'言''午'，'许'字也。烟霏谢成宝，'烟霏'是'云'，'成宝'即'封'中，乃天封也。这四句诗联起来是'李谟外孙许云封'也。"李谟一听，才知这是首诗谜，对"许云封"这个名字很满意，就高高兴兴地抱着外孙走了。

李谟的外孙长大后一直就用了这个名字。

李太白半醉出谜点菜

唐朝天宝元年（742），李白从西蜀来到京都，却是满腔诗才没人赏识。有人劝他去找秘书监贺知章，他就抱着试试看的心情，带着自己的诗稿，登上了贺知章的府邸——长安紫极宫。

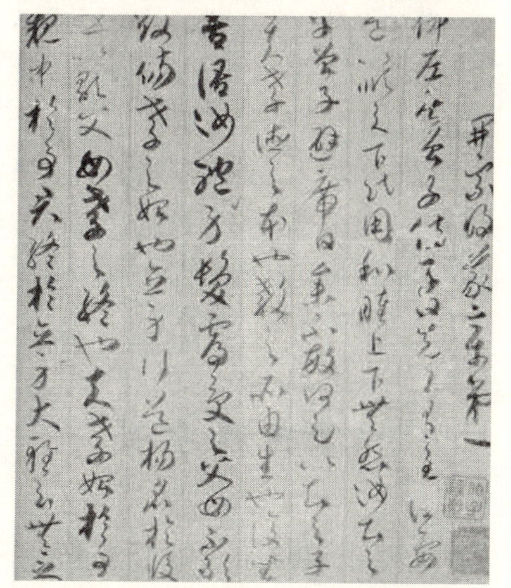

贺知章书法

贺知章是个非常热情好客的学士，他招呼李白坐下后，便翻阅起了诗稿。贺知章读着、读着，不由得站起身子吟哦起来："噫吁戏，危乎高哉！蜀道之难，难于上青天！"吟罢暗暗感叹道："真想不到，竟然会有这样瑰丽的诗句！"于是就拉着李白一起到街上去喝酒。

二人来到临河的一家酒楼，一边喝酒一边谈诗论文，大有相见恨晚之感。

可是，没想到来得匆忙，贺知章忘了带钱，于是便解下随身佩带的金龟，对店小二说："再换些好酒菜来。"店小二一看，便认出了这金龟是皇上所赐之物，怎么也不肯收，但是贺知章执意要押，店小二就只好暂且收下了。然后笑着说："我们小店今早刚宰了头猪，二位大人要点什么下酒？"贺知章要李白点菜。

已经半醉的李白豪放一笑，用手指蘸了点酒，先在桌上画了大圆圈，然后在其中写了个"千"字。店小二是个很机灵的人，他对着桌子上这幅图琢磨了一会儿，便上菜了，李白见他所上之菜正合心意，笑着点点头。

（谜底大揭秘：猪舌头）

小杜甫猜字谜

唐睿宗太极元年（712），杜甫出生在河南巩县一户文官家庭，杜甫的祖父杜审言是初唐时期著名的诗人。

砚台

幼年的杜甫非常聪慧，7 岁就能以"凤凰"为题作诗，9 岁时便练得一手好字。由于他学习勤奋，进步很快，祖父对他十分喜爱，饭后经常带他去村外散步。

金秋的一天黄昏，祖孙二人又漫步在稻浪飘香的田野里。杜审言看见农夫正在忙着收割，不禁触景生情，吟了四句诗考孙儿：

四个'不'字颠倒颠，
四个'八'字紧相连；
四个'人'字不相见，
一个'十'字立中间。

聪明的杜甫只沉思了片刻，就准确地说出了答案。慈祥的老祖父连连点头，脸上都是赞许的表情。

在家庭的良好教育下，后来杜甫成了一位关心百姓疾苦的诗人，一生写下了许多著名的诗篇。

（谜底大揭秘：米）

诗圣智斗刁县令

唐代诗圣杜甫，字子美，自号少陵野老，河南巩县（今河南郑州巩义市）人。世称杜工部、杜拾遗，唐代伟大的现实主义诗人，世界文化名人。他忧国忧民，人格高尚，一生写诗1400 多首，诗艺精湛，被后世尊称为"诗圣"。官至左拾遗、检校工部员外郎，一生坎坷，仕途艰难。他 7 岁学诗，15 岁扬名，一生不得志，50 多岁时，携妻儿全家到了沙头镇。他刚到沙头镇时，没有生活来源，虽有弟弟

杜观及朋友们的接济，但毕竟是寄人篱下，并非长久之计。于是，在众人的帮助下，他开了个百草堂药铺，以卖药为业，得些钱粮，维持生计，聊度岁月。

杜甫像

药铺开张后，货真价实，童叟无欺，有的穷人实在无钱付药费的，还免费赠送。当地百姓对此赞不绝口，都到这儿来买药。药铺门庭若市，生意兴隆。这样一来，百草堂就得罪了另外几家药铺的主人。他们买通了当地县令，想寻事砸了杜甫的百草堂药铺。

有一天，天色将晚，药铺内病人不多。正在要打烊之时进来一位书吏。只见他满脸横肉，态度凶蛮，将手中的药单往柜台上一甩，大声说："这是县令大人急需的药，赶快照单抓药，若缺一味配不齐，你们休想再在此卖药！"

药铺的伙计赶快拿过药单，一看都愣住了，只见上面开的四味药是：

行运早，行运迟，

正行运，不行运。

有个老伙计忙赔笑问道："你老哥是请哪位高明郎中开的药方，怎么我们见都没见过？……"书吏不等他把话说完，开口就骂："你们开的是什么中药铺？快给我把杜老倌叫出来，要是配不齐县令大人的药，我就砸掉你们的招牌！"伙计们不敢怠慢，忙去把此事告诉杜甫。杜甫一听就知道这是来故意刁难的，拿过药单一看，便冷冷一笑，区区雕虫小技，也来班门弄斧，真是不自量力！随手取了四味药，走了出来。见了书吏，仍然以礼相待，拱手问道："这位大哥请了，不知有何见教？"

书吏并不看杜甫，只是傲慢地答道："我们县令大人要你照单抓药，否则就要闭门封店，关张走人！"杜甫不慌不忙地说："县令大人需要的药，我们药铺应有尽有，我早已备好。"说着，杜甫拿出四味药：

一片萝卜干，一块生姜芽，

一只鲜李子，一颗干桃儡。

书吏一看不由得傻了眼："杜老倌，这怎是药单上的药？你休要诓我？"杜甫道："萝卜干是'甘罗'之意，甘罗12岁就当了丞相，你说他是否'行运早'呢？"不待书吏回答杜甫又说道："生姜芽是'姜子牙'之意。姜子牙83岁遇文王，是否'行运迟'呢？""是，是。"书吏连声回答。"你看这红皮李子，虽说其貌不扬，其味不甘，却正是时下鲜美果品，可说是‘正行运’吧！”书吏无言以对。“这是隔年的桃子，经过雪冻霜打，算不得鲜果，只能入药，所以说‘不行运’了。”书吏无话可驳，只得连连点头，拿起这几味“药”，灰溜溜地回去交差了。

杜甫谜联赠名医

杜甫自幼就聪慧好学，知识渊博。他的诗风格多样，语言精练，继承和发展了《诗经》以来的优良文学传统，成为我国古代诗歌的现实主义高峰。

杜甫雕像

代宗大历元年，杜甫为维持生计，在江口镇开了一家叫“百草堂”的中药铺。

当时，在这个镇上有位祖传的郎中叫刘玉霍。这位老郎中医术非常高超，虽然年近古稀，但仍能妙手回春，治愈了很多病人，而且他非常善良，经常解囊济贫，救助当地贫苦百姓。杜甫听说当地有这样一个人，非常感动，对他也十分尊重。

第二年春天，杜甫挥毫写了一副春联，送给刘老郎中，上联是：

桃花尽日逐流水

下联是：

秋菊犹存傲霜枝

横批是：

寿比彭祖

这副春联很巧妙地祝福老郎中长寿，又暗隐了七味中草药名。刘老先生细细一看，笑着说：“这上联暗隐‘一片丹、香附、泽泻’，下联隐‘天冬、降香、地黄’，横批隐‘千年健’。这副对联实在是妙啊！”当晚便设宴款待杜甫，两人一醉方休。

联句成诗又猜谜

杜甫才华横溢，又胸怀富国强民之志，可是参加科举考试时，却因口蜜腹剑的奸臣李林甫耍弄阴谋，而屡次落第。他连受挫折，穷困潦倒，28岁时靠亲戚朋友的资助，在成都皖花溪畔建了一草堂，靠种草药谋生，过着清苦的生活。

有一天，当地的三位年轻秀才相约前来朝拜“诗圣”，杜甫用自家酿造的黄酒招待了他们。席间，老诗人为助雅兴，提议以字制谜，并联句成

杜甫像

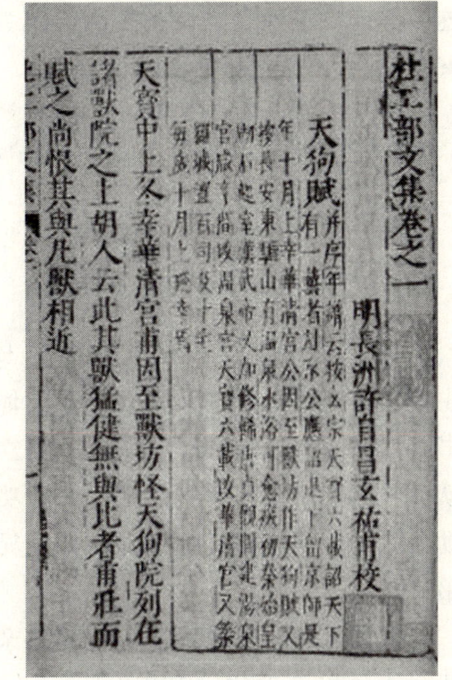

杜工部文集卷之一

明長洲許自昌玄祐甫校

天狗賦 并序

[illegible]

天寶中上冬幸華清宮甫因至獸坊怪天狗院列在
諸獸院之上胡人云此其獸猛健無與比者甫壯而
賦之尚恨其與凡獸相近

杜工部文集书页

诗，大家都欣然同意。

杜甫先说：“无风荷叶动”；秀才甲说：“骑牛过板桥”；秀才乙接着说：“日月分西东”；最后秀才丙说：“江水往下流”。

杜甫听后，捋须大笑说：“妙哉！妙哉！”这四句连在一起还成了一首优美的五言绝句。

（谜底大揭密：佛、生、明、杀）

三举人拜访诗圣

唐肃宗乾元年间，有一天，有三位举人一起到成都杜甫草堂去朝拜“诗圣”杜甫。

杜甫一听他们三个是来拜访的，便赶紧请他们进屋，先给每个人倒了一碗水，然后便问三位举人姓什么。

其中一个人先起身，朝杜甫拱了拱手，然后自我介绍说：“在下姓：

两画大，两画小。”

另一相貌堂堂的中年举人接着起身，笑着说：“不才乃姓：

明月依稀云脚下，

残花零落马蹄前。”

“那这一位才子姓什么呢？”杜甫笑望着那个年轻举人。

坐在右边的那位年轻举人文质彬彬，一表人才，他见两位同伴报姓时都转弯抹角，便也将自家姓氏编成七绝，他说：“小生鄙姓：

凝翠挂金垂络丝，
临风摇曳舞芳姿；
异株吐絮漫香雾，
正是归棹系缆时。”

杜甫见他们如此卖弄，以诗报姓，就说：“三位的姓氏，老夫已经都知道了。你们分别姓……这三个举人一听，

连声称道：“不愧是‘诗圣’啊，佩服佩服！”就不敢在杜甫面前卖弄了。

（谜底大揭密：秦、熊、柳）

相府千金一见倾心

唐朝大历年间，有个姓崔的书生，生得非常清秀，又很有文才。他书籍无所不窥，诗才挺秀，援笔立就。他的父亲是朝廷中的文官，和功勋盖世的一品宰相交谊很深，如亲兄弟一般。

有一天，宰相病了，崔生的父亲便命他去相府看望。宰相有一女儿，正是情窦初开的年龄，见崔生容貌俊秀，举止温文，谈吐风雅，顿时就起了爱慕之心。于是，回到闺房中，取出香笺一纸，挥毫写了一个娟秀的“您”字，命贴身丫环在无人注意时，悄悄地递给那白面书生。

清朝画家朱耷的梅花图

崔生回到自家书房，放下门帘，然后从衣袖中取出相府那个伶俐丫环递给他的香笺。只见宰相女儿那香笺本是一纸著名的薛涛笺，上面绘有《梅花图》，并有一首小诗印在右上角：

横斜玉枝，普花甚蟹，

寒范踪穹，雪梅交香。

崔生读完，心中不禁暗自惊叹：“诗句好清新。”但是，崔生对宰相的千金小姐在笺上只独独写个“您”字却百思不解，踱步寻思，还是没有答案。崔公子的这种情形被贴身书童看得一清二楚，他细细沉思，突然大悟说：“公子走桃花运了，恭喜恭喜。”崔生莫名其妙地望着书童，书童解释说：“‘您’字可以拆成‘你’和‘心’，丞相千金的意思是‘有心与你相配’啊。”崔生一听，大悦。

白居易三赋鹦鹉

白居易（772～846），汉族，字乐天，晚年又号香山居士，河南新郑（今郑州新郑）人，我国唐代伟大的现实主义诗人，中国文学史上负有盛名且影响深远的诗人和文学家，他的诗歌题材广泛、形式多样，语言平易通俗，有“诗魔”和“诗王”之称。官至翰林学士、左赞善大夫，有《白氏长庆集》传世，代表诗作有《长恨歌》《卖炭翁》《琵琶行》等。

传说，白居易任杭州刺史时，一

白居易像

日，他跟樊素、小蛮一起游西湖。三人漫步在白沙堤上，欣赏着西湖如画的风景，心情甚是惬意。正走着，忽然听到鹦鹉的叫声，樊素嫣然一笑，对白居易说：“大人，我有一则物谜，请大人一猜。”接着便微启樱桃小口，吟了一首小诗：

红冠绿袍夸嘴尖，
祢衡作赋有名篇。
宫中多少兴亡事，
在尔前头不敢言。

白居易听她说完，心里已经有了答案，还未回答，就听小蛮又接着吟道：

常恐思归先剪翅，
每因喂食暂开笼。
人怜巧语情虽重，
鸟忆高飞意不同。
应似朱门歌舞妓，
深藏牢闭后房中。

白居易听了心领神会，也吟诗一首：

竟日语还默，中宵栖复惊。
身囚缘彩翠，心苦为分明。
暮起归巢思，春多忆侣声。
谁能坼笼破，从放快飞鸣。

说完，三个人会意地笑了，原来他们的谜底都是同一样的物。

（谜底大揭密：鹦鹉）

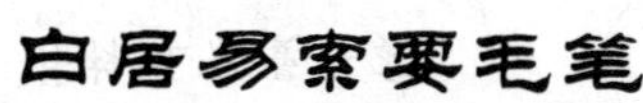

白居易索要毛笔

白居易是中唐时期著名的诗人，年幼的时候生活非常艰辛，但是由于战乱和家庭破产，白居易 11 岁就离家在异乡独自漂泊。即使这样，他仍孜孜不倦，勤奋读书，他的诗多反映穷人的痛苦，嘲讽朝廷官僚及劣绅污吏。

毛笔

京都长安有一位善良的老学士叫顾况，他读了白居易的诗句“离离原上草，一岁一枯荣。野火烧不尽，春风吹又生”，不禁连连拍案称好，并赞叹说：“如果胸中无秀气，腹内欠才识，小小年纪怎么能写出这样妙语惊人之佳作啊！”顾学士便想资助这位才华横溢的流浪少年，于是就问白居易需要什么。

白居易想了一下，有礼貌地回答道：“感谢先生厚意。眼下，小人最急需之物是……”白居易淘气地一笑，吟了四句：

此宝瘦又细，说话把头低，
不吃农夫粮，能为民出气。

顾况一听，知道白居易想要什么，当即便答应了。

（谜底大揭密：毛笔）

白居易雪夜送礼

唐代大诗人白居易，写了很多著名的诗篇，来反映人民生活的疾苦。他在杭州做州官的时候，有一个冬天的晚上，他听着窗外北风呼啸，心里很担忧：城外那座山寺很破旧了，里面还住着两位读书人，这么冷的天，他们受得住吗？

象棋

白居易再也睡不着了，他马上起床，叫人准备了棉被，又烧了热菜热饭，然后拿出一包小礼物，连夜派人送去。两位读书人收到了棉被和食品，心里非常感动。他们又看到了那包礼物，心想：这是什么东西呢？忽然，他们看见了包装纸上还写着一首小诗：“两国打仗，兵强马壮，马不吃草，兵不征粮。”

他俩大笑起来，立刻明白里面是什么了。原来，白居易送给他们一副象棋。

朱庆余诗谜自荐

朱庆余，唐代诗人，越州（今浙江绍兴）人，宝历年间进士，官至秘书省校书郎。他的诗多描写个人生活，感情细腻，词句清新。年轻时曾多次科考，但每每落第。

有一年，他又赴京赶考，考前写了首七绝《近试上张水部》：

洞房昨夜停红烛，
待晓堂前拜舅姑。
妆罢低声问夫婿，
画眉深浅入时无？

张水部是水部员外郎张籍，朱庆余写这首诗的目的是希望得到张籍的赏识，帮助他宣扬，以使主考官知道他的才名。

张籍读后，觉得这首诗做得很巧妙，读起来琅琅上口、生动有趣，觉得朱庆余很有才思，就召见了他。

张籍像

两个人席间谈笑风生，张籍想再试试朱庆余的才气，便让他作一则咏物谜，朱庆余转身朝窗外望去，看见一只鸟正停落在树上，当即便吟了一首谜诗：

丁丁向啸急还稀，
啄遍庭槐未肯归。
终日与君除患害，
莫嫌无事不频飞。

张籍听后一边赞许，一边说出了谜底。于是便力荐这位才华横溢的书生。

朱庆余终于在宝历二年（827）中了进士。

（谜底大揭密：啄木鸟）

老翁智点柳公权

柳公权，字诚悬，唐朝河东郡（今山西永济）人，是唐代的著名大书法家。柳公权封河东郡公，后亦称“柳河东”。公权是颜真卿的后继者，后世以“颜柳”并称，成为历代书法楷模。官至太子少师，故世称“柳少师”。他的书法初学王羲之，后来遍观唐代名家书法，认为颜真卿、欧阳询的字最好，便吸取了颜欧之长，自成一体。

柳公权像

柳公权小的时候，字写得很糟，常常因为大字写得七扭八歪而受到先生和父亲的训斥。但他很要强，他下决心一定要练好字。经过一年多的日夜苦练，他写的字大有起色，和柳家塬年龄相仿的小伙伴相比，柳公权的字已成为全村最拔尖的了。从此以后，他写的大字，得到同窗称赞、老师夸奖，连严厉的父亲的脸上也露出了微笑，柳公权感到很得意。

一天，柳公权和几个小伙伴在村旁的老桑树下摆了一张方桌，举行“书会”，约定每人写一篇大楷，互相观摩比赛。柳公权很快就写了一篇。他挥毫写下“会写飞凤字，敢在人前夸”十个大字。有位过路老人正在树下歇凉，见了这十个大字，觉得此少年太骄傲，沉吟了一会，捋须笑道：“孩子，我觉得你的字写得并不好，不值得在人前自夸。”

柳公权听了很不高兴，没好气地问:“老先生，你也懂书法?”

老人微微一笑:“老汉略知一二。你的字像豆腐脑一样，软塌塌的没筋没骨，有形无体，怎值得自吹自擂!”

柳公权一听，他把自己的字说得一塌糊涂，很不服气地说:“有本事你写几个字来看看!”

老汉爽朗一笑，取过笔写了“望断南飞雁”五个字，写毕含笑而去。

柳公权虽有些骄傲，但毕竟是一个聪颖的孩子。见老人的字不仅苍劲有力，笔法雄浑潇洒，而且五个字还蕴含着对自己的批评，不觉十分羞愧。“望断南飞雁”的“断”是看不见的意思。大雁飞时多排成“人”字。看不见大雁排成的人字，是为“目中无人”也。

柳公权钦佩老汉的书法，但受到他的批评，自然感到羞愧。从此他更勤奋练字，虚心向人求教，终于成为我国唐代著名的书法家。他的字，结构严谨，刚柔相济，疏朗开阔，为书法界所珍视，素有“颜筋柳骨”美称。

可是，柳公权一直到老，对自己的字还很不满意。他晚年隐居在华京城南的鹳鹊谷（现称柳沟），专门研习书法，勤奋练字，一直到他88岁去世为止。

明皇赐名戏大臣

唐代著名的诗人贺知章，字季真，唐越州会稽永兴（今浙江杭州市萧山区）人，贺知章诗文以绝句见长，除祭神乐章、应制诗外，其写景、抒怀之作风格独特，清新潇洒。他好饮酒，工文辞，善草隶，性情旷逸，善于诙谐谈辩，到晚年尤为狂放，自号四明狂客。他的《回乡偶书》诗，脍炙人口，流传至今。

唐明皇像

他84岁告老还乡，临行前他向唐明皇辞行。唐明皇问他还有什么需要？贺知章说：“我有个男孩子还没定名，希陛下能赐他个名字，我回到乡里后，也是一件很光荣的事。”

唐明皇却说：“为道之要，莫若信，孚者，信也，履信思乎顺。卿子必信顺之人也，宜名之曰‘孚’。”

贺知章像

贺知章便拜谢受命而去。他回到家乡以后，过了好长时间，忽然若有所悟，对人说：“当今皇上为什么要开我的玩笑？我们家乡吴中一带都把‘孚’称为‘爪子’，皇帝给我的孩子起名叫孚，这不是叫我的儿子是爪子吗？”

唐玄宗考孟山人

孟浩然，唐代诗人，襄州襄阳（今湖北襄樊）人，字浩然，世称“孟襄阳”，与另一位山水田园诗人王维合称为“王孟”。孟浩然以写田园山水诗为主，在唐代诗坛上独树一帜。但是这样一位享有盛名的诗人，在科举考试中却屡次失败，年过四十，仍是一介布衣，因未曾入仕，又被称为孟山人。

孟浩然像

有一天，王维邀请他到翰苑读诗论文，当时适逢玄宗皇帝驾到，孟浩然一时来不及回避，只好在床侧躲藏。王维见了玄宗皇帝，不敢隐瞒，便将浩然来访之事相告。玄宗微微笑说：“朕早就听说他的名字了，愿赐

一见。”

玄宗当即召见了孟浩然，并要他当面吟作，于是孟浩然以悠扬缓慢的声调吟诵了自己的一首近作《岁暮归南山》，但玄宗听后冷笑一声，没有说话。

当时正值盛夏，玄宗略一沉吟，揶揄道：“孟才子在诗中自伤不理，朕倒想当面试试你的才气。”说完，便笑吟诗谜两句：

荷花露面才相识，
梧桐落叶又离别。

孟浩然沉思片刻，以诗作答：

一户没有墙，好汉内中藏。
人说像关公，吾云是霸王。

玄宗点头称是，一笑而去，原来两个人所作之谜的谜底都是同一样东西。

（谜底大揭秘：扇子）

父老巧说井口阔

唐朝天宝开元间有个叫贾耽的，沧州南皮（今河北南皮）人。天宝中举明经，贞元中历尚书右仆射同中书门下平章事，顺宗立，进检校司空左仆射，谥元靖。他喜好读书，老来更加勤奋，通晓阴阳地理杂数，为人很正直，当过13年宰相。他在滑州的时候，凿了一个八角井，凿成之后，父老们来看了说：

大好手，但近东、近西、近南、近北。

八角古井

贾耽听了之后，笑笑说：“父老们是嫌井太大了吧？”父老们也点头乐了。因为父老们不好直说，就用谜语的方式来加以评论，而贾耽也是一个善解谜的人，父老们说这个井离东西南北四边都近，意思是就是离中心太远，这就是说井太大了。

老隐士难倒举人

唐朝贞元年间，吉州有三个举人，一同前往京城参加两年一次的科举考试。由于一路疾行，累得口干舌燥，走着走着，他们便来到了一座依山傍水的小村庄，在村头看见一位老农夫，便向这位老农夫讨茶解渴。那位老者一看是三位赶考的书生，就笑着说：“看来三位才子是既受过家庭的教诲，又得到严师的教导，才敢前去京城参加会试，夺取进士之冠，很好，很好。”

原来，那老者并不是普通的农夫，而是位胸有笔墨的隐士，常日里以翰墨生情、笔端传意、文采飞扬而著称。

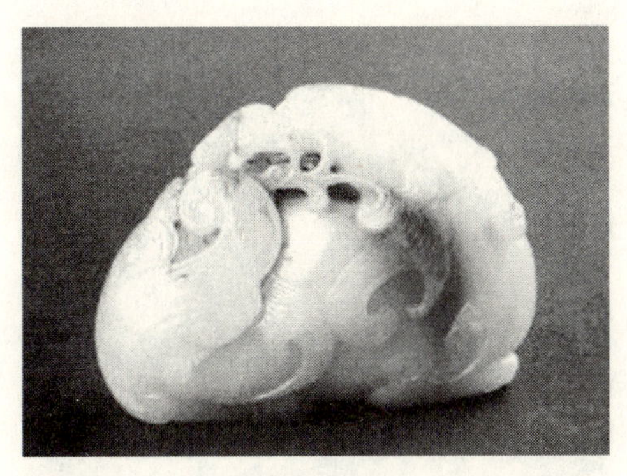

白玉镇纸

他接着笑着说："三位才子想品尝老夫家的香茗说难不难，说易也不易……"

其中一个年轻举人拱手问道："请问贤翁此话怎讲？"那隐士笑着说："我要先制一谜请三位才子试射，若能射得，香茗尽管畅饮，否则……"

另一举人应道："小可愿洗耳恭听。"

那隐士便说："请先猜猜老朽的姓名，'有水有田有米，添人添口添丁'。"

三个举人面面相觑，抓耳挠腮，好久也没答上来。那隐士见此情形，又笑着咏了两句成语："求之不得，不足为凭。"问他们各隐哪个典故，三个举人又是目光茫然，不知道怎么回答。

隐士哈哈大笑说："老夫平日喜爱制谜猜谜。老夫姓'潘'，单名'何'。而前句'求之不得'隐典故'刻舟求剑'；后句'不足为凭'隐射典故'宋人买履'。"三个举人一听，非常惭愧，垂头丧气地离开了。

诗谜传情定佳期

元稹（779～831），字微之，别字威明，汉族，唐洛阳人（今河南洛阳）。父元宽，母郑氏。为北魏宗室鲜卑族拓拔部后裔。早年和白居易共同提倡"新乐府"，世人常把他和白居易并称"元白"。官至节度使，著有《莺莺传》。

元稹像

《莺莺传》讲述的是张生和崔莺莺的爱情故事。贞元中，张生寄宿在普救寺，当时正赶上崔氏遗孀和女儿崔莺莺要返回长安，过蒲州时也暂住在这个寺里。不料，遇到兵乱，张生因为跟驻蒲的将领有交往，所以拜托他们保护崔氏，崔氏和女儿也幸免于

难。崔氏宴请张生以示感谢，席间，张生见到了貌美如花的崔莺莺，一见钟情。丫环便从中穿针引线，使两人更加相爱。但是在封建社会里，封建礼教的束缚，使他们不能自由交往，只能以诗谜暗中传情：

待月西厢下，迎风户半开。

拂墙花影动，疑是玉人来。

红娘把这首诗送给张生，张生看后非常高兴，红娘不解，张生解释说："诗中之意是'姑娘约我今夜到后花园'。'待月西厢下'是让我月上之时去；'迎风户半开'意思是她会开门等我；'拂墙花影动，疑是玉人来'是让我跳墙过去。"红娘听后，连叹此诗作得妙，也佩服张生是个猜谜行家。张生和崔莺莺以诗谜传情，终成良缘。

张打油猜谜咏雪

在中唐时期，有个叫张打油的诗人，他的诗总是独树一帜，引人注目。

有一年冬天，漫天大雪，张打油和诗友胡钉铰在望江亭上饮酒，望着窗外白茫茫的世界，不禁触景生情，张打油遂作诗一首：

江上一笼统，井上黑窟窿，

黄狗身上白，白狗身上肿。

胡钉铰听了以后，大笑不止，赞道："张兄这则诗谜实在有趣，谜底是'雪'吧？小弟不才，也作一首，请指教。"然后吟道：

漫天坠，扑地飞，

雪景山水图

白占许多好田地，

冻杀黎民都是你，

什么祥瑞不祥瑞！

张打油听过后，也乐不可支，连声赞叹："胡兄的咏雪诗谜也不错呀！我再吟一首，请兄猜猜。"

此花自古无人栽，

一夜北风遍地开；

近看无枝又无叶，

不知何处长出来？

胡钉铰随即也吟道：

天地玉世界，满天散飞花。

远岸飘柳絮，前村压梅花。

青竹凝玉树，万枝变琼枒。

窗含远山白，落鬓添华发。

张打油知道诗友是在以诗谜猜诗谜，虽然没有直接说“雪”，但是每句都紧扣“雪”，实属高手，不禁连连称赞。

苏颋巧作尹字谜

苏颋，字廷硕，京兆武功（今陕西武功）人，唐朝大臣、文学家。武则天时进士，封许国公，开元时居相位。苏颋才思敏锐，小的时候就聪明过人。

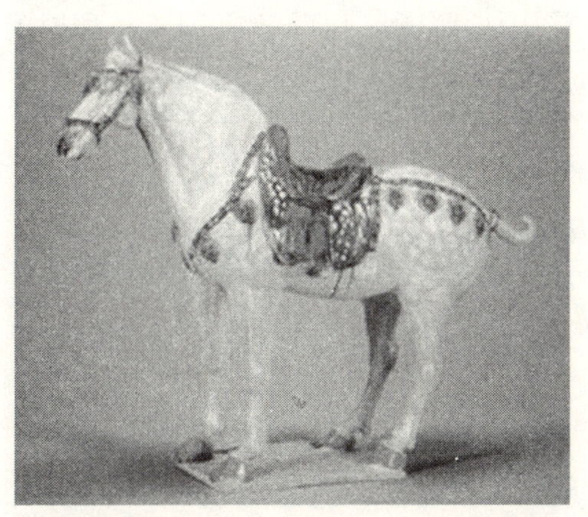

唐三彩

有一天，有一位京兆尹来访他的父亲。那位京兆尹听说苏颋小小年纪就很有才华，就想试他一试。苏颋礼貌地说：“请大人出题。”京兆尹说：“就以‘尹’字为题。”苏颋稍一沉思，便奶声奶气地吟道：

知伊少人，羊口亡其群。

丑也不足，甲不全身。

斩头笋，无口之君。

缩尾便成丑，直脚半开門（门）。

一根长竹杠，打个死尸魂。

“尹”是辅佐国君的官名，从汉朝开始，都城里的行政长官都称京兆尹。但苏颋的咏“尹”诗，并没有吹捧附庸的意思，而是每句都包含讥讽的意思，京兆尹听后很是不悦。苏颋一看，不慌不忙地解释说：“大人，这首诗包含九个‘尹’字啊。”

京兆尹仔细一琢磨才发现其中的奥秘，不得不佩服小苏颋。

神童拆字巧对官

莫宣卿像

唐代的莫宣卿，字仲节，号片玉。广东封州（今封开县）人。他是广东

的第一个状元。幼年时他的生父病逝，与母亲随继父生活。由于继父的家境较富裕，他得以入学堂读书。相传莫宣卿7岁时已学会吟诗写对联，7岁时，他就作过一首明志（表示自己志向）的诗：

英俊天下有，谁能佐圣君？
我本岭南风，岂同凡鸟群。

因此被乡人称誉为“神童”。

莫宣卿12岁时即参加科举考试并中秀才。唐大中五年（851），17岁的莫宣卿赴京城参加廷试获中制科状元，从而成为广东历史上科举考试的第一个状元，并是始隋唐以科举取士以来年龄最小的状元，被誉为“岭南八大才子”之一。

有一个姓梁的知县，路过封州的时候，想见识见识这神童是不是有真才实学名不虚传，就去了莫家。有人一喊“梁大人到!”，莫宣卿便很有礼貌走出来迎接，行了大礼。梁知县问：“你就是大名鼎鼎的莫家公子吗?”莫宣卿拱手回答道:“是，大人。”知县一听，我给你个“大名鼎鼎”，你一点不推让就“接”过去了，可真是一点都不含糊，便出了个上联责问他：

廿日小孩岂称大？

这是将“廿”“日”“大”三个字合在一起为“莫”。莫宣卿听完之后心想:“大名鼎鼎”又不是我自己说的，你为何要奚落我呢？心思一动，就对了个下联：

三两木头不成官。

这是把这位大人的姓氏“梁”字也给拆成“三”“刃”（商业上对“两”的俗写）“木”。知县由此知道这个小孩确实聪明，逢人便说莫宣卿果真是名不虚传。

班蒙智解题壁诗

唐宣宗年间的名臣令狐綯，曾经辅佐朝政十年，他在翰林院时，曾与唐宣宗在皇宫探讨学问到深夜。唐宣宗命人用皇帝座车并金莲花炬送他回翰林院，人们看见，以为是天子驾临。由于令狐氏是个小姓，在全国也没有多少人。凡是有姓令狐的人来投奔令狐綯，他都像对待自家人一样，尽心尽力地照顾，帮助解决困难，那时有人还为自己不姓令狐还感到遗憾呢。

唐宣宗像

当时有一个姓胡的人，听说与宰

相同姓有好处，便在自己姓前加个令字，以“令胡”去冒充宰相令狐綯的本家人。著名诗人温庭筠知道了这件事后，就写诗讥讽这种人：“自从元老登庸后，天下诸胡悉带令。”

令狐綯在出镇淮海时，有一天带着从属游大明寺，见西廊壁上有题诗：

一人堂堂，二曜同光，
泉深尺一，点去冰旁，
二人相连，不欠一边，
三梁四柱，烈火烘然，
除却双勾，两目不全。

令狐绹和随行的人们都看不懂是什么意思。后来，大明寺主持僧邀请客人们到禅房休息，一小僧给每个人都倒了一杯茶，令狐绹喝了一口茶，顿时觉得醇香无比，沁人心脾。便问主持僧：“这茶是用什么水沏的，这么香醇可口？”主持僧回答说：“这是寺里的泉水。”令狐绹一听，忽然想起了刚才那首诗，心里豁然开朗，笑说：“原来刚才看到的那首四言诗是则诗谜呀，谜底就是‘大明寺水天下無（无）比’啊！”

众人和主持僧还没明白是怎么回事，令狐绹解释说：“‘一人’是个‘大’字；‘二曜’是日月，是个‘明’字；‘尺一’为十一寸，是个‘寺’字；‘点去冰旁’为‘水’字；‘二人相连’为‘天’字；‘不欠一边’是‘下’字；第七八两句是个‘無’字；最后两句是个‘比’字，合起来即‘大明寺水天下无比’。”大家一听，都说这则诗谜作得太妙了。可是该诗谜出自何人之手，却无从得知。

风流女被鬼缠

唐穆宗长庆二年（823），白居易来到杭州担任刺史。一天，元稹、刘禹锡等人聚于白居易的官邸，三人一起饮酒赋诗。三杯下肚，刘禹锡酒兴大发，他举杯笑着说：“我们行个酒令，不知道诸位仁兄意下如何？”

刘禹锡像

风流才子元稹忙问：“你的酒令有趣吗？是不是又是联诗、填字，老生常谈。”

刘禹锡答道：“我今日行的是新令，我们猜字谜！既新鲜又有趣，还能显示诸位的才华和智慧。猜着的请喝酒，猜不着的不许喝酒，怎么样？”大家含笑点头，表示同意。

刘禹锡诙谐地一笑，随口吟出字

谜一句：“恶狗咬倒吕洞宾。”才思敏捷的元稹当即破解此谜为“哭”字。元稹喝了一杯酒之后，接着又制了一个字谜：

千字不像千，八字排两边。

有个风流女，却被鬼来缠。

大家一听，面面相觑，直到太阳西沉也没有猜出是个什么字，最后元稹得意地说：“这是个‘魏’字。”大家恍然大悟。

书生诗谜骂势利僧

相传，唐禧宗时，有一位书生寄宿在开元寺。有一天，他跟朋友聚会，谈起几年前曾慕名去拜访京城长安青龙寺里的寺僧。但是这寺里的僧人多是势利之徒，若是遇到贵人、小姐，就是一副媚态，让人恶心；而若是穷苦人家子弟，无论多么虔诚，和尚也连一杯残茶都不愿意给。

这位书生第一次去青龙寺时，他说要见知事僧，和尚们见他衣着普通，就说知事僧无暇接待。

第二天，书生又去拜访，遇到知事僧要去宴请外地来的贵客。过了几天，书生又去拜访，再次遭到拒绝。书生非常生气，他志气清高，心里咽不下这口气，就在寺门山题了一首诗：

龛龙去东海，時日隐西斜，

敬文今不在，碎石入流沙。

僧人们反复细读，也不明白其中的意思。有个小沙弥看后解释说：

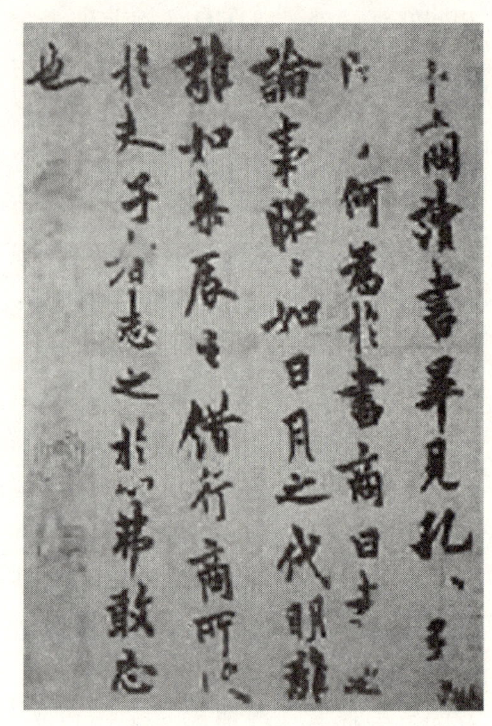

唐代书法作品

“‘龛’字去龙，是个‘合’字；‘時’字去了日，是个‘寺’字；‘敬’字去了文，是个‘苟’字；‘碎’字去了石，是个‘卒’字，这是在辱我‘合寺苟（狗）卒’啊。”

僧人们听了暴跳如雷，欲去追那题诗的书生，但那书生早已没了踪影。

破哑谜慧能拜师

唐朝的时候，湖北双峰山上住着位很有名望的黄梅五代祖师——弘忍。一天在双峰山一条长满杂草的小路上，走着一个行色匆匆的出家人。这个人年纪不大，身材匀称，脚步敏捷，脸上满是汗水，身上背着个不小的包袱，

风尘仆仆，看来是从远道而来的。这个年轻的和尚就是投奔弘忍而来的。

当他进入寺院门时，弘忍大师正在打坐。一见眼前的小伙子，虽然面容透着几分疲惫，但是容貌俊秀，神采飞扬，两眼熠熠生辉，透出聪明和智慧，大师心中已有三分喜欢。但弘忍却不动声色地问道："年轻人，你到本院修行，不知道有没有诚心？"年轻的出家人双手合十虔诚地说道："我师从智远已五载，此次不远万里来到您老门下，就是为了诚心诚意地拜您老为师，希望师傅能收留我，传我佛法。"听到此处，弘忍大师立即命一个小沙弥打来一盆开水，让年轻的出家人用滚开的水洗脚，以表示心诚。这位年轻和尚看了一眼盆里热气腾腾的水，什么也没说，眼中闪过一丝光亮，转身就要离去。

弘忍大师问道："莫非你要走吗？"年轻的和尚指着盆里的开水，一语双关地说："这么大的寺庙，却没有我的立足之地，还留下做甚？"说罢，拂袖而去。

望着年轻的和尚的背影，弘忍大师不仅没生气，反而喜形于色，便取出一根钢针，深深插在一块冬瓜皮上，要小沙弥拿着去追回那个年轻的和尚。这年轻和尚见到弘忍送来的东西，怒气全消，跟着小沙弥回到寺中。原来，这是弘忍大师出了一则哑谜让年轻和尚猜，意思是："真心留你住一冬。"

这个悟性极高的年轻和尚就是我国佛教史上一个很有影响的人物——

慧能像

慧能大师，他俗姓卢氏，河北燕山人（现今的涿州），生长于岭南新州（今广东新兴县）。他才智非凡，又聪明好学，破了弘忍大师的哑谜后，被留在寺中。他曾作一偈："菩提本无树，明镜亦非台，本来无一物，何处惹尘埃？"表示对佛理的体会。弘忍大师也正是看了慧能的此偈，十分赞赏慧能，便将自己的衣钵传给了慧能，慧能从此继承东山法门，成了禅宗第六祖，克服重重困难，创立了新的中国禅宗。慧能作为在我国历史上有重大影响的思想家之一，其思想包含着的哲理和智慧，至今仍给人以有益的启迪，并越来越受到广泛的关注。

李公佐解谜助小娥

在唐朝有个叫谢小娥的女孩，是一个商人的女儿。她的母亲早亡，与父亲相依为命。父亲通过经商积攒了一些财产。小娥18岁时，同一个叫段居贞的小伙子成了亲。小两口同老父亲生活在一起，丈夫成了父亲经商的助手。他们生意做得兴旺起来，钱也挣得更多了。一家三口和和睦睦，生活很美满。

唐朝瓷器

可是，在谢小娥新婚还不到一年时，有一天，他们的商船遭到一伙强盗的抢劫。父亲和丈夫都被强盗杀害了，船上的金银财宝也被抢光了。小娥被强盗砍伤后扔到了河里，幸亏被别的船上的人救了起来，才免遭身亡，后来流落到南京瓦官寺。

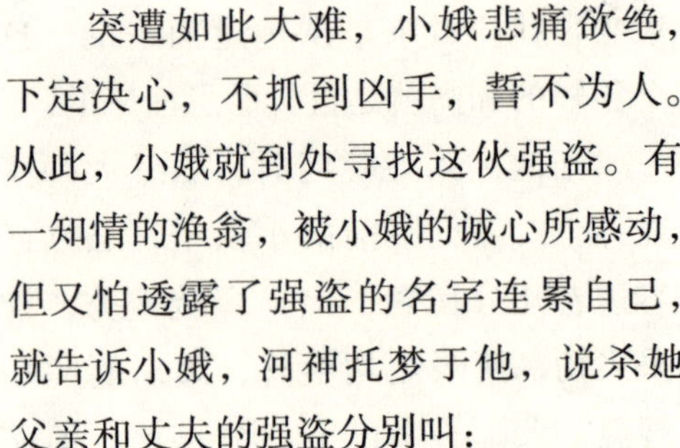

突遭如此大难，小娥悲痛欲绝，下定决心，不抓到凶手，誓不为人。从此，小娥就到处寻找这伙强盗。有一知情的渔翁，被小娥的诚心所感动，但又怕透露了强盗的名字连累自己，就告诉小娥，河神托梦于他，说杀她父亲和丈夫的强盗分别叫：

車（车）中猴，门東草，

禾中走，一日夫。

小娥不知道这话是什么意思，到处向人请教。许多年过去了，一直没有人能解开这12字的谜。

唐宪宗元和八年（813）春，李公佐游览南京，来到瓦官寺。小娥便悲痛地向他讲述自己的不幸遭遇，并向他请教这两句话的含义。李公佐是个很有学问的人，听后沉思片刻，便对小娥说："这12个字里隐含着4个字，是两个人名，不知是不是杀你亲人的凶手。"然后他给小娥解释说："'車中猴'，车字上下各去一画，是'申'字。申属猴，所以说是'車中猴'。'门東草'，草下有门，门内有東，是'蘭'字。此人叫'申蘭'。'禾中走'，是穿田过，也是'申'字。'一日夫'，加起来是'春'字。第二个人叫'申春'。"

小娥听后，坚信是申蘭、申春杀害了她的亲人。她拜谢了李公佐。从此，小娥女扮男装，往来江湖，到处寻找仇人。不到一年时间，小娥找到了这弟兄二人，他们的确是杀死小娥父亲和丈夫的凶手。小娥终于为父亲和丈夫报了仇。

柴绍猜谜撕灯笼

故事发生在唐朝，那天是元宵佳节，太阳一落山，各种各样的花灯就摆上了街头，有兔子灯、荷花灯、走马灯……真是应有尽有。

这天晚上，秦琼挽着柴绍在热闹的灯市里逛来逛去，甚是开心。忽然看见很多人围成了一个圈儿，中间有一个汉子，双手抱拳说："各位，今天是元宵灯节，大家都在看灯，但是你们知道我这儿是什么吗？我这儿叫打无字灯虎儿，今天我要以谜会友，专门会会有学问的人。"

那汉子说完后，傲慢地环视了大家一下，大声道："来人呀！"马上过来四个仆人，大汉又大声道："把咱们的玩艺儿拿出来让大家见识一下！"

一会儿就有人从里面端出一个四方灯笼来，外边四面糊着白纸，里面点着蜡烛。那汉子又嚷道："请各位打两句俗语，谁要是打着了就赠他五十枚元宵，后面还有更好的。"说完，又得意地环视了一下人群，有的人摇头，有的人满脸好奇。

秦琼听罢，问柴绍说："我只见过有字的灯虎儿，这无字的灯虎儿怎么个打法呀？"

柴绍说："兄弟，有字的灯虎儿就是写出来叫人猜的，猜的人只要说出谜底就行了，而猜无字的灯虎儿，则不用写出来，要摆出来一件东西叫人猜，猜的人不能讲话，只是用动作去破解他的谜语。"

秦琼听完柴绍的话便问："你看他这只无字的灯虎儿能打到吗？"

正在柴绍沉思之际，那汉子又嚷道："难道这么多人竟然没有一个有学问的吗？太好笑了！哈哈哈哈！"

柴绍突然说："啊，知道了！"便迈步走上前去，跟那汉子一抱拳说："这位公子请了！"

汉子见有人打招呼，便说："请了请了！你是要打这个灯虎儿吗？"

柴绍答说："正是！"

"那就请打吧！"周围看热闹的人都起劲地喊："有人来打灯虎儿了！"

只见柴绍大步走上去，挽起袖子，在那灯笼的正面、左面、右面"嚓嚓嚓"，把灯笼的三面白纸都撕了，又走了三步，转过来，把仅剩的一面白纸也"嚓"地撕了。

全场人目瞪口呆，那汉子两眼瞪着，任由柴绍去撕。然后柴绍问那汉子："公子，你看我打着了没有？"

那汉子满脸通红地答道："打着了，打着了！快给元宵！"

周围的人还没回过神来，嚷道："这是撕灯笼呀，哪里是打灯虎儿呢？"

柴绍慢条斯理地说："三思（撕）而后行，再思（撕）可矣！"

大家一听才恍然大悟，才明白为什么柴绍要把这个灯笼撕三回，走了三步，继而再撕一下呢。众人齐声说："打得好！打得好！"

乐而不言，笑而不语

张璪，又作张藻，唐代画家，字文通，吴郡（今江苏苏州）人。曾任祠部员外郎、盐铁判官等，因安史之乱时任伪职，被贬为衡州司马、忠州司马。张璪以善画岁寒三友——松、竹、梅而著称，尤以画竹为人所称道。

断竹图

有一天，当地有三位秀才相约一同来到张璪家求赠书画。张璪一见是三位秀才，便想试试他们的才识，于是即席挥毫，在纸上画了几茎断竹散置一边，叶片满地……

画完后，张璪笑着说："我这幅拙作，暗藏一个字谜，请三位射之。但是三位才子在猜此谜时，不准用语言文字作答，只允许做一个简洁的动作，首先射中谜底的人，就可以拿走这幅画。"

一胖一瘦两个秀才面面相觑，目光茫然，冥思苦想了半天也没猜出来，只有另一个俊逸书生乐而不言，笑而不语。

张璪见此情形，把《断竹》图双手给了那位俊逸书生，笑着说："凭才子此种姿态，我便知你已经射中了，请收下，请收下。"那一胖一瘦两个秀才更是莫名其妙，更纳闷谜底是什么了。那个俊逸书生解释说："这幅《断竹》图，正是'天竹'之意，合起来就是乐而不言，笑而不语的'笑'字。"那两个秀才一听才恍然大悟。

搜得药名巧入诗

刘禹锡，字梦得，洛阳（今河南省洛阳市）人，唐朝文学家、哲学家，自称是汉中山靖王后裔，曾任监察御史，是王安石政治改革集团的一员。唐代中晚期著名诗人，有"诗豪"之称。

刘禹锡像

刘禹锡幼年多病，十六七岁时因

为身体十分瘦弱，他便常常阅读医书，搜集验方。唐顺宗永贞元年（805）由于和柳宗元等人积极参加了王安石的政治革新运动，失败后被贬为郎州司马，后又贬到连州，柳宗元则被贬到柳州。二人一直保持着书信往来，除讨论诗文之外，也涉及医学。柳宗元得知刘禹锡仍在孜孜不倦地钻研医学，便将自己在柳州搜集到的一些医书奇方寄给刘禹锡。

有一天，柳宗元又写信抄了些药方，在信末还抄了一首关于药名的谜语诗，与之共娱。诗中写道：

四月将尽五月初，
刮破窗纸再重糊，
丈夫进京三年整，
捎封信来半字无。（打四味药名）

刘禹锡接到信后，心里十分感谢柳兄一直惦记自己的身体。再看那首诗，知道柳兄是出谜让他猜，他想了一会儿，就猜出了谜底为四味中药名。他马上给柳宗元回信，信中也写了一则诗谜：

年老欲伤愁，他乡莫久留，
知音世所稀，未语泪先流。（打八味中药名。）

不久，便接到柳宗元的回信，信中就是猜的谜底。

（谜底大揭密：半夏、防风、当归、白芷（纸）；童便、无忧、当归、熟地、硼砂、没石、白前、珠儿参）

两处茫茫皆不见

刘禹锡是中唐时期的大诗人，他曾经参与王安石改革集团，并是其中一个重要人物。他主张打击权宦，削弱藩镇，后来因为革命失败，他与柳宗元等八个人同时被贬。一年以后，刘禹锡才被召回长安。

唐朝五足炉

这年元宵节，他仰望星空，望着皎洁的明月，不禁对天感叹说：“月儿呀，你徒然长一株香桂，却枉自清辉；吴刚呀，你的斧头该砍却人间的不平；嫦娥呀，你的长袖该拂尽人间的污秽，和黎民百姓共忧乐，和百姓共呼吸啊。”刘禹锡正在对月长叹之时，诗友邀他一起去街市上观灯猜谜。刘禹锡为了排解胸中的闷气，便同好友一起来到了街上。

走到闹市街头，看见一个清瘦的老者正在悬榜征射。刘禹锡和好友近前一看，只见挂着两张白纸条，下面写着："此无字谜应以诗句作答。"

刘禹锡见这位老者所制之谜如此巧妙，就动了破谜的心思，他仔细琢磨，吟道：

两处茫茫皆不见。

那清瘦老者听了，望着刘禹锡点了点，微微一笑，撕下一张白纸条，只留下一张白纸条，又笑着对刘禹锡说："打成语一句，请才子再试一射。"

刘禹锡十分敬佩老者的匠心，他思索片刻，便答："一纸空文。"老者高兴地说："射中了，射中了！"四周的围观者都鼓掌称刘禹锡是个才子。

皮陆和诗嵌药名

皮日休，晚唐著名文学家。字逸少，后改袭美。居鹿门山，自号鹿门子，又号间气布衣、醉吟先生。湖北襄阳人（一说襄阳竞陵人）。

陆龟蒙，苏州人，是唐朝的农学家，文学家，字鲁望，别号天随子、江湖散人、甫里先生，江苏吴江人，曾任湖州、苏州刺史幕僚，后隐居松江甫里。

皮日休和陆龟蒙是好朋友，二人经常互相唱和，时称皮陆。他们也经常互相出些谜语来猜答。

一次，他俩在郊外散步，溪水湍流，翠竹掩映，皮日休触景生情随口吟道：

数曲急溪冲细竹，
叶舟随水自流通，

陆龟蒙像

草香石冷无近远，
志在天台一遇中。

陆龟蒙听了，也顺口吟道：

桂叶似茸含露紫，
葛花如绶蘸溪黄，
连云更入幽深地，
骨录闲携相猎郎。

皮日休说："我的诗里含了三味药。"

陆龟蒙说："我的诗里也含了三味药。"

聪明的读者，你能猜出这几味药来吗？

（谜底大揭密：他们诗中前一句的末字与后一句的首字连读你就知道答案了）

皮日休诗谜成祸

在气骨日渐颓靡的晚唐文坛上，被世人称为“皮陆”中的皮日休，是值得人们记住的一个文学家。由于他少年时期就很聪明能干，举凡在诗歌、散文以及辞赋等文学领域均有着显著的建树，因此他在二十多岁时便已出名。但他的仕途却始终长满了丛生的荆棘。

皮日休像

皮日休考取了进士之后所担任的始终只是小官卑宦，他难免心生不满了。后来又加上朝廷和地方的各级官吏鱼肉百姓，弄得民怨沸腾。僖宗乾符二年（875），山东人王仙芝、黄巢开始起义反抗唐朝。皮日休看看自己难有出头的日子，便毅然决然地投奔了起义军。

唐僖宗广明元年（880）十二月，义军攻下长安，黄巢称帝，皮日休被任命为翰林学士。由于皮日休的文才受到黄的赏识，黄巢就命他撰写一种用来宣扬自己是上天授意来主宰人间的谶词，皮日休按照黄巢的姓名作了一首五言古诗道：

欲知圣人姓，田八二十一；

欲知圣人名，果头三屈律。

黄巢看了这首古诗（其实它只是一个诗谜）后，当下便很不高兴了，因为他的头部丑陋，头发又难以遮挡住鬓毛，因此他觉得皮日休这诗有讥讽他那副尊容的意味，使他自己的权威受到了挑战，当即命人把皮日休推出去给杀害了。

皮陆两人巧说“谜”

有一年清明，皮日休和好友陆龟蒙在郊野漫步，两人走累了便在村头小酒店落座。

皮日休见细雨霏霏，他突然心中想出一谜，便笑指着眼前的小舟，随口吟出了一首七言绝句。诗云：

细雨洒轻舟，一点落舟前，

一点落舟中，一点落舟后。

吟罢，便问诗友陆龟蒙这是个什么字。小时便有盛才之誉的陆龟蒙本来就是位天资聪颖的才子，听他吟完之后，心中便已经知晓答案，但他并没有直言相告，而是笑着说：“请仁兄也听我赋一联句。”旋即吟道：

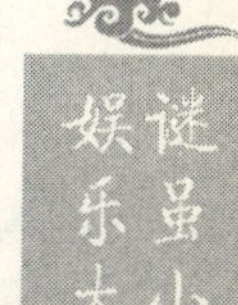

曾輸南朝畫國娃
古羅衣上碎明霞
而今莫共金錢鬥
買卻春風是此花
陸龜蒙

陆龟蒙诗

月伴三星如弯镰，
浪花点点过船舷。

皮日休一听，连连抚掌，当即敬了陆龟蒙一杯，原来他们的谜底都是同一个字，两人直到开怀大醉才离去。

（谜底大揭密：心）

雍陶问路

唐朝诗人雍陶，文学巨匠，字国钧，成都人。会试及第高中进士之后，进入仕途，曾任雅州（今四川雅安）刺史。雍陶体恤民情，勤于为民之余，兴趣广泛，琴棋诗画、花鸟鱼犬，以及曲艺二簧，无不内行，尤以诗为最爱，且钟灯谜，更为偏爱。

雍陶到任后不久，听说城外有一座“情尽桥”，是当地百姓送客远行，依依惜别的地方。雍刺史听了觉得非常奇怪，心想：“从来只有情难尽，怎么会有‘情尽桥’呢?”于是便决定去实地看个究竟。

有一天，雨过天晴，雍陶换了便服，独自出了城门，走不多远，便看见前面一户人家门前贴着“百代兴亡朝复暮，功名富贵如粪土”的对联。雍陶一见此联，感觉不同凡俗，便上前叩门，躬身施礼说：“请问此地离‘情尽桥’还有几里地，还请赐教。”

滿庭詩境飄紅葉
繞砌琴聲滴暗泉
門外晚晴秋色老
萬條寒玉一溪煙

雍陶诗图

开门的人是一个白发老翁，他见雍陶长身玉立，颜色和悦，是个风韵非凡的才人，便神秘地一笑，然后取来笔墨和纸，以诗代答：

左有孔明屈指能算，
右有关公青龙大刀；
上有苏秦说服六国，

下有霸王力举千斤。

雍陶看后，思索片刻，明白了此地离“情尽桥”还有“八里之遥”，然后连声道谢，告辞而去，继续向前赶路。

叶简射覆三连中

唐朝时候，剡县人有一个人名叫叶简，善于占卜和射覆，每射必中，很有名望。

唐朝银壶

有人想试试他究竟猜得准不准，便暗中藏起三样东西，请叶简来猜。叶简指着第一件说：

圆似珠，色如丹，
倘能擘破同分吃，
争不惭愧洞庭山。

打开一看，果然猜中了。又猜第二件说：

近来好裹束，各自竞尖新，
秤无三五两，因何号一斤？

“斤”字谐音“巾”字，打开一看，果然也猜中了。

又指着第三件猜道：

此物不难知，一雄兼一雌，
请将打破看，方明混沌时。

打开一看，也被猜中了。聪明的你也猜出来了吗？

（谜底大揭密：橘子、巾子、鸡蛋）

叶简妙语释弓箭

唐朝盛开科举，有位张秀才晋京赴考，考完后借住青龙寺等待揭榜。一连等了几天，没有消息，他等得发慌，决定到西郊去找当时的射覆专家叶简聊天。临出门关照寺里方丈说：“要是有好消息，望立刻派人到西郊来告诉我。”

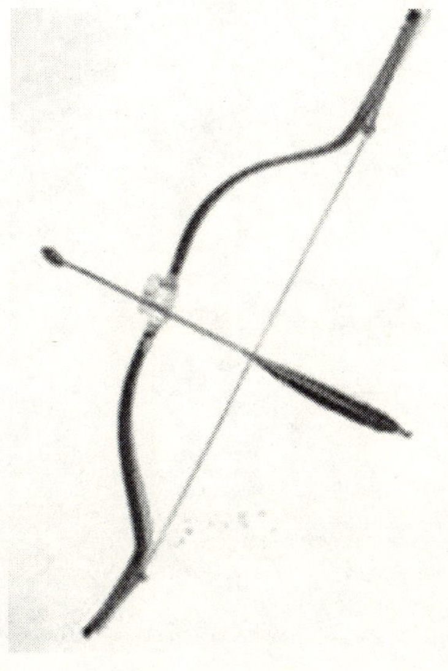

弓箭图

张秀才在叶简家坐不一会儿，青龙寺派来一个小和尚说:“方丈叫我前来贺喜。”秀才忙问:“喜在哪里?”小和尚便递上一个包。张秀才迫不及待地解开，只见里面放着一弯竹弓和一支系着一根红丝带的箭，一时倒被懵住了，他困惑地看看小和尚，又看看叶简说:“这算什么喜事?”

叶简接过弓箭一看，便大声说:“恭喜先生状元及第!”并解释道:“你看，竹字是‘第’字的头，弓字是‘第’字的身，箭恰如‘第’字中的一竖，那根红丝带不就是‘第’字下面的一撇吗?”

太岁头上洞庭香

历书

五代时，钟傅镇守江西时，来了一个怪客，以射覆为条件求见。如果猜对了主人就得接见他，若猜不中，就不接待。钟傅觉得有趣，便同意他的请求。于是随手拿起一张历书来包了一个橘子，暗藏在衣袖里，请这位客人来猜，客人不慌不忙地念道：

太岁头上立，诸神莫敢当。

其中有一物，常带洞庭香。

“太岁”，是旧历纪年所用值岁干支的别名，前两句指的就是“历书”。洞庭西山以盛产“橘子”而有名，所以后两句又道出了里面包着橘子。钟傅承认客人猜得十分精确，便接见了他。

独眼孤馆不领情

唐朝的时候广州有个衙司叫崔庆成，人长得非常英俊。

唐朝仕女图

有一次他奉命押运大批香药去内库，途中住在华阳招待官差的一个驿馆里。这天夜里，突然进来一个长得很标致的妇人，那个妇人对他说：“今日见君，君必有疑；今日舍君，我宁不悔。俟君归辕，别图后会。”说完，留下一张纸条就走了。崔庆成打开纸条一看，上面写着：

川中狗，百姓眼，

妈捕儿，御厨房。

崔庆成看了半天，也不明白是什么意思。交差回来的路上，他便不敢再在华阳驿馆住了，而是另找了一家旅馆住宿。没想到，上次那个妇人居然又来了，对他说：“这件事今天能解决吗？纸条上面的意思你看明白了吗？”崔庆成回答不上来，只好不吭声。妇人向他敬酒，他也不肯举杯。

侍女说：“小娘子养了只鹦鹉，十余年不会说话，难道今天真的应验了？”妇人叹道：“是啊！”于是作哑鹦鹉诗一首：

雕笼驯养许多时，

终岁曾无一句词。

深恨化工情太误，

因何偏与好毛衣。

说完以后，就很惆怅地离开了。

后来丁晋公见到这12个字，说这是个字谜，谜底是这样的：川中狗是蜀犬，合而为“独”字；百姓眼是民目，合起来为“眠”字；妈捕儿是爪子，合为“孤”字；御厨房是官食，合为“馆”字。联起来是“独眠孤馆”四字，只可惜崔庆成没有解开这个谜语，把送上门来的姻缘耽误了。

诗友同作风字谜

李峤（644～713），唐代诗人，字分工山，赵州赞皇（今属河北）人。年少时便有才名，20岁时中了进士。邕、严二州僚族起义时，他受命监军进讨，亲入僚洞劝降，罢兵而返。迁给事中。武后、中宗朝，屡居相位，封赵国公。睿宗时，左迁怀州刺史。玄宗即位，贬滁州别驾，改庐州别驾。他的诗多咏物，与同乡苏味道齐名。

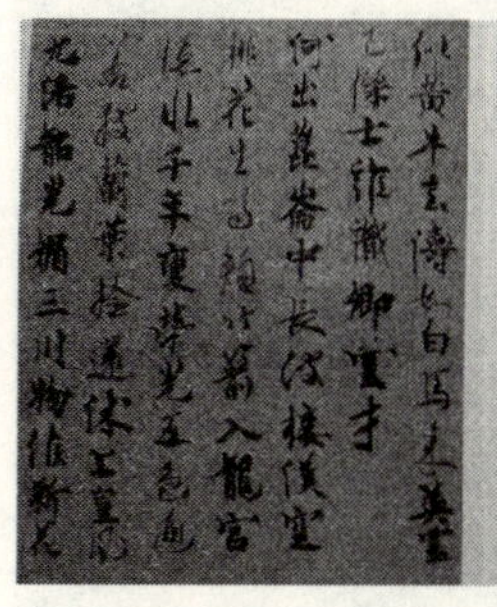

李峤杂咏残卷

有一年春天，李峤、苏味道、杜审言三人一起游泸峰山。山上景色秀美，一片葱郁。等及峰顶之时，一阵清风吹来，李峤诗兴大发，随口吟道：

解落三秋叶，能开二月花，

过江千尺浪，入竹万竿斜。

苏味道听了，连声称妙，也吟诗一首：

岭上青松如虎啸，

河畔柳丝似雨飘，

池内荷花齐作揖，

园中牡丹把头摇。

杜审言一听，也不甘落后道：

可闻不可见，能重复能轻。
镜前飘落粉，琴上绕余声。

三人相视而笑，原来他们所咏为一物。

（谜底大揭密：风）

徐延休破石碑谜

徐延休，字德文，唐末进士，官至江都少尹。《青箱杂记》中记载着一个他猜石碑谜语的故事。

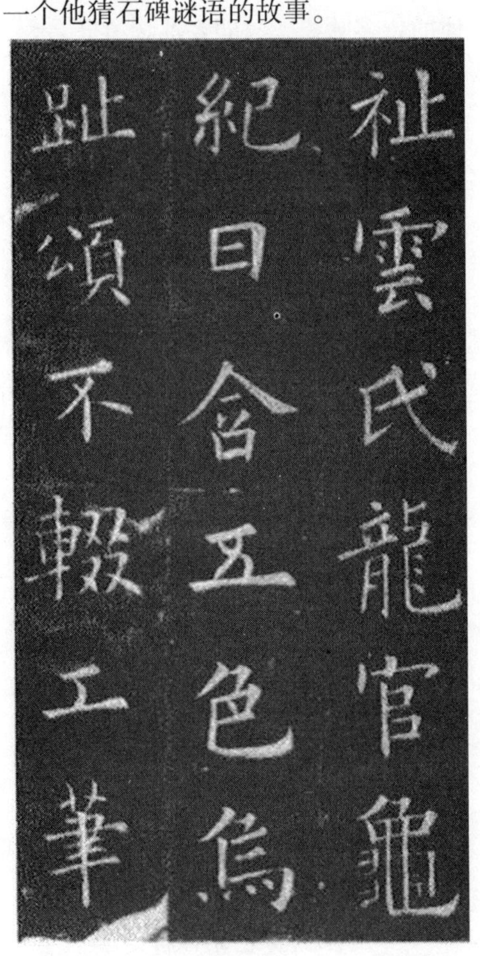

唐朝石碑拓片

相传，东汉太尉许馘死后，他的子孙在其故乡宜兴为其立庙竖碑，以表怀念。到了唐朝开元年间，该石碑已历经五百年的风雨侵蚀，碑文字迹已经模糊难辨，许氏后人便重新镌刻，并又新刻了八个字：

谈马砺毕，王田数七。

新碑刻好后，众人都不解其中之意，这也成了人们言谈话语的难题。二百多年以后，南唐文学家徐铉的父亲徐延休看到了这个碑文，思忖多时，忽然醒悟，原来这是一则用离合法制的字谜，“谈马”即“言午”，是个“许”字；“砺”是磨刀石，“毕”通“筚”字，是简陋的意思，可扣“卑”，跟“石”合在一起是“碑”字；“王田”有千里之广，“千里”是“重”字；“数七”是六加一，合起来是“立”字，连起来就是“许碑重立”。

石碑之谜终于解开了，人们都称赞徐延休才思过人。

刘三姐戏侯七

刘三姐，也称刘三妹，传说是唐代壮族地区的农家女。她擅长唱山歌，人们称她为“歌仙”。

刘三姐因对歌打败了三个酸秀才而名声大噪。附近胡家庄有个侯师爷，是出了名的地痞，外号“侯七”，他整日给财主胡老爷出鬼点子，以欺负穷苦百姓。对于刘三姐的名声，他打

刘三姐雕像

心里不服气。

有一天，刘三姐和侯七在村头的草地上偶遇，遂拉开了阵势。刘三姐彬彬有礼地道："侯先生，我知道您是个聪明人，胡老爷经常夸您是智多星。今天，咱们在这儿猜几个谜语玩玩怎么样？"

侯七听刘三姐当众夸他，心里非常高兴，就说："好，你开始吧。"

刘三姐说："好，你听好了。"

第一则谜语是：

高高的圪梁陡陡的坡，
条条块块缝缝多。

侯七听后，答道："这是房子。"

第二则谜语是：

你说房来就是房，
没有柱子没有梁。

侯七答道："这是窑洞。"

第三则谜语是：

你说窑来就是窑，
摇摇晃晃水上漂。

侯七答说："这是船。"

第四则谜语是：

你说船来就是船，
肚里水开直叫唤。

侯七答道："这是壶。"

第五则谜语是：

你说壶来就是壶（胡），
猴（侯）给老虎舔屁股。

这时，侯七知道上当了，心里怦怦跳，他怎么也没想到刘三姐让他猜谜会猜到自己头上。刘三姐笑着说："快猜呀，侯先生，这个谜底到底是什么呀？"

这下子，旁边围观的乡亲们也明白了，都哈哈大笑，侯七只能灰溜溜地走了。

刘三姐对歌谜

刘三姐是个心直口快的人，又擅长唱山歌，在十里八村很有名，有很多姑娘和小伙子也都喜欢跟她对唱山歌。

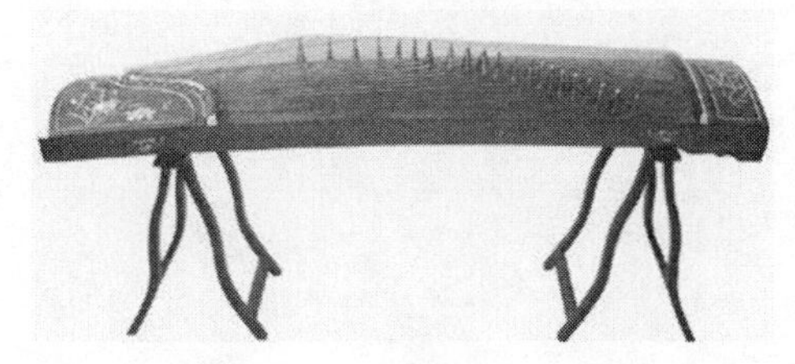

古筝

有一天，有个小伙子说要找刘三姐猜谜，刘三姐欣然同意了。他们来到小溪边席地而坐，小伙子先唱道：

什么结子高又高？
什么结子半中腰？
什么结子成双对？
什么结子棒棒敲？

刘三姐莞尔一笑，答道：

高粱结子高又高，
玉米结子半中腰，
豆角结子成双对，
芝麻结子棒棒敲。

又有一个小伙子站起来，接着唱道：

什么有嘴不说话？
什么无嘴闹喳喳？
什么有脚不走路？
什么无脚走天涯？

刘三姐应声答道：

水壶有嘴不说话，
铜锣无嘴闹喳喳，
板凳有脚不走路，
舟船无脚走天涯。

有个小姑娘，顽皮地扮了个鬼脸，继续唱道：

什么结果抱娘颈？
什么结果一条心？
什么结果包梳子？
什么结果披鱼鳞？

刘三姐又立即答道：

木瓜结果抱娘颈，
芭蕉结果一条心，
柚子结果包梳子，
菠萝结果披鱼鳞。

刘三姐答完，起身说："我也说几个谜语，大家猜猜。"说完唱道：

什么水面打筋斗？
什么水面起高楼？
什么水面撑雨伞？
什么水面共白头？

众人一听，齐声唱道：

鸭子水面打筋头，
大船水面起高楼，
荷叶水面撑雨伞，
鸳鸯水面共白头。

趣味问答歌谜唱完，人们无一不鼓掌大笑。

宋朝时期

寇母字谜劝儿俭

寇准（961～1023），字平仲，华州下邽人，北宋政治家、诗人，两次任相，封莱国公。

寇准像

寇准还很小的时候，父亲就不在了，母亲靠纺纱织布维持生活。在母亲的教导下，他寒窗苦读，终成大器。在他初任知县时，生活还比较节俭，但随着官位的升高，直至宰相后，逐渐变得奢侈起来。

有一年，寇准做寿，想派人去苏杭一带采购山珍海味，准备大摆酒席。这件事传到了寇准母亲耳朵里，寇母便叫家人捎来一幅画和一封家书。寇准打开画屏，见是母亲画的《寒窗课子图》，并题诗说：

孤灯课读苦含辛，
望尔修身为万民。
勤俭家风慈母训，
他年富贵莫忘贫。

寇准看了这幅画，读了这首诗后，感慨万分，再看那封家书，上面也写着四句诗：

一人站前一人卧，
两个小人地上坐，
家中还有两口人，
企盼娇儿细琢磨。

寇准看后，陷入了沉思，他悟出了母亲的字谜，是个“儉（俭）”字，顿时觉得羞愧难当。于是便下令停止准备寿宴。

吕兄赋词为歌妓

吕渭老，又名吕滨老，字圣求，嘉兴人。宋代词人。

有一天，他跟朋友一起喝酒，席间，有一个排行老四的歌妓边唱歌边跳舞。歌声婉转，舞姿婀娜。吕渭老目不转睛地盯着她，聚精会神地聆听，朋友们见他这副样子，就打趣说：“吕兄为此痴迷，何不赋词助兴呢？”于是，他就击掌吟《河传》词一首：

双花对值。（四朵）

宋朝歌妓

似黄封和了，龙香难敌。（四和香）

闷抱琵琶，试把么弦轻枥。（四根弦）

算行家才认得。（四行家）

朱窝戏捻骰儿掷。（四只骰子）

唯有“烧盆贡菜”偏难觅。（四只满红名）

常把那“目”字横写。（四字）

谢三娘全不识。（俗云：谢三娘不识四字，罪字头）

刚吟完，朋友们便大声喝彩，称赞道:“吕兄的词谜太妙了，每句都隐一个‘四’字，简直是极品!”

四姑娘一听这首词是为她吟的，且每句都有一个“四”字，非常高兴，就又献歌一曲。

据考证，这首《河传》是所见最早的词谜。

二人巧作亚字谜

宋代有个学者叫陈亚，字亚之。他性格诙谐幽默，和书法家蔡襄是好朋友，蔡襄是个爱开玩笑的人，就拿陈亚的名字跟他开玩笑说：

陈亚有心终是恶。

陈亚便反击蔡襄说：

蔡襄无口便成衰。

说完，两人哈哈大笑。

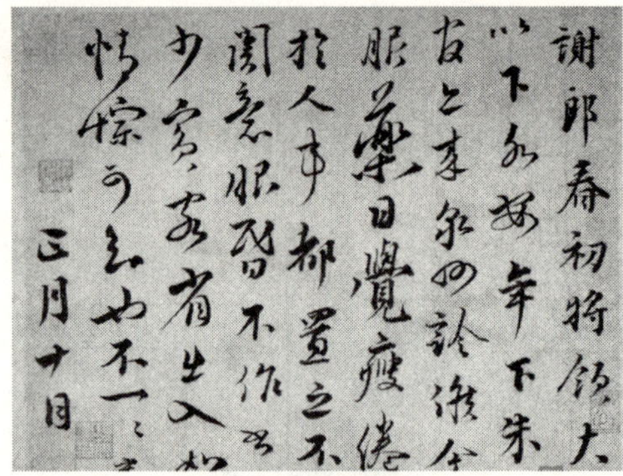

蔡襄书法图

陈亚曾经为“亚”字作过一则字谜：

若教有口便哑，
且自无心为恶。
中间全没肚肠，
外面任生棱角。

蔡襄继续说：

明为首恶，居心不善，
生女为哑，有口难言。

两人一时兴起为“亚”字作谜，该谜是令人拍案叫绝之作。

才女诗谜救老父

宋代女词人朱淑真自幼聪慧，喜读能诗，很早就有了诗名。

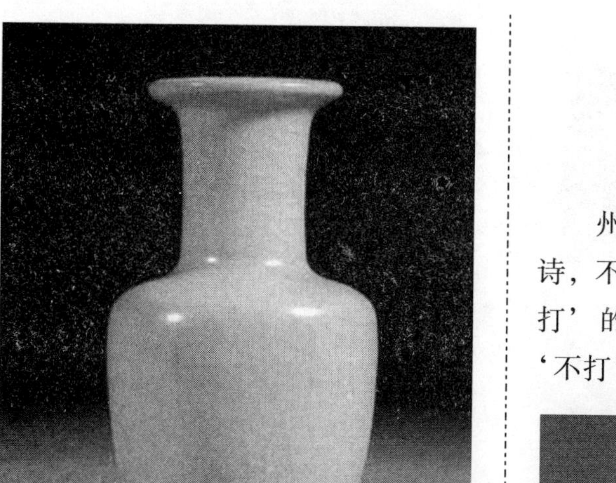

宋朝瓷瓶

有一回，她的父亲骑驴进城，不小心撞倒了州官，州官大怒，命衙役把毛驴牵走充公，把老人抓起来要重打和罚做劳役。朱淑真闻讯，急忙跑进衙去为父求情。州官早已知道朱淑真是个才女，便想当场试试她的才学，便说:“听说你很会作诗，你若是能作一首诗，说出八个‘不打’，但又不能说出一个‘打’字，我就对你父亲免打，把他放回，并把驴子还你。”朱淑真点头道:“就请大人出题。”当时天已黄昏，州官就说:“就以‘夜’字为题吧。”朱淑真捋发敛襟，略加思索，便吟道：

月移西楼更鼓罢，
渔夫收网转回家，
卖艺之人去投宿，
铁匠熄炉正喝茶，
樵夫担柴早下山，
飞蛾团团绕灯花，
院中秋千已停歇，
油郎改行谋生涯，
毛驴受惊碰尊驾，
乞望老爷饶恕他。

州官一听，不禁连声夸赞。这首诗，不但前八句每一句里都隐着‘不打’的意思，最后所加两句也隐着‘不打’的意思。

官窑瓷器

州官说道:“果然不愧才女之名!”便传命立即释放朱淑真的父亲，并归还他的毛驴。

父女对赋算盘谜

朱淑真生于仕宦家庭，她自幼就非常聪慧，读书也很勤奋，文章写得很优美，人们都称她为才女。她的父亲曾经在浙江一带做官，名望很高。

有一天，朱淑真的父亲从衙门回到家中时，忽然听到闺房里传出噼里啪啦的声音。他便把女儿招呼出来，说:“女儿能诗善词，很有才思，老父

算盘图

赋词谜一首，你猜猜。”说完就吟道：

一宅分成两院，
五男二女当家。
大家打得乱如麻，
打到清明方罢。

朱淑真听后，很快就猜出父亲要说的是什么，就莞尔一笑说：“小女也有一首。”然后吟道：

一院两家同姓朱，
隔栏打闹谁甘输？
但愿旧账理清楚，
二五分明各所需。

父亲听完后，点头会心地笑着说：“我的女儿才思敏捷，父亲甘拜下风！”

（谜底大揭密：算盘）

包拯作谜考爱子

包拯（999～1062），宋朝庐州合肥（今属安徽）人，字希仁，天圣朝进士。累迁监察御史，嘉裕六年（1061），任枢密副使，后卒于位，谥号“孝肃”。包拯做官以断狱英明刚直而著称于世，在开封时，开官府正门，使讼者得以直至堂前自诉曲直，杜绝奸吏。立朝刚毅，贵戚、宦官为之敛手，京师有“关节不到，有阎罗包老”之语。后世则把他当做清官的化身。

包拯像

包拯中年喜得一子，取名包繶，包拯夫妇视其为掌上明珠，十分疼爱。

有一天，包拯散朝回到家中，领着儿子到后花园玩儿。他一边走一边给包繶讲古代名人的故事。他说：“孔子原来是鲁国大贵族手下一个主管仓库的小官，他每天守在库房里监督财务出入。后来，齐景公向孔子请教治理国家的办法，孔子说‘贵在理财’。”

讲了一会儿故事，包拯便想考考儿子，就是说了一则四句诗谜：

一宅分成两院，
五男二女当家。

两家打得乱如麻，

打到清明方罢。

然后又提示说："孔老夫子在世时，还没有这个东西，但是现在到处可见。"包繶是个很聪明的孩子，平日也喜欢读书，他一听便知道了答案，但是他却没有直接说出谜底，而是调皮地吟诗一首：

古人留下一座桥，

一边多来一边少。

少的要比多的多，

多的反比少的少。

包拯听后，乐得直捋胡须。原来他们的谜底也都是"算盘"。

以子之矛，攻子之盾

王安石和刘攽是多年好友，二人相遇经常互相戏谑。有一次两人见面，王安石就戏拆刘攽的名字说：

刘攽不值分文。

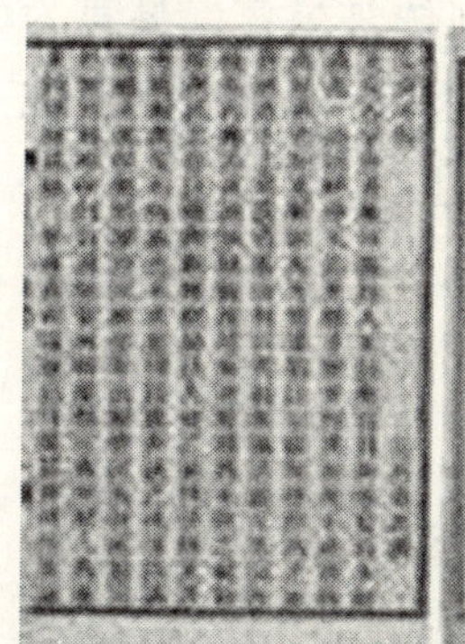

王临川全集

刘攽也不相让，便也把安石两字拆开说：

失女便在宕，无宀真是妬（妒）。

下交乱真如，上头误当宁。

把安石二字上下左右拆拼，又嘲弄王安石乖戾妬（妒）人，误国误民，弄得王安石十分尴尬却又无言以对。

有一次刘攽见了王觌的名字开玩笑说：

汝何故见卖？

哪知王觌也不示弱，马上反唇相讥曰：

卖汝值甚分文?!

刘攽这次竟讨了个没趣。

你谜我谜是一对

王安石，字介甫，他有个好友吕惠卿，字吉甫，在学术和政治见解上都很能迎合王安石的意见，得到王安石的信任，事无大小，他们都在一起商量，曾是王安石变法的得力助手。

一次，王安石出了一个谜语：

画时圆，写时方，

冬时短，夏时长（打一物）。

写出来送给吕惠卿看。吕惠卿看后，略一思索也写了一个谜：

东海有一鱼，无头亦无尾，

更除脊梁骨，便是这个谜。

王安石一听，此谜不仅回答了他的谜，且所作谜语更高他一筹，便连连叫好。这叫以谜解谜，两个谜虽然谜面和制谜的手法不同，但谜底是一样的，都是"日"字。

王安石接着又出了一谜：

王安石像

左七右七，横山倒出。

吕惠卿不愧是谜坛高手，不假思索，仍以谜语作答，说道：

一上一下，春少三日。

你谜我谜，恰成一对。

吕惠卿刚说完，王安石便大笑不已。原来王安石的谜语是个“婦”（“妇”的繁体）字：左七右七是个“女”字，山字横放，出字倒写是个“帚”字，合起来为“婦”字；吕惠卿的谜语是“夫”字：一上一下是“二”字，春去三日余“人”字，合为“夫”字。用“夫”字对“婦”字谜，恰成一对，饶有风趣。

诗谜题壁刺变法

王安石推行变法时，有人在相国寺的墙上题道：

终岁荒芜湖浦焦，
贫女戴笠落柘条，
阿侬去家京洛遥，
惊心寇盗来攻剽。

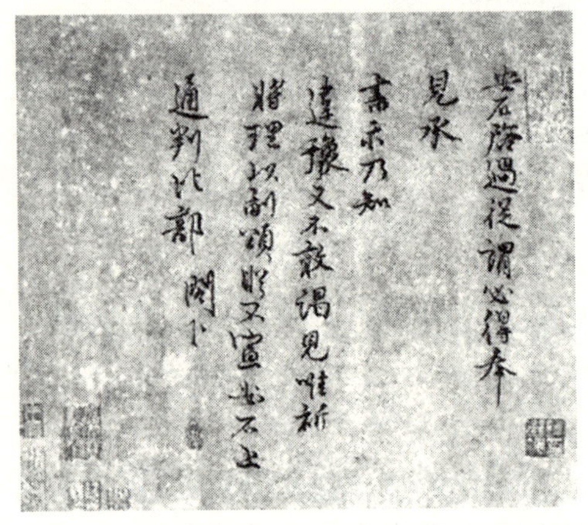

王安石手迹

一直没有人能了解这四句诗的意思。苏东坡来访王安石，王安石将壁上这首题诗指给他看。苏东坡看了之后说：“终岁，十二月也，十二月为‘青’字；荒芜，田有草也，草田为‘苗’字；湖浦焦，水去也，水去为‘法’字；女戴笠为‘安’字；落柘条为‘石’字；阿侬是吴言，吴言为‘误’字；去家京洛为‘国’字；‘寇盗’为‘贼民’也。”王安石一听，这分明是说：“青苗法安石误国贼民”，是反对变法的话，他心里十分恼怒，却又不得不承认苏东坡解释得对，一肚子气，无处发泄，只好憋在肚子里。

诗谜巧定开门处

王安石晚年罢相，在江宁择了一

个地方隐居下来，请了一个叫鲁慧的工匠，为他设计一所宅院。这天，鲁慧将设计好的宅院图样拿给王安石看。王安石看了，不住地点头称赞。鲁慧是个聪明的匠人，他画设计图故意画了一围完整的院墙，没有画出开门的地方，把图拿给王安石看，正是要请教他愿意将门开在哪里。

王安石塑像

王安石看了图，也了解鲁慧的心意，却不明说，只题了四句诗谜。在图样的院墙空白处选了一个地方写了下来：

借阑干东君去也，
霎时间红日西沉，
灯闪闪人儿不见，
闷悠悠少个知心。

鲁慧一看，便明白了，诗句都分别暗隐一个“门”字，原来王安石是想在后花园再设一个门。鲁慧一边点头表示已经明白了，一边吟道：

有口能请教，有耳能听到，
有手能摸索，有心便烦躁。

王安石听了，哈哈大笑，夸奖道：“知我者，鲁慧也!”鲁慧又重新修改了图纸，王安石一看，大为满意。于是在正式动工建造宅院时，在通往后花园的墙壁正中处，增开了一个月亮门。

半山园中猜字谜

王安石辞去宰相职务之后，在南京建了一座“半山园”，安度晚年。

半山园

有一天，别号湖阴先生的好友杨德逢来到半山园，王安石为他满斟一杯酒，然后说：“老夫新制字谜二个，先生如能猜中，敬酒一杯。”然后口占字谜：

目字加两点，
不作贝（貝）字猜；
贝（貝）字欠两点，
不作目字猜。

杨德逢乃是饱学之士，不过王安石这个字谜确实有一定的难度。开始，他闭目沉思不得其解，后听到王安石在旁提醒："加两点，欠两点。"杨德逢顿悟，便端起酒杯一饮而尽。随即提笔写下谜底。

原来，"目字加两点"指"目"字、"加"字和两点"八"，合为"賀（贺）"字；"贝（貝）字欠两点"指"贝（貝）"字、"欠"字和两点"冫"，合为"资（資）"字。王安石看了之后，点头笑道："我知道难不住你。"然后又取来两只大杯，说："我们索性一醉方休。"

杨德逢道："慢！我也有一谜，猜出再喝。"接着说：

兄弟四人两人大，
一人立地三人坐；
家中更有一两口，
任是凶年也好过。

王安石略一思索，便道："这难我不住，是'儉（俭）'字。"两人过完了谜瘾，这才痛饮起来，直喝到尽兴，大醉不起。

字谜巧对留书童

王安石住在半山园，要找一名书童，家人把几个十四五岁的孩子领到王安石面前，让王安石挑选。王安石问了书童的姓名、年龄、家境状况和读书识字情况等等，便想试试他们的智力，遂在纸上写了几句话：

一月又一月，两月共半边，
上有可耕之田，下有流水之川，
一家有六口，两口不团圆。

这其实是则字谜。其中一个大眼睛的小男孩看后，略一思索，便在纸上提笔写了个"用"字。王安石一看，非常高兴，说："就用这个孩子了。"

宋代山水画

果然不负王安石所望，这个孩子非常机灵聪慧。有一天，王安石与朋友一起喝酒吟诗，不知不觉已经夜幕降临。虽然诗兴未尽，但也只好依依惜别。王安石把朋友送到门外，见外面漆黑一片，便想打发书童回去取样东西，他没有直接说，而是又吟了一首诗：

焰畏风来动，花开不待春。
黑夜它挨打，光明引路人。

孩童听完，顽皮地笑了一下，转

身就跑回去了，等出来时，见他手里拿着一个东西，王安石的朋友一见，不禁拍手称赞。

（谜底大揭密：灯笼）

怎知秀才像和尚

王安石第二次罢相之后，在钟山之麓过着隐居生活，常到附近的定林庵散心，这里的僧人便给他收拾一处专门的房舍，供他憩息和读书。他在这里编著了有独特见解的《字说》。

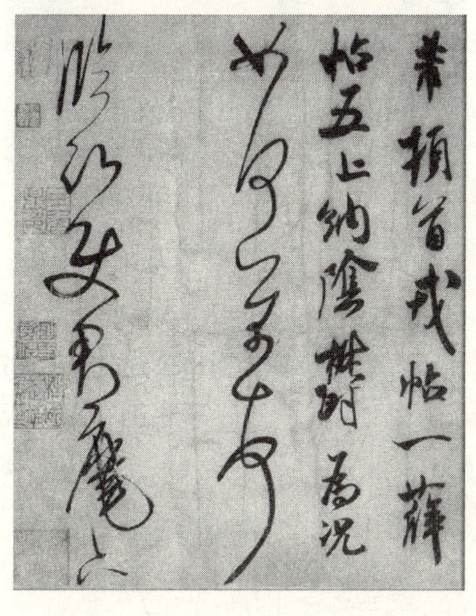

米芾书法图

一天，著名书画家米芾前来拜访他。二人品茗论文，十分畅快。米芾乘兴说道："听说老相公正在编写一部《字说》，对文字的结构研究颇详，我曾听人巧借《莺莺传》赋一字谜，久思不得其解，想当面求教。"接着便吟道：

莺莺小姐去上香，
香头插在几案上，
远看好似张秀才，
近看却是一和尚。

王安石听到"香头插到几案上"便已猜出此字，及至听到后边两句，不觉大笑称妙。他指着庵中远处走过的一个僧人，低声对米芾说："我在此中天天相见，岂能猜不出来？此谜妙在后两句。从字形上看，'秃'的确与'秀'字相似，而从字义上讲，却又的确是个和尚。"说罢，两人都是哈哈大笑，拍手称快。

竹鞭打狗却成笑

王安石的《字说》出来以后，引起很多人的注意。他的《字说》有不少独特的见解，但是因着重于字的结构，而常常把一些形声字当做会意字来解释，穿凿附会之处颇多。

苏东坡看了《字说》，就发现不少漏洞。有一次苏东坡见到王安石，就对王安石说："以竹鞭马为笃，以竹鞭犬为什么是笑呢？"王安石一时想不出说辞，便不好正面回答，便反问苏东坡："鸠字从九从鸟，难道也有什么根据吗？"这本是个形声字，但苏东坡却也用穿凿解法以回王安石："《诗》云：'尸鸟鸠在桑，其子七兮。'七个儿子加父母不正是九个鸟吗？"说罢，二人哈哈大笑。

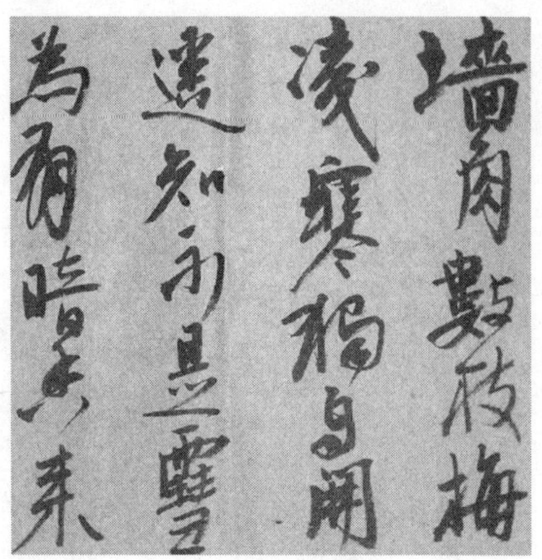

王安石咏梅诗

王安石两作火字谜

宋神宗熙宁九年（1076），王安石第二次辞掉宰相一职，被封荆国公，回到半山园。

有一天，王安石邀请他的好朋友薛昂在半山亭对弈。王安石提议输的人要罚猜灯谜，以此助兴，薛昂点头称好。一盘结束后，王安石赢了，就制了一则灯谜：

秋饮有，夏烹无；
灼炎有，冰冷无；
烧炕有，凉席无；
烫炉有，铁壶无；
居家度日离不开，
一不小心生隐患。

薛昂听后，沉思了一会儿，就答曰：

灰烬烧燃灶薪间，
灯烛炭炬若使偏。

对弈图

爆竹烟星入茅草，
多少祸患引为鉴。

王安石一听，知道薛昂已经知道谜底是“火”，但薛昂并没有直接说出谜底，而是以诗隐扣，不禁拍手称妙。

王安石又制了一则灯谜：

灭顶之灾（打一个字）

薛昂想了一会儿，知道谜底还是“火”，就吟道：

田单施计牛奔急，
城门烈焰殃池鱼。
赤壁一烧阿瞒败，
楚人一焚三百里。

王安石笑着说：“薛公火烧火燎的，要过火焰山了吗？”两人哈哈大笑。

王安石三题筷子

有一次，王安石和几位同僚一起游历汴京，当他们到管仲鲍叔牙庙时，王安石便挥笔题了一首诗：

两个伙计，同眠同起，
一块用餐，谁见谁喜。

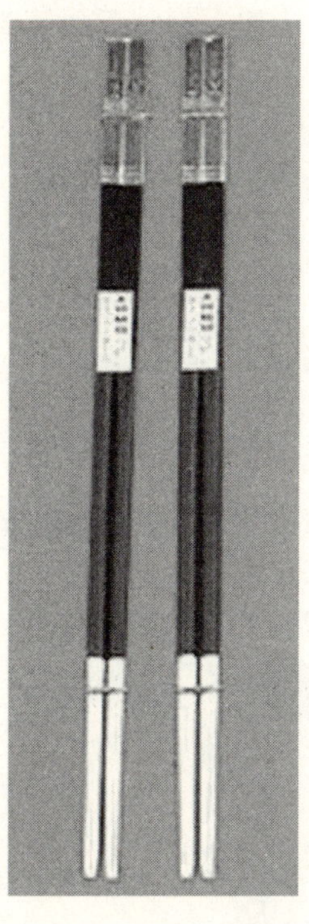

筷子图

写完后，大家继续向前走，到了伯夷叔庙时，王安石又题了一首诗：

两个兄弟，为人正直，
贪吃商粟，不为自己。

等走到哼哈二将庙时，王安石又题了一首诗：

两个同伴，终身孤凄，
进门出门，都为他人。

有个人问司马光说：“王丞相这是什么意思呀？”司马光随口答道：“他不是在作诗，他是在作谜语。”众人恍然大悟。原来，王安石在三座庙前题写的诗句，谜底都是同一个。

（谜底大揭密：筷子）

王安石洞中赏美景

褒禅山华阳洞

有一次，王安石和诗友一同游览褒禅山，他们举着火把进了一个深深的山洞。开始道路很平坦，洞中景色也一般，但越往里走越曲折坎坷，步履也艰难起来了，不过景色却越来越漂亮。他们一直走到了人迹罕至的深邃之处，那里的景色简直是雄伟瑰丽，令人惊心动魄。王安石不由得感叹说：“真可谓入之愈深，其进愈难，而其见愈奇啊！”

走出山洞后，王安石仍觉得余兴未尽，感慨之时，便想作一诗谜让众诗友一猜，他吟道：

日月一起来，不把明字猜，
冒字更不是，闷煞老秀才。

众诗友都沉思，认真地想谜底，其中有一个人说出了谜底。王安石点头称赞道：“猜对了。没有胆识，可很难欣赏到这样的美景呀！”众人也赞许地大笑。

（谜底大揭密：胆）

赋诗先猜谜

在南京中山门外，有一个名叫半山园的清幽之地，这里曾是北宋著名政治家、文学家王安石晚年的故居。王安石自号“半山老人”，他在这里度过了最后十年的隐居生活。

松竹梅图

王安石住在半山园时，有一个经常往来的邻居叫杨德里，别号湖阴先生。

有一天，王安石去拜访老邻居，正好看到一位丹青妙手赠给湖阴先生的三张条幅，有画无字，湖阴先生请王安石在每幅画上各题一首诗。

王安石打开三幅画，见是岁寒三友——梅、竹、松，便笑着说：“老兄要我题诗，这个不难，但是得先猜个字谜。”原来王安石为了排解寂寞，正在编著一部《字说》，只见他略一沉吟，含笑而赋：

四个口，尽皆方，
十字在中央；
不作田字道，
不作器字商。

湖阴先生也是位饱学之士，对汉字历来颇有研究，于是很快就破解了这个谜语，王安石连连点头称是，立即挥毫为他题咏了三张条幅。

（谜底大揭密：圞【图】）

夫妻喜作战鼓谜

梁红玉，南宋女将，韩世忠之妾，封安国夫人，后改杨国夫人。宋高宗建炎四年（1130）与丈夫在黄天荡共同阻击金兵。

梁红玉像

有一天，梁红玉对丈夫说：“金兀术领兵30万，一路杀过来了，京口

（镇江）已经是兵临城下了。据报，金兵五百条战船将要沿江而上，我们可以埋伏在金山西边，以智取敌人，打他个措手不及。”

韩将军一听，说：“夫人的这个计策很好，我马上就带兵设下埋伏，等到敌人来了，我们就可以拿下他们了。”

梁红玉胸有成竹地说：“等到时机一到，我就在金山顶上给将军击鼓助威。”

果然如梁红玉所说，金兀术不知道有计，数百只战船蜂拥而至。梁红玉站在金山顶上看得一清二楚，命将士们擂鼓助威，韩世忠带领宋军，杀得敌人大败。

战斗结束，宋军大胜，祝捷宴上韩世忠想要敬夫人三杯酒，梁红玉笑着说：“这酒我一定会喝的，但是喝前你得先猜猜我的谜语。”说罢，就吟道：

肚大腹中空，
不打不出声，
催人去歼敌，
连击咚咚咚。

韩世忠略一思索，便笑着说：“夫人，这谜底是‘战鼓’吗？”梁红玉点头说：“战鼓可是为这场战斗立下大功了！”韩世忠说：“我也出一谜语，请夫人猜。”

木宰相做圈套，
牛大王来当朝，
丁将军团团围，
两光棍上下敲。

梁红玉笑说：“夫君，你的谜底就是我的谜底呀。”两人哈哈大笑，举杯痛饮起来。

铿锵伉俪骂奸贼

宋朝年间，抗金名将韩世忠、梁红玉夫妻在黄天荡驻守时，奸贼秦桧心怀叵测，不时窜到梁府挑拨韩将军与岳飞两家的关系。韩氏夫妇对此十分愤怒，但是没有证据在手，也不好直接骂这个祸国殃民的奸贼。

韩世忠像

有一天傍晚，韩世忠和妻子梁红玉在军帐中一边对弈，一边商讨军政大事，二人正要商议要事的时候，韩世忠看见秦桧偷偷地躲在屏后的角落里偷听，不由得怒火顿生，自言自语道：

克州无儿去，
下着无头衣，
泪水一边流……

文武双全的贤妻梁红玉会心一笑，接了下句道：

虫子钻进布疋（pǐ）里。

秦桧一听，不由得一怔，知道这是韩世忠夫妇在用谜语骂他呢，秦桧不敢多言语，赶紧灰溜溜地走了。

（谜底大揭密：滚蛋）

病翁巧作花椒谜

刘子翚（1101～1147），字彦冲，号病翁，南宋文学家，史称屏山先生，是著名理学家朱熹的老师。刘子翚擅长作诗，且诗风豪爽明朗，他也喜欢制谜，作了很多谜语诗。

朱熹像

有一天，刘子翚在友人的邀请下去他家吃饭，正吃得津津有味的时候，忽然觉得嘴里有股麻辣的味道，吐出来一看原来是一粒花椒，就随口作了一则诗谜：

欣欣笑口向西风，
喷出圆珠颗颗同。
采处倒含秋露白，
晒时娇映夕阳红。
调浆美著骚经上，
涂壁香凝汉殿中。
鼎餗（sù）也应知此味，
莫教姜桂独成功。

友人听后连声称好。这首诗的前四句是说“花椒”壳像一张笑口，里面含着香珠，采摘时恰逢秋露，晒干后就变红了；后四句是说它名著经传，可以涂闺房的四壁，以长留香气，也可以与姜桂一起共调佳肴。后人也都称赞这首诗是诗谜中的佼佼者。

苏东坡问一答十

苏东坡第二次被贬到杭州来做官之时，一天，他独自到西湖边散步，走进一家酒楼饮酒欣赏湖景。酒楼掌柜见苏东坡光临，心里十分高兴。这掌柜平日喜欢猜谜，他知道苏东坡也喜欢猜谜，便说道：“大人今日光临小楼，不胜荣幸！我有一谜，献与大人，大人如能猜中，随意饮酒，分文不取；若猜不中，可要加倍付酒钱！”苏东坡见这掌柜倒也有点雅趣，便让他快将谜面说来。

苏东坡雕像

掌柜说：

唐虞有，尧舜无；

商周有，汤武无；

古话有，今文无。请猜一字。

苏东坡一听，心中已经明白了，便说：我看你这谜是：

善者有，恶者无；

圣者有，贤者无，

智者有，愚者无。对不对？

掌柜连连笑着说：“对、对、对！快请饮酒！”苏东坡饮了一杯之后又说：“你这个谜，我还可以说出几个样儿来。”

右边有，左边无；

后边有，前边无；

凉天有，热天无。

足上有，手上无；

头上有，身上无；

嘴上有，耳上无。

哭者有，笑者无；

骂者有，打者无；

活者有，死者无。

哑巴有，聋子无；

跛子有，麻子无；

和尚有，道士无。

吾有，你无；

兄有，弟无；

姑有，嫂无。

掌柜听完之后心里想：真不愧是当代的大才子啊，果然名不虚传。他立即备了上等的酒菜，亲自斟酒来敬这位大诗人。

（谜底大揭密：口）

姓名巧解皆入药

有一次，苏东坡和姜潜（字至之）一同赴友人宴。姜潜举杯而起，提议行一个酒令，每人要用药名作一则谜语，作不出者罚酒一杯。接着他就指着苏东坡说：“你是一药名。”苏东坡问：“怎么讲？”姜潜答道：“你是‘苏子’。”全场大笑。

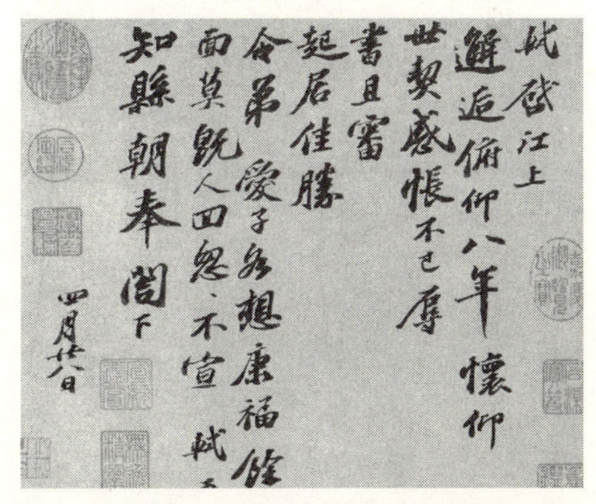

苏东坡书法图

苏东坡立刻反击：“你也是药名。”姜潜不承认，认为苏东坡完全是为了报复他，便说：“是什么药？你若说不出，要罚酒一杯。”苏东坡说：“不是

‘半夏’就是‘厚朴’。”姜潜问：“怎么讲？”苏东坡说：“若非‘半夏’或‘厚朴’，为何用‘姜制之’呢？”众人听完之后又是大笑，连声称妙。

苏东坡哑谜取物

苏东坡因错续宰相王安石“西风昨夜过园林，吹落黄花满地金”的诗句，而被贬到了黄州当了一名团练副使。苏东坡为此怏怏不乐，在黄州整日与诗友陈季常饮酒赏花，游山玩水，以此消愁。

苏东坡像

有一天，苏学士正在书房作赋，他招呼唤书童虎儿进来说：“你去陈大人家取包东西来。”虎儿拱手礼貌地问：“相公令小人去取何物？”

苏东坡说：“你戴上草帽，穿着木屐去陈大人家，他一看就会明白。”

虎儿按照苏东坡的话，戴着草帽，穿着木屐到了陈宅，一见陈大人，便把原委详细说了一遍。

陈季常听后，把虎儿上上下下仔细打量了一番，说：“知道了，知道了，这是个哑谜。苏兄什么时候都不忘开玩笑啊。”

虎儿拿好陈大人给的东西回苏轼住处，苏轼一见，满意地笑了。

（谜底大揭密：茶叶）

范仲淹字谜教子

范仲淹像

范仲淹，字希文，原名朱说。北宋著名政治家、文学家、军事家，谥号“文正”。祖籍陕西彬州（今陕西省咸阳市彬县），生于苏州吴县（今江苏省苏州市）。他在《岳阳楼记》

中的“先天下之忧而忧，后天下之乐而乐”是他一生的光辉写照。他官至参知政事，相当于副宰相。他一生俭朴，为官清廉。

有一年，他的次子范纯仁要娶亲。范纯仁想，结婚是一生之中的大事，父亲又是当朝大官，一定要把婚事办得体面一些，也好借此显耀范家的威风。于是他就按照自己的想法开始操办起来。正好他的大哥要进京办事，他就让大哥将自己的打算告诉父亲，并开列了一张长长的采办清单，让大哥在京城采购。范纯仁的大哥到了京城，向父亲转告了范纯仁的打算，并把要采购金银首饰绫罗绸缎的单子交给了父亲。这时，范仲淹看罢之后，不由得眉头紧皱，叹道：“我家历来清廉俭朴，岂能纵容后代如此奢侈!”于是提笔在那张购物单子上写了四句话：

一人站着一人卧，
两个小人地上坐，
家中还有两口人，
退回娇儿细琢磨。

范仲淹嘱咐老大不要在京城买任何东西，只需将单子退给弟弟，他就会明白父亲的意思。范纯仁接过大哥退回的单子，看着上面父亲题的字，细细地琢磨了父亲的四句话，羞愧不已，改变了原来的打算，决定简朴地把婚事办了。

（谜底大揭密：儉【俭】）

翠竹掩映留僧处

范仲淹少时孤贫，寄居在醴泉寺的一间僧房里读书。

范仲淹像

他学习异常勤奋，生活十分清苦。每天晚上用糙米煮一锅粥，待粥冷凝以后，用刀划成 4 块，早上吃 2 块，晚上吃 2 块。没有菜，只能挖一点野菜浸点盐水佐餐。这就是“断虀划粥”这个典故的由来，被后世传为佳话。寺里的老和尚见范仲淹学习如此勤苦，对他非常爱护，经常过来同他谈诗论文。一天老僧口占一句上联：

芳草春回依旧绿

范仲淹立即应对曰：

梅花时到自然香

又一天晚上，老和尚与范仲淹在

竹林之间散步，老和尚说：“我出个字谜，请君猜一猜。”

翠竹掩映留僧处

范仲淹沉思了一会儿，便在地上写了一个字。老和尚抚掌赞道：“范君高才，将来必可腾达。”

（谜底大揭密：笋）

柳永雅做词牌谜

柳永像

宋代大词人柳永，字耆卿，崇安（今福建武夷山）人。北宋词人，婉约派最具代表性的人物之一，代表作《雨霖铃》。原名三变，字景庄。后改名永。排行第七，又称柳七。宋仁宗朝进士，官至屯田员外郎，故世称柳屯田。他自称“奉旨填词柳三变”，以毕生精力作词，并以“白衣卿相”自许。年轻时因“好为淫冶讴歌之曲”，而为统治者所不容，所以屡试不第。直到快 50 岁的时候，换了个名字，才得考中进士。但也只做过屯田员外郎之类的小官。他是宋代著名词人中，官位最低的一个，因而他却能够以毕生的精力从事词的创作，是北宋第一专业词人。

元宵之夜，柳永与词友们宴聚，他提议各以词牌为底，以诗作谜面。他带头吟道：

东君负我春三月，

我负东君三月春。

一个词友叫了一声“妙哉!”随即把酒杯举到柳永面前说道：“这个谜可射《字字双》，柳公，请尽此杯。”他敬完了柳永，自己接着吟道：

盈盈秋水，淡淡春山。

有一位歌女起来答道：“这是《眼儿媚》”，接着自己咏道：

孤舟蓑笠翁，独钓寒江雪。

另一位歌女立即答道：“这是《渔家傲》”。她敬过词客一杯之后，自己吟道：

大珠小珠落玉盘。

这时，另一位词友立即站起来答道：“这是《卜算子》”，接着吟道：

高朋满座，胜友如云。

这时大家一齐举杯高唱《集贤宾》，随即共饮一杯，拍手称快。

司马光出谜荐贤

司马光，字君实，号迂夫，晚年号迂叟，世称涑水先生。北宋时期著

司马光像

名史学家、散文家。北宋陕州夏县涑水乡（今山西运城地区夏县）人。赠太师、温国公、谥文正。司马光官至左仆射兼门下侍郎，为相八个月病死。司马光自幼嗜学，尤喜《春秋左氏传》。

宋神宗元丰八年（1085），黄庭坚被朝廷任命为秘书省校书郎，那时，司马光正担任《资治通鉴》的主编，想找几个得力的助手来帮忙写作。司马光听说黄庭坚诗文书法皆精，就想吸收他参加编撰工作。

有一天，司马光邀请黄庭坚来自己的书房交谈。谈笑间，忽有一阵清风吹来，司马光随口吟道：

岭上青松如虎啸，
河边柳丝似雨飘，
池内荷花齐作揖，
园中牡丹把头摇。

黄庭坚听了，含笑不语，就案上纸笔，写了一首五言绝句：

解落三秋叶，
催开二月花。
过江千尺浪，
入竹万竿斜。

司马光又吟了一首咏物诗还试探他，诗曰：

荷花初绽才识君，
梧桐叶落两离分。
开合清风扑人面，
忆起来时见翰林。

黄庭坚听后，心想：“‘翰林’，汗淋也。”便提笔写道：

流行落在屋顶上，
英雄豪杰家中藏。
有人看他像关公，
有人说是楚霸王。

司马光一看，抚掌赞道：“妙哉，妙哉！你我异曲而同工，妙不可言！”

接着，司马光又笑吟了一首古诗考他：

历览前贤国与家，
成由勤俭败由奢。
何须琥珀方为枕，
岂得珍珠始是车。
运去不逢青海马，
力穷难拔蜀山蛇。
几个曾预南薰曲，
终古苍梧哭翠华。

熟读唐诗的黄庭坚听完便拱手回答说：“先生所咏之诗是李商隐的佳作，诗题是个‘史’字。”

司马光连连点头。不久，司马光就奏请宋哲宗批准黄庭坚参加《资治

通鉴》的编撰工作。

三人共作姓名谜

黄庭坚（1045～1105），字鲁直，自号山谷道人，晚号涪翁，又称豫章黄先生，汉族，洪州分宁（今江西修水）人。北宋诗人、词人、书法家，为盛极一时的江西诗派开山之祖。英宗治平四年（1067）进士。曾任叶县尉、北京国子监教授、校书郎、著作佐郎、秘书丞、涪州别驾、黔州安置等。与苏轼齐名，世称“苏黄”，他能诗善词，擅长行书和草书。

黄庭坚像

有一天，秦少游去拜访黄庭坚。一进门，正好迎面走来个小丫头，这个新来的小丫头不认识黄庭坚，就毕恭毕敬地问道：“大人，您贵姓？是找我家老爷吗？”秦少游便逗她说：

问贵姓，一半在春秋；
看看字，一半是春秋。

“快去告诉你们家黄老爷吧。”

小丫头眼珠转了转，便进去对黄庭坚说：“老爷，有位姓秦的老爷来找您。”她还没说完，秦少游就已经进来了，一听这小丫头猜出了谜底，就对黄庭坚说：“你这丫头真够机灵的。”然后又转过头来问小丫头：“你姓什么？”

小丫头调皮地说：“我也出则谜语，请秦老爷猜猜看。”然后说道：

一点一横长，
口字在中堂，
大口张着嘴，
小口里面藏。

秦少游听完后，笑着对黄庭坚说：“主人厉害，主人家的小丫头也很厉害呀。”当然，小丫环姓什么是难不住这位文学大家的。秦少游又笑着对小丫环说：“我这里有个高难度的对联谜，你愿猜吗？”小丫环高兴地点了点头，秦观便说道：

剖开舟两叶，内载黄金白玉；
打破坛一个，中藏玛瑙珍珠。

——打两物

这次小丫环费尽脑筋也没想出。还是黄庭坚思索了一会儿才猜出谜底。

猜完了秦少游的谜语，黄庭坚说：“秦兄，你也猜我一个谜语。”然后吟道：

二十一字有来由，

上下之交全部丢。

秋风来时叶变色，

木兰贴鬓花儿稠。

小丫头听后，在一旁啧啧称赞。秦少游思索了一会也悟出了谜底。

（谜底大揭密：秦、高、咸蛋、石榴、黄）

黄庭坚挥毫破字谜

黄庭坚自幼聪慧，22 岁中进士，41 岁被任命为秘书省校书郎。他 7 岁便作诗：

骑牛远远过前村，

吹笛风斜隔岸闻，

多少长安名利客，

机关用尽不如人。

因此，他自小便被誉为神童，诗文书法均佳，得到苏东坡的赏识，成为“苏门四学士”之一，诗书与苏东坡齐名，人称“苏黄”。自号山谷道人。

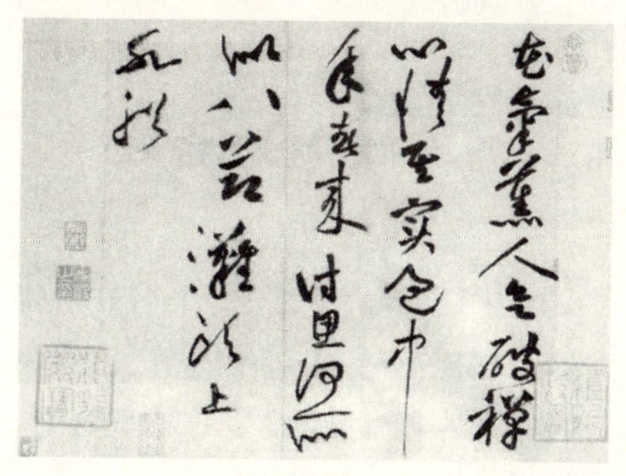

黄庭坚书法图

一次他由家乡修水来到江州，江州的文人才子们久慕其名，便约他同舟泛游长江。此时天光水色，山岚树影，甚是迷人。一个才子向黄庭坚作揖说道：“学生偶得两句，向先生请教。”说罢吟道：

远树两行山倒映，

轻舟一叶水横流。

另一诗人接着说：“这是一则字谜，还请先生赐教。”黄庭坚笑了笑说：“这是一幅上好的山水画，取纸笔来，让我为各位画出来。”他先在纸的上方画了两株远树“丰丰”，又在树上画了一个歪倒的山“彐”，然后在下面画了一叶扁舟，又横着点了三点水而为“心”。这样，在一幅纸上出现了一个挺秀风雅的“慧”字，众人皆拍手称妙，叹服不已。

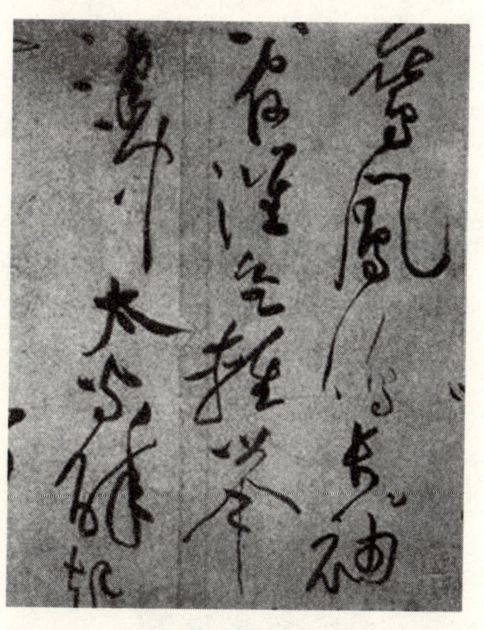

黄庭坚行书图

黄庭坚平常常与苏轼、王安石、秦少游等作谜取乐，制谜是他的绝招。他知道刚才出谜的人是位怀才不遇的落魄书生，便也戏作了一灯谜，让大家猜：

一条小船两根桅，
九只燕子绕船飞，
六只落在桅杆上，
一只落在船心里，
还有两只无着落，
船头船尾两分飞。

众人都沉思很久，还是没猜出谜底。最后还是黄庭坚自己说出了谜底，读到这儿的你也猜猜吧？

（谜底大揭密：悲）

狄青字谜戏和尚

狄青，字汉臣，北宋汾州西河人，人称“面涅将军”。行伍出身，由士兵累升为大将，官至枢密使同平章事。

狄青像

在狄青发迹以前，他家里十分贫寒，每天靠在山林中打猎为生。山上有座寺庙，庙里的和尚都很势利，常常借口他杀生渎佛，结伴儿抢他的猎物。

有一年元宵节，寺庙周边的居民借寺庙来办灯会，狄青也来凑热闹，他写了一则灯谜挂在灯上：

一人身背一张弓，
两支箭儿穿当中；
有人问我名和姓，
出家人的老祖宗。

寺中和尚看见这个灯谜后，大怒，非要拖着狄青去见官，大家赶忙来劝说，有的人劝狄青认错，有的人责备狄青出言不逊。但是狄青却不慌不忙地说：“各位乡亲，大家仔细看看，我写的是个字谜呀。不信我解释给大家看，‘人’背个‘弓’，‘弓’里再穿两竖，不就是个‘佛’字吗？‘佛’是出家人的老祖宗，这怎么不合时宜了？”

众人听完他的解释后，都觉得他的字谜作得好，和尚们也无话可说了，只能自认晦气。

贵人赋词为名妓

北宋政和年间汴京有个名妓叫崔念四，她能歌善舞，尤精琵琶，红极一时。当地有一个贵人，在未成名前，也常出入崔馆，与崔相好。

一年春天，贵人跟崔念四一起郊游，崔念四笑着说：“早就听说相公是赋词的行家了，何不填首词来助兴呢？”贵人遂吟了一首《踏青游》：

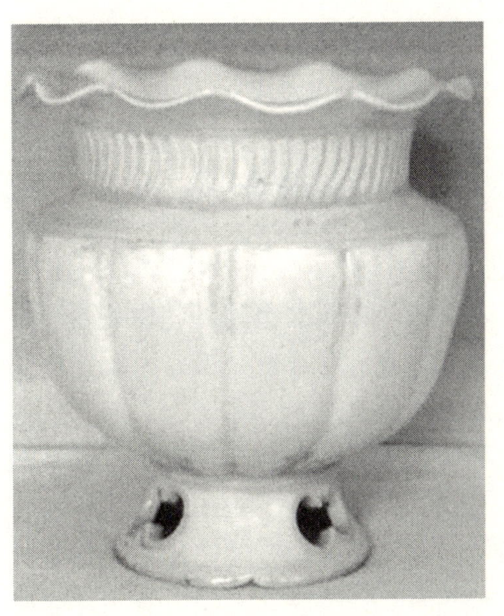

宋代瓷器

识个情人，
恰正二年欢会。
似赌赛六只浑四。
向巫山重重，
去如雨水，
两情美。
同倚画楼十二，
倚了又重倚。
两日不来，
时在人心里。
拟问常占归计，
拚三八清斋。
望永同鸳被，
到梦里，
蓦然被人惊觉，
梦也有头无尾。

崔念四不明白这首词是什么意思，就请相公解析。贵人说：“您芳名‘念四’，乃‘廿四’也，词中‘二年’正是‘廿四个月’；‘六只浑四’，廿四点；‘巫山重重’，廿四峰；‘倚画楼十二’，十二指亚字阑干，亚字十二笔，所以重倚乃廿四；‘两日’是廿四个时辰；‘三八’廿四也；‘梦（夢）字有头无尾’，余廿四；词中七隐‘念四’。”

崔念四听了贵人的解释后，连声称赞贵人是才子。

切瓜巧对冻雨谜联

苏东坡像

苏东坡是北宋著名的文学家、书画家、词人、诗人，唐宋八大家之一，其诗、词、赋、散文，均成就极高，且善书法和绘画，是中国文学艺术史上罕见的奇才，也是中国数千年历史上被公认文学艺术造诣最杰出的大家之一。他的散文与欧阳修并称欧苏；

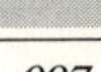

诗与黄庭坚并称苏黄；词与辛弃疾并称苏辛；书法名列“苏、黄、米、蔡”北宋四大书法家之一；其画则开创了湖州画派。

苏东坡有个门生，春寒时节独自坐在自己家的书房里，望着外边的毛毛细雨，见雨点敲窗，不觉触景生情，咏成一联：

冻雨洒窗，东两点西三点；

可是他自己给自己出了个难题，不知道怎么对出下联来。这个上联非常妙，“冻”字可拆为“东”和两点，“洒”字可拆为“西”和三点，书生冥思苦想，仍对不出下联，只得暂时放下。

半年以后，他又想起了这个上联，还是对不出来，心中不免有些郁闷，只得向老师求教。当时正值酷暑，苏东坡并不急于对下联，而是拿起刀，仔细地切开一个大西瓜，并请学生吃瓜解暑。

书生见师傅不开口，只得有礼貌地又说了一遍：“请师傅赐对！”

东坡笑着说：“刚才我不给你对上了吗？”

书生还是不明白其中的道理，不解地问：“对子在哪里呀？”

东坡指着切开的西瓜，吟道：

切瓜分客，横七刀竖八刀。

书生恍然大悟，“切”字可横着拆成“七”和“刀”，“分”字可竖着拆成“八”和“刀”，正对书生的上联，更巧妙地是也切合了当时切瓜待客的情景。

从此以后，书生对苏东坡更加崇拜了。

东坡巧破半句谜

苏东坡和袁公济是同窗好友。有一年，他们同在杭州做官，袁公济深知苏东坡是个大才子，对对联、猜谜语方面也是一把好手，很少有能难倒他的。

有一次，袁公济同苏东坡在外边踏雪赏景，当时地上积雪有一寸多厚了，袁公济便说：“我有一个谜语，想请教，不知你能否猜得到？”

苏东坡饶有兴致地说：“赏雪猜谜，真是一件雅事，请出谜面。”

袁公济说：雪径人踪灭（打半句七言唐诗）

雪景寒林图

苏东坡一听，心里不禁一惊，天下猜谜哪儿有猜半句诗的道理呀，而且半句是七言诗，是三个字还是四个字呢？还可能三个字、四个字都不是，而是三个半字，熟读唐诗的东坡一时觉得无从下手。

东坡边走边思索着，这时，只见

一群小鸟从路旁的树林里飞了出来，排成了一字形向天空飞去。东坡顿时心中一亮，又仔细一想，心里暗叹袁公济的半句诗谜作得妙。可是，他不想马上就说出谜底，而是想趁此机会为难一下袁公济，于是，东坡指着正远去的飞鸟，说："公济，你看天上的飞鸟，我现在也让猜个谜语，谜面是：雀飞入高空（也打半句七言唐诗）。"

袁公济没想到苏东坡也会给他出半句诗谜，一下子难倒了，理不出头绪。苏东坡笑说："哈哈，你猜出了我的谜，我也就猜出了你的谜了。"袁公济更是摸不到头脑了。

苏东坡见此情形，在雪地上竖直写了一句七言唐诗：一行白鹭上青天。他在"鹭"字的中间拦腰划了一下，说："你的谜底就是上半句——'一行白路（鹭）'；而我的谜底是下半句——'鸟上青天'。"

袁公济不禁拍手大赞："你真是天下奇才呀，公济佩服得五体投地！"

苏东坡收徒弟

北宋的苏东坡，是位非常有名的大文学家，他诗文豪放豁达，被誉为"唐宋八大家"之一。苏东坡也是位非常幽默的人，他爱开玩笑，常出些有趣的难题考别人。

有一年，苏东坡从湖北黄冈应召回京城，任翰林院学士。当时，有位江西才子叫黄庭坚，喜欢写诗，早闻

黄庭坚像

苏东坡大名，想登门拜苏学士为师，但又担心他不肯接见，于是先写了一封信，想试探一下苏学士的反应。

不久，黄才子便接到了苏东坡的回信，但纸笺上只写了个"觅"字。黄庭坚也是位饱读诗书的人，非常聪明，他打开一看，顿时笑逐颜开，他知道这是苏学士在出字谜考他，"觅"由"人""人""见"三个字组成，意思就是说"凡愿光临者，吾乐意个个相见。"

第二天，黄庭坚便带着自己的诗稿去苏学士的官邸拜见求教。苏东坡读了黄庭坚的诗稿后，非常满意，觉得他是个可造之材，便欣然接受了这个徒弟。结果，黄庭坚果然不负所望，

成了苏东坡的得意门生，与秦观、晁补之、张耒三位书生共称“苏门四学士”。

秦观字谜巧求婚

有一年的重阳节，宋朝翰林学士苏东坡邀请才子秦观一起到秋香亭赏菊饮酒。边喝边聊中，苏东坡笑着问秦观说：“贤弟才貌双全，为什么迟迟不择佳偶呢？”

秦观像

秦观放下酒杯，拱手答道：“我不是草木，我心中也有情，我一直倾慕一位窈窕淑女，只是羞于启齿。”

苏学士爽朗大笑，说：“只要你告诉我是哪家闺秀，我一定会为你牵线搭桥，帮你成了这个姻缘。”

秦观沉思片刻，说：“我作个字谜吧，请仁兄一猜！”遂赋诗一首：

原中花，化为灰，
夕阳一点已西坠。

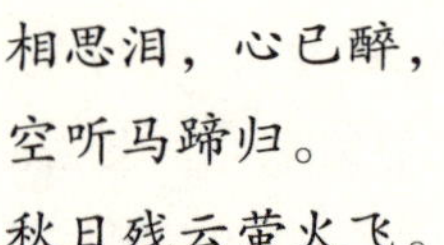

相思泪，心已醉，
空听马蹄归。
秋日残云萤火飞。

苏东坡仔细推敲，突然恍然大悟，说：“这个不难，就包在我身上了！”

秦观的诗是什么意思，他心仪的女孩是谁呢？

谜底是这样的，“花”字无“化”为“艹”，“夕”字无点为“刀”，“思”字无心即成“田”，“馬”字去掉“马”即是“灬”，“秋”字火飞即成“禾”，合起来就是“蘇”，是指苏东坡的妹妹苏小妹，原来秦观是借诗求爱呀。

后来，苏轼回到家中，把秦观的意思告诉了小妹。苏小妹是个很有才识的女子，她前几天和秦观在一起玩得痛快，对秦观也很有倾慕之心，但不想直接说出，就飞快地写了一首组字谜：

南京不算大，女未成一家，
下一回再见，音传心牵挂。

苏东坡把这首诗拿个秦观看，秦观思索良久，才悟出了谜底，他非常高兴，马上邀请东坡到迎春亭喝酒。

（谜底大揭密：小妹同意）

苏小妹三难新郎

苏东坡的胞妹苏小妹才貌双全，能诗善对，乃是当世才女。在与才子秦少游成亲当夜，苏小妹欲难新郎，考一考新郎胸中的才学。于是，题写

了三首诗句，要求秦少游答对，方准进入洞房，若答不对就罚在外厢读书三个月。

苏小妹像

第一首：

铜铁投洪冶，蝼蚁上粉墙。

阴阳无二义，天地我中央。

秦少游想道，我曾假扮做云游道人，在岳庙化缘，去看苏小姐。这四句乃包含着“化缘道人”四字。于是就在月下取笔写诗一首题于后，云：

化工何意把春催？

缘到名园花自开。

道是东风原有主，

人人不敢上花台。

句前一字亦合成苏小妹诗谜的谜底：“化缘道人”。

第二首：

强爷胜祖有施为，

凿壁偷光夜读书。

缝线路中常忆母，

老翁终日倚门闾。

秦少游见了，略不凝思，一一注明。第一句是孙权，第二句是孔明，第三句是子思，第四句是太公望。

第三首：

闭门推出窗前月。

秦少游看后左思右想，不得其对。正好苏东坡前来打听妹夫消息。望见秦少游在庭中团团而步，口吟“闭门推出窗前月”七个字。见庭中有花缸一只，贮满清水，秦少游徘徊踱步，偶然倚缸看水。苏东坡望见，触动灵机，心有一对，却又不便明说，就从地上取小小砖片，投向缸中。激起水点扑在秦少游面上。水中天光月影，纷纷淆乱。秦少游当下晓悟，感激妻兄相助之意，遂援笔对云：

投石冲开水底天。

秦少游在妻兄苏东坡的帮助下终于顺利地入了洞房，成就了一段美满姻缘。

秦少游二求妻兄

秦少游与苏小妹这一对才子才女结为夫妻后，两人除了吟诗作赋填词外，猜谜也是经常进行的乐事雅事。

一天，苏小妹对秦少游说：“为妻作了一则字谜，您可愿一猜？”秦少游一听，兴致勃勃地说：“我倒要试上一试，快快说与我听。”苏小妹抿着嘴笑道：“倘若猜不出，可要到门外罚站啊！”接着苏小妹说出了谜面：

两日齐相投，四山环一周，
两王住一国，一口吞四口。

秦少游从早上猜到傍晚，苦思冥想，还没猜出谜底，不由得打心眼里佩服妻子的才华，但也暗暗叫起苦来。心想：如果晚上仍猜不出，可是要进不去房门了，这如何是好呢！忽然，秦少游笑了，心想：对了，去求教妻兄苏轼，他才学过人，聪明绝顶，他一定能解出这个字谜。想当初新婚之夜，就多亏这位妻兄暗中相助，才免遭拒于门外之苦。想到此，秦少游快步向苏轼住处走去。此时苏轼正准备吃晚饭，见秦少游来了，忙请他共进晚餐。少游正一门心思在字谜上，哪里有心思顾得上吃饭，赶忙说出相求之事。

苏轼一听，哈哈大笑：“别急，先吃饭，愚兄再救你一次就是了。”随后命厨子赶做一盘“西湖醋鱼”。一会儿，鱼端了上来。苏轼用筷子将醋鱼的头和尾夹出，留下中段，笑着用筷子直指盘中：“少游请看，这就是谜底。”少游顿时醒悟。字谜猜出来了，心事放下了，秦少游便安下心来在苏轼这儿吃饱喝足，这才回到家中去答复妻子了。

（谜底大揭密：鱼字去头去尾为田）

夫妻共作枕头谜

一天，苏小妹正在刺绣，忽然灵机一动，想制一则物谜让秦少游猜。于是便对秦少游说：“为妻要制一物谜，请夫君一猜。”

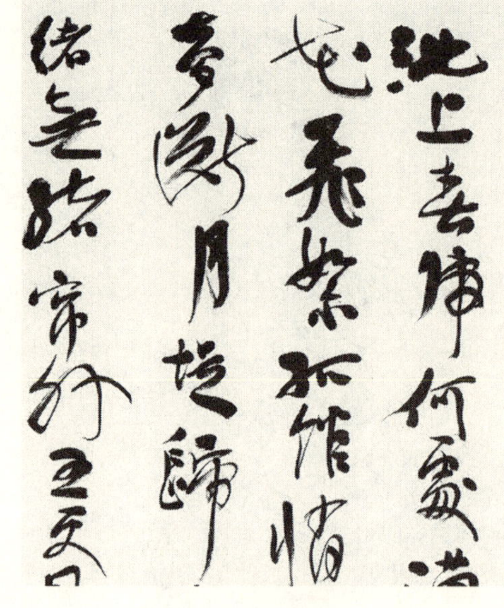

秦少游《如梦令》

秦少游想花烛之夜都没难倒我，今天更是不在话下，就说：“好，请出谜。”苏小妹娇声吟道：

饱吃一餐肚不饥，
夜夜闻得人私语，
听得许多真情话，
从不出门说是非。

秦少游听后，若有所思地来回走动着，一眼看到苏小妹手头正绣的东西，就有了思路，就朗声吟道：

姐妹两个一般大，
收拾打扮随姑嫁。
擦了多少油和粉，
听了多少私房话。

说完，胸有成竹地问苏小妹：“是此物吗？”苏小妹含笑点头。

（谜底大揭密：枕头）

人名花名皆入谜

一年正月十五之夜，苏小妹偶感风寒，不能到街市上去观灯猜谜。秦少游也只好陪她在家。二人在家中望着被明月映同白昼的夜空，想象灯谜会的热闹，真不甘心在家里闲待。苏小妹便提议：“我们二人就在家里互相猜射如何？”秦少游说：“甚妙，就请夫人先出谜。”苏小妹略一思索，便随口吟道：

欲问千年往事，
三皇五帝凄然。
秋菊枯草覆满园，
何必谦让再三。（每句打一古人名）。

秦少游边想边猜，说道：“问者盘也，千年往事古也，第一句可是盘古？”苏小妹笑着点头。“第二句——凄然——怀楚之意，当是楚怀王了。”苏小妹又点头而笑。“第三句是黄盖，第四句是陆逊无疑了。”苏小妹拍手称赞：“夫君不愧为屈宋之才也！”秦少游说：“刚才你的《西江月》只有半阕，待我续上半阕方为满月。”随即吟道：

醉眼黄粱正好，
赤枫夕照峰峦。
喜与小妹聚缠绵，
人面桃花相伴。（每句打一花名。）

苏小妹斜倚在床上想了不大一会

宋代人物画

就说出了谜底。秦少游高兴地抚着苏小妹的双肩说：“夫人真不愧是女中魁元也！真是聪慧过人！”

你能猜出这四种花名吗？

（谜底大揭密：睡香、映山红、合欢、对红）

文房四宝均入谜

有一次，苏小妹和她的丈夫秦少游到兄长苏轼那里去喝酒谈诗，为了活跃气氛，苏轼提议说：“如果想喝酒，就必须先作咏物诗一首，且只限于书房里的东西。”苏小妹和秦少游都表示同意，并请苏轼先吟一首。苏东坡略

一思索，便随口吟道：

生根出自白管州，
搬来住在竹山头，
乌龙江内来取水，
白云头上去闲游。

说完，便举起一杯酒一饮而尽。

宋代砚台

秦少游自己斟上一杯，然后道：

四周方正薄又光，
一身洁白犹雪霜，
曾记人间多少事，
载入无数好篇章。

说完，也举起酒杯一饮而尽。

苏小妹也不甘示弱，立即吟道：

四四方方一池塘，
一弯清水池中央，
一条乌龙来戏水，
留下满地黑泥浆。

三个人说完后，都向苏轼的书桌望去，原来，他们所作诗谜的谜底分别是“笔”“纸”“砚”。随后，三个人你一杯我一杯，很快一壶美酒就被喝了个精光。

三人同作鲜字谜

秦少游和苏小妹夫妇经常和兄长苏东坡一起饮酒论诗。有一次，秦少游请苏东坡喝酒，酒至半酣便诗兴大发，遂提议以诗助酒兴，他先说了一则诗谜：

我有一字出得巧，
半边鳞甲半边毛，
半边离水难活命，
半边入水命难保。

东坡听了，会意地笑了，也低声吟道：

我有一字连两旁，
一旁味美一旁香，
一旁山坡吃青草，
一旁江河把身藏。

苏小妹见二人作诗作得有趣，便也凑过来了，随口吟道：

我有一字生得奇，
半边身上出飞翅，
半边身下长四蹄，
长蹄的，跑不快，
长翅的，飞不起。

三人互相看了看，都大笑起来，原来他们的谜底都是一个字。

（谜底大揭密：鲜）

苏轼佛印哑谜逗趣

佛印是宋代云门宗僧，法号了元，

字觉老。俗姓林，饶州（江西省）浮梁人。自幼学《论语》等典籍，后礼宝积寺日用为师，学习禅法。

宋神宗元丰三年（1080），苏轼被贬到了黄州，与很有文学造诣的佛印禅师成了好朋友，两个人经常在一起饮酒作诗。

苏东坡与佛印图

一天，苏轼邀佛印禅师在长江上乘船游玩，二人有说有笑，欣赏着两岸风光，十分高兴。忽然，苏轼发现岸上有一只狗在啃骨头，突然想起一句话，就笑了起来。佛印被笑得莫名其妙。苏轼笑够了，便指了指岸上那只啃着骨头的狗，然后又指了指佛印。

佛印开始大惑不解，仔细一琢磨，才知被苏轼骂了。佛印并不生气，看了看苏轼，便将手中写有苏轼诗句的大蒲扇丢入江中，任其漂流而去。东坡已明白佛印的用意。二人心照不宣，相对大笑。原来，他们两人所作的哑谜是一种动作谜。苏轼所指的含义是："狗啃河上（和尚）骨。"佛印的哑谜是："水流苏轼诗（尸）。"

又有一次，苏东坡在纸上画了个和尚，只见这个和尚左手拿着一把扇子，右手捧着一本经书。苏东坡把这幅画给佛印看，并让他猜一篇文章序中的两句话。佛印想了好久，终于有了头绪，说："是不是《关雎序》中的'风已动之，教以化之'？"苏东坡点头称是。

佛印猜出这个哑谜后也不罢休，也要苏东坡猜一个。他取出了一串铜钱，数出了250文，托在手上，让苏东坡猜一个书名。苏东坡想了一会儿，答道："《千字文》。"佛印笑说："请释谜。"东坡说："铜钱上面都有'ＸＸ通宝'四个字，250文钱，正好有一千个字，所以猜谜底是《千字文》。"佛印说："猜得对！"

双方才思相当，互以哑谜嘲谑，幽默诙谐，风趣盎然。

一字之师巧改谜

佛印禅师一路化缘，经过一家富户，问及姓名，忽然有感，作了一个字谜。回来遇上苏东坡，便说："我今天化缘遇到一个人生得是'高家的头，李家的脚，陈家的耳朵挂右角。'你猜他姓什么？"苏东坡一听就说："这很容易，你依次照话写出来不就是了吗？"

过了片刻，苏东坡又说："我昨日也作了一个谜，请你也猜一猜，猜着了有你的酒喝。"随即咏道：

研犹有石，岘更无山，

姜女既去，孟子不还。（打二字，也是一物。）

佛印笑着揭起苏东坡桌上的砚盖

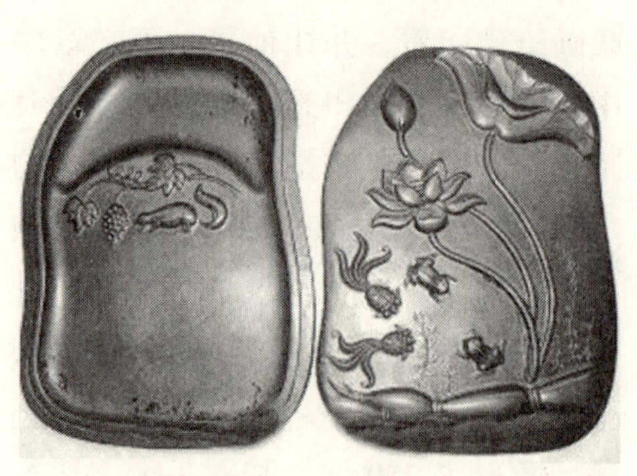

砚台

说："你把它写出来就是。看来我这酒是喝定了，不过此谜还有一个微瑕，就是第一句，'研''砚'古本相通，您在这里有些露底了。"苏东坡听了，也点了点头，然后想了想说："那就改作'砂已不少'吧！"佛印拍手道："研而为砂，此改甚妙！"

（谜底大揭密：斫、砚台）

僧俗猜谜吃狗肉

佛印虽是个和尚，但从不戒酒肉。有一次，他正在房内吃狗肉饮酒。听见外面脚步声，他知道是苏东坡来了，便赶紧把狗肉藏了起来。

苏东坡一进屋，便闻到一股酒香和狗肉的香味，心中明白，却假装不知，说："今天写诗，却有两个很熟的字记不起是怎么写的来了，特请大师指点。"佛印说："不敢，请问是哪两个字？"苏东坡说："就是'犬吠'二字。"

佛印一听便笑着说道："学士真会寻开心，怎么连这两个字都忘了呢？"

宋代人物画

他便一面说着一面用指头在几案上写着："这犬字是一人一点；吠字是一人一点再加一口。"苏东坡哈哈大笑说："既然如此，何不把你的犬肉拿出来，咱们一人一点再加上一口共同来吃呢？"

佛印也笑了起来："我就是要试试你究竟用什么法子让我把狗肉拿出来同吃的！"于是，二人便高兴地大吃起狗肉来。

和尚问字巧吃鱼

有一次，佛印来访苏东坡，走过苏东坡的窗前，从窗子里看见苏东坡正把一盘鲜鱼端到桌上要吃，他便故意咳嗽一声，苏东坡一听是佛印的咳声，便急忙把鱼藏在了身后的书架顶上。

佛印偷看他把鱼藏好，才走了进来说："我今天有个字来向先生请教。"

苏东坡像

苏东坡问："但不知何字？"佛印说："就是尊姓'蘇'字，究竟应该有几种写法？"苏东坡知道佛印是开玩笑来了，便装着一本正经地说："以楷书来说，只有两种写法，一种是草字头下鱼在左边，禾在右边，一种是草头下鱼在右边，禾在左边，这两种写法都可。"

佛印说："要是把鱼放在上头行不行呢？"苏东坡急忙说："那可不行！"佛印笑了起来说："既然放在上头不行，何不取下来咱们吃掉？"苏东坡这才明白中了佛印的圈套了，便笑着把鱼拿下来，与佛印一起大快朵颐，开怀畅饮起来。

苏小妹字谜骂佛印

苏轼与佛印经常在一起谈经论文，饮酒作诗。

苏轼塑像

有一天，二人谈论起佛法问题，佛印滔滔不绝地高谈阔论。苏小妹在内房听了，有意嘲笑一下佛印，便扬声向外说，佛印法师，我有一个上联，请您对一下：

人曾是僧，人弗能成佛；

佛印一听，知道苏小妹分明是借这拆字联来嘲弄他，不过要对得好也不容易，他略思索了一下，便反击过来说：

女卑为婢，女又可称奴。

苏小妹听了，心中暗自发恨道：好你个无理的和尚，竟敢轻视于我，心里想出一个字谜便说："这回算您对上了，我再作一副对联赠您为谢吧"，说完就写了一页小笺叫丫环送给佛印。佛印接过来打开一看，写的是：

凤栖禾下鸟飞去，

马到芦边草不生。

他一时没有明白是什么意思，便将小笺递给苏轼看，苏轼一看，指着佛印的头大笑不止。聪明的你，知道为什么吗？

（谜底大揭密：秃驴）

奇饭好友共品尝

宋代名士刘攽，字贡夫，号红南。樟树市黄土岗镇荻斜刘家人，是北宋著名的史学家。他和苏轼很要好，经常在一起谈诗论文。

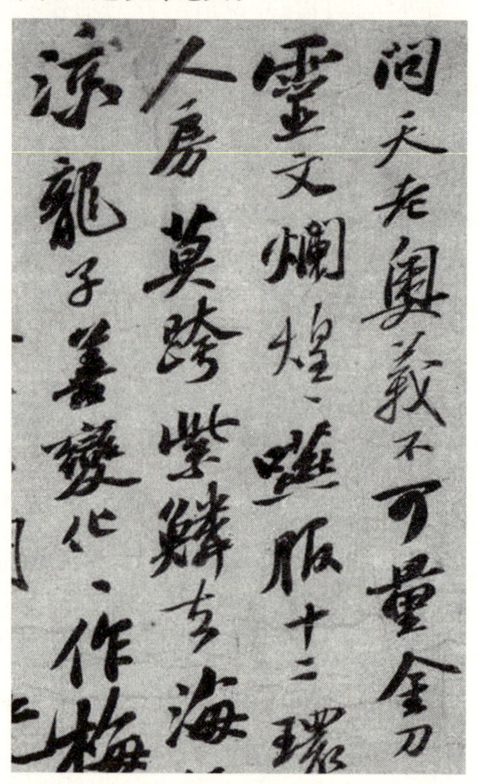

苏东坡书法图

有一次，两人在一起聊天，刘攽偶然问起苏轼小时候的事情来。苏轼说他小时候与弟弟苏辙学习都非常刻苦，一心一意要考取功名。准备考试的那段日子里，每天享受“三白”，竟然吃得津津有味，当时觉得这就是世间最好的珍馐美味了。刘攽听了觉得奇怪，忙问：“‘三白’是什么好吃的？”苏轼笑着说：“就是一撮盐，一碟生萝卜，一碗饭。”刘攽一听，觉得有趣，便大笑起来。

过了不长时间，苏轼收到刘攽的请柬，要请苏轼吃“皛（xiǎo）”饭。苏轼不明白“皛”饭是什么，但觉得刘攽读书多，见多识广，这“皛”饭肯定有出处，自己定能大开眼界，大饱口福。苏轼于是穿戴整齐准时赴宴。

一进门，看见桌上摆着的，只有盐、萝卜、米饭三样。原来刘攽是个非常爱开玩笑的人，苏轼这才明白刘攽是用他讲过的“三白”饭相戏，以谜语“皛”饭招待。苏轼也不气恼，心里觉得很有意思，于是笑着拿起筷子把“三白”吃了个够。苏轼将要离开时，忽然眼睛一眨，对刘攽说，明天请到我家来，我准备“毳（cuì）”饭招待你。刘攽知道苏轼也是同他为戏，但一时猜不透苏轼的“毳”饭到底是什么吃食，便答应下来明天准时赴约。

第二天，刘攽迫不及待地早早到了苏轼家，想领教苏轼的“毳”饭。二人天南海北，一直谈到中午时分，苏轼却没有上饭的意思。刘攽早就已经饿了，却不便开口，只好忍着。过了一会儿，看看还没动静。又过了一会儿，刘攽忍不住了，就说：“苏轼，该上饭了！”苏轼说：“不急！等等！”又等了一会儿，刘攽又说：“你的‘毳’饭呢？怎么还不见踪影，快拿上来呀！”苏轼慢条斯理地说：“盐也‘毛’（方言，没有的意思），萝卜也

‘毛’，饭也‘毛’，这不是‘毳’饭是什么！”

刘攽忍俊不禁，捧腹大笑，说：“好啊，我就知道你这次要报复我，万万没想到你会想出‘毳’饭来。真是佩服，佩服啊！”两人笑够了，苏轼才叫人拿上好酒好菜，二人畅饮起来，一直到夜幕降临，刘攽才尽兴而归。

苏轼妙语批文章

宋神宗熙宁四年（1071），苏轼出任杭州通判。苏轼的到来，令杭州的文人雅士欢呼雀跃。一有闲暇，苏轼身边就云集许多文人，一起吟诗作赋，好不热闹，成为当地文坛的一大胜景。

古代书生像

当地有个自命不凡的酸腐文人叫白文秀，读书不多，却爱卖弄，文理不通，却极爱写文章，往往错字连篇。因此当地的文人都不愿与他为伍。可是，他却想借苏轼的威望来提高自己的地位。于是，他关门三天东拼西凑好不容易写了一篇“得意之作”，送给苏轼过目，并说道：“此乃拙作，望老师批点。”

苏轼接过文章，面对标题《读过泰论》四字，半日不解，良久才大笑道：“当年秦朝发生灾害，大水淹了庄稼，难怪！难怪！”苏轼这句话是一个字谜，意思是“秦”字下面的“禾”字被“水”淹掉了，成了“泰”字。他是在讽刺白文秀把《过秦论》写成了《过泰论》。白文秀胸无点墨，没听明白这句话，可听了苏轼的话心里却没底，只是站在那里干笑。

苏轼看完了白文秀的文章，一言不发地将文章交还给他。白文秀想，自己是来求得好的评语借以提高身价的，无论如何也得让苏轼评点几句。于是，白文秀央求说：“老师，当今天下识才者少，忌才者多，一篇好文章没有名人推荐，就好比一张废纸，请老师多少美言几句。”

苏轼一看，今天遇上个厚脸皮了，不给他写几个字是难以脱身了。于是，他略加思索，挥笔在文章上批了九个字：“此文有高山滚鼓之妙！”白文秀看了之后心中狂喜，连连说着：“多谢老师，劳驾，劳驾！”便兴冲冲地拿了文稿走了。从此，白文秀见人就拿出苏轼批过的文章吹嘘一番，说自己的作品得到了当时高士的妙评。一些胸无点墨的人随声附和，那些真有文才的人见了却暗暗发笑。

一天，一帮文人学士正在谈诗论文，白文秀又拿着苏轼批过的那篇文章来了。有个调皮的秀才实在忍不住了，就对他说："这哪里是什么批语，这是给你出的谜呢！""出谜，什么谜？这明明是夸赞我文章的评语嘛。"白文秀又看了一遍苏轼的批语，仍然不明白。

秀才不得不进一步说："你再好好想一想，高山滚鼓有什么妙啊？你听一听高山滚鼓是什么声音？不是'扑通——扑通'，不通——不通吗？"周围的人顿时都大笑起来："真有高山滚鼓之妙——不通！不通！哈哈哈！"白文秀羞得满脸通红，掩起文稿拔腿跑了。从此他闭门狠读，再也不敢自我吹嘘了。

三才子共吟"墨斗"诗

苏轼在杭州时，江西才子黄庭坚专程来到杭州拜望自己的老师。苏轼见到了门生，十分高兴，便邀上秦少游，三人一同去游西湖。游船上摆了许多酒菜，还找来梨园弟子和琴师、鼓手演唱助兴。三人边听边喝，欣赏着西湖美景，十分惬意。

这时，高邮才子秦少游（秦观）来了谜兴，口占一谜：

黄庭坚像

我有一间房，
半间租与轮转王。
有时射出一线光，
天下邪魔不敢当。

猜谜行家苏轼马上就猜到了，但佯装不知，笑问黄庭坚。黄庭坚知苏轼之意，便随口说了一谜：

我有一只船，
一人摇橹一人牵；
去时拉纤走，
归时摇橹还。

苏轼听后诙谐地说："你们二位有房有船，过得不错，和你们相比，我可寒酸了。"说罢，也口占一谜：

我有一张琴，
一根琴弦腹中藏；
为君马上弹，
弹尽天下曲。

三人会声大笑，举杯同饮。原来三人所作的谜面是同一个谜底。

（谜底大揭密：木匠用的墨斗）

连环姓名谜

宋哲宗元祐四年（1089），当时苏东坡正任杭州知府。有一天，苏东坡邀请秦少游、苏小妹夫妇和佛印禅师到杭州西湖一游。

苏小妹像

四人在西湖堤上漫步，只见映波、锁澜、望山、压堤、东浦、跨虹六座大桥古朴美观，堤旁种着各种花木，意境非常动人。苏东坡见此情形，不禁谜兴大发，就提议众人作谜助兴。

苏东坡先作了一则人名谜：

落凡七仙女

苏小妹笑着说：“兄长说的是小妹吧。”说完，便也说了一则谜语：

闹海一哪吒

秦少游接道：“贤妻隐的是我少游吧。”

“请解谜。”小妹说。

“哪吒是古代传说的少年之神，闹海是在海中游水游戏，所以猜是‘少游’。”

秦少游也吟了一则谜语：

面壁遗影痕

苏东坡提示佛印快点猜这个谜语，佛印说：“佛祖菩提达摩于嵩山面壁十载，因久坐壁上遗佛祖印像，此谜典出自这里，您这个谜语是不是隐射老僧‘佛印’的名字呢？”少游点头说对。佛印也说了一则谜语：

黄州迎日居

三个人想了很久，都没猜出谜底。苏轼只好让佛印揭底，佛印说：“真是有眼不识昆山玉呀，谜底就是你呀！”三人连称好谜。

（谜底大揭密：苏东坡）

谜联巧骂老和尚

苏轼被贬岭南的时候，一次在一座寺庙的山门前，看到一个小和尚跪着，眼泪汪汪，脸上挂着伤痕。一打听，才知是因刚才给老僧端茶时，不小心打碎了杯子而遭到责罚。苏轼心想，佛门本以慈悲为怀，怎能如此对待弟子？便入庙去见方丈。

主持和尚一见苏轼来了，百般殷勤，并拿出纸砚，请苏轼题字。苏轼见此和尚满身俗气，虚情假意，甚是

寺庙图

厌烦。一想小和尚还在门口跪着，便提出要那小和尚起来为他磨墨按纸方好动笔，老僧一口答应。苏轼略一思索，落笔写道：

一夕化身人归去，

千八凡气一点无。

老僧看了，认为这是称颂他的修行高深的话，十分高兴，连声道谢，并把这副对联挂在禅堂里，扬扬得意，到处大肆炫耀。

后来，苏轼的好友佛印云游到此，看了这副对联，不禁扑哧一笑，那老和尚见了说："你莫要有眼不识荆山玉，此乃当代大家苏轼亲自来庙为我题的呢！"佛印听了，更是笑弯了腰。待他止住笑声，便说："东坡翁的手迹，我焉能不知，不过这是他编的两个字谜在骂你呢！"老和尚仔细看了一遍，仍然不明白，便反问道："何以见得？"佛印解释说："你看这'一夕'再加个去了人的'化'，合起来不是个'死'字吗？'千八'是个'禾'字，再加'凡'字无了一点是个什么字？"老和尚一看，气得昏了过去。

三人巧做镜子谜

有一天，苏东坡正在家中闲着无事，王安石来拜访，两人聊了一会儿，又有一位好朋友陈季常也来了。苏东坡非常高兴，连忙叫人摆开酒席，三个好朋友一边喝酒一边聊天。

三个好朋友都有一个爱好，就是猜谜。所以，聊了一会儿，话题就转到了猜谜上面。苏东坡说："我昨天刚造了一个谜，你们猜猜看：

脸儿亮光光，放在桌子上。

你俩跑过来，请它留个像。"

陈季常听了，也开口念道：

你对我笑，我对你笑，

我来寻你，你不见了。"

王安石紧接着吟起来：

我哭你也哭，我笑你也笑，

要问它是谁，咱仨都知道。

话音刚落，三人都哈哈大笑起来。

（谜底大揭密：镜子）

三人共制歇后谜

曾巩（1019～1083）字子固，汉族，抚州南丰（今江西南丰县）人。北宋政治家，文学家，散文家，"唐宋八大家"之一。嘉祐年间中进士，官至中书舍人。幼时就能作诗，被人称为神童。他聪明勤奋，很讨人喜欢，曾与教谕晁怀德之女文柔同窗读书。

曾巩像

有一年的阳春三月，晁公带着女儿文柔和曾巩去春游，只见山上桃花竞相开放，花海有如绯红的云霞，景色美不胜收。晁怀德顿时诗兴大发，遂捋须吟诗一首：

一日看遍长安，
美人二八娇如，
来岁还舒满眼，
此花开尽更无。

女儿文柔歪着头想了一会儿，说："父亲，您所吟的诗句，应该是则歇后谜吧，谜底是'花'，不知道对不对？"晁公满意地点点头。文柔又说："那小女也制谜一则，请父亲指点。"

春来还发旧时，
马踏春泥半是，
雨后全无叶底，
和莺吹折数枝。

曾巩听了，也兴致勃勃地接着吟道：

隔帘微雨湿梨，
一群娇鸟共啼，
唯有碧桃千树，
道是春风及第。

说完，三个人相视而笑。

原来，这些诗句分别出自孟郊、顾况、杜甫、元稹、岑参、窦巩、王驾、王禹偁、吕温、卢照邻、郎士元、郑谷的诗句，只是每句的句末都少了个"花"字。

偶得佳句巧为谜

北宋词家晏殊，字同叔，北宋前期婉约派词人之一，抚州临川文港乡人。自幼聪慧，景德年间以神童被荐于朝。宋真宗让他与进士们一起比试，他提笔即刻就把诗写了出来，所以受到皇帝的重用。14 岁时就因才华横溢而被朝廷赐为进士。之后到秘书省做正字，北宋仁宗即位之后，升官做了集贤殿学士，后来当了宰相，为人刚正清廉，重视人才，人称太平贤相。

一年暮春，他漫游西湖，正是黄昏时分，面对流水落花，不禁感慨系之，写了一首《浣溪沙》，写到下阕的首句："无可奈何花落去"就再也想不出佳句来续上了。

第二年他又奉旨南下，路过扬州，在大明寺，看到当今天子的许多题诗，便品评起来。他从中发现江都尉王琪的诗才不凡，便让人请王琪来相见。在把酒倾谈之间，晏殊面对晚春景色，不觉又忆起去年未完的《浣溪沙》来，便对王琪说："去年老夫游西湖，偶得'无可奈何花落去'之句，却一

晏殊像

直未得下句，今日重见此景，不由得心中又欲寻一佳句续之，不过还没有什么头绪。”

在晏殊沉思之际，王琪站起来拱手答道：“何不对‘似曾相识燕归来’？”晏殊听了，立刻拍手称妙，便把这一句写入了他的词中，于是“无可奈何花落去，似曾相识燕归来”传为千古佳句，晏殊与王琪联句之事也传为千古佳话。

后人竟以“似曾相识燕归来”作为一个谜面，打一字，也引起众多谜人的雅兴。机智的你，也请猜一猜吧！

（谜底大揭密：鹊。归来的燕子，似曾相识，乃昔日之鸟也。）

“千”字巧做下酒菜

宋代大词家晏殊有一个书童，是一个很聪慧的孩子，长期在晏殊身边，耳熏目染，再加上自己聪明好学，也颇爱诗词谜语。

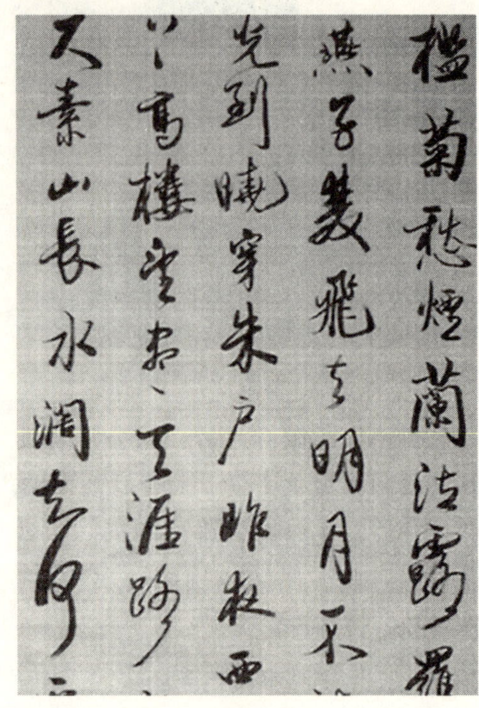

晏殊词

有一次，有几位诗友来拜访晏殊，晏殊便命书童去街上买点下酒菜，他说买二斤猪肉，一斤猪肝，不过最后一样要买的东西晏殊并没有说出来，他想让客人们看看书童的聪明智慧，便拉过书童的手，在他手心里写了一个“千”字，问他：“明白吗？”书童歪了歪头，眼珠一转，说声：“明白了！”转身就走。不一会儿书童把下酒的东西买来，打开包儿一看，果然一样也不错。有个客人不解，问道：“刚才我看到晏公在你手心里写的是个‘千’字，你怎么买回来的是舌头呢？”小书童笑了笑说：“先生，请问‘舌’字是怎么个写法？”客人自己伸

出手指刚要写，忽然就明白了，连说：“不错，不错，舌头、舌头！这谜真是奇思妙想，猜中的人也是聪慧异常啊！”

谜联道尽家中苦

宋代有一个很有名的人物叫吕蒙正，字圣功，河南洛阳（今属河南省）人。他在太平兴国年间考中头名状元，官做到中书侍郎兼户部尚书，咸平年间授任太子太师，封蔡国公。

吕蒙正像

当过北宋两朝丞相的吕蒙正在考中状元之前，小时候家里生活困难得厉害，少年父母双亡，家境十分贫寒。大了以后，家里也没什么起色，还是穷得叮当响。在一年临近年关的时候，他眼看人家都张灯结彩，杀鸡宰羊，华堂盛筵，而自己却在饥寒交迫中苦读。悲愤之余，提笔写下了这样一副对联：

二三四五

六七八九

横批：南北。

这副对联贴出之后，很多人看了都不明白是什么意思，甚至遭到工部侍郎的儿子倪兴官的嘲笑。这件事传到赵员外的耳朵里，又被赵家小姐黛菊知道了，黛菊姑娘说：“这位秀才太可怜了，十位数只写了八个，上联缺一，下联少十。横批又只有南北没有东西，这是在说他家缺衣少食，没有东西啊！”她劝父亲对这个少年进行救济，后来发现吕蒙正很有才学和志气，就十分爱慕他，并结为了夫妻，黛菊帮助吕蒙正考中了状元，成就了一段人间佳话。

堆墨肥白两不宜

宋代书法家陈文惠，擅作“八分”书，其笔画粗肥，人称“堆墨体”。由于他过于追求笔画的粗重，常常弄得墨黑一团，不好辨认。

有一次，他到郑州做官，在欢迎他上任的宴会上，许多人都慕名求他当场挥毫。他也不推辞，一挥而就。大家看到他写出来的一团团黑墨，虽然看不出什么名堂，却也都连口称赞。

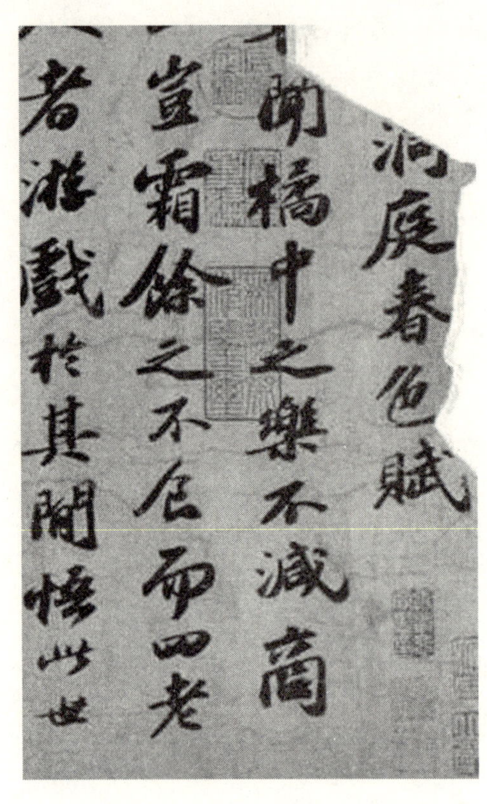

宋代书法图

这时有个人站出来说：“我也来献献丑，请陈大人斧正。”说完取来一张大纸，泼墨把全纸涂黑，然后用白粉在纸上点了四个小点。

在场的人看了都愕然不解。陈文惠也是心中大生疑惑，便问：“敢问这是什么？”那人答道：“这是贱姓‘田’字，戏仿大人的堆墨体，敬请指正。”然后又取来一张白纸，用墨在四边细细勾了一个边框，又从方框的上边向下画了两道细细的未通到底的短竖。便把笔放下，拱手而说：“请指教！”陈文惠仍未看懂，又问：“这又是什么？”那人说：“这是贱字‘素山’。”陈文惠端详了一番说道：“这分明是一个细书的‘四’字，何以说是‘素山’呢？”田素山哈哈大笑道：“既有堆墨体，自然也有肥白体了！请看：这不是一个空心的白文‘山’字吗？上一幅是堆墨体的‘田’字，下一幅便是肥白体的‘素山’了！”

大家听了，也都笑了起来。陈文惠看到此处，心中若有所悟，握住田素山的手说：“先生高明！多有领教！”他从田素山的表演，看到了一味追求粗肥厚积的效果，从此以后再也不写那古怪难识的堆墨体了。

妙谜巧治相思病

宋朝时，山东有一位才貌双全的太学生叫赵明诚，他琴棋书画无不精通。

有一天，赵明诚外出会友，回家后就食欲大减，日渐消瘦，他的父亲赵侍郎非常担心，不知道怎么办是好。

一天早上，赵明诚说：“昨晚梦见了一个道士，他给我开了一剂药方……”

赵父忙问：“道士写了什么？”

赵明诚说：“言与司和，安上已脱。芝麻除草麻，芙蓉开新花。”

赵父听完之后，笑着说：“这个好办，我马上派人去办。”

结果，赵明诚的病很快就好了。

原来，这个药方是赵明诚所编。那天他出去会友时，巧遇婉约派词人李清照，两人一见钟情，但封建时代婚姻要父母包办，不能自己做主，所

以赵明诚就拐弯抹角地说出了要做“词女之夫”的意思。

赵明诚像

赵父也精通文墨，马上理解了儿子的意思，随即就派人去提亲，因此治好了儿子的病。

李清照出谜测新郎

李清照是南宋著名的女词人，婉约派代表。李清照对诗、词、散文、书法、绘画、音乐，无不通晓，而以词的成就为最高。她的词委婉、清新，感情真挚。李清照的逸闻趣事有很多，而新婚之夜谜难新郎赵明诚的故事则一直广为流传。

新婚之夜，当贺喜的人都散去后，新郎赵明诚望着烛光下动人的风姿、

李清照像

含情的双眸，更增添了一番喜爱之情。李清照听说新郎以谜求婚，就想试试他的解谜之才。李清照说：“我想起一个字谜，郎君若能猜中，才可以入帐，否则就只能到厅堂去了。”说完就吟道：

三面有墙一面空，
妙龄裙钗住其中，
有心与她说句话，
可恼墙外有人听。

赵明诚听完，心中不禁暗暗感叹李清照不愧是才女。他思索一会儿，写了一个字，李清照点头示意猜对了，嫣然一笑，便牵着赵明诚的手进入了罗帐。

（谜底大揭密：偃）

夫妇诗谜逗趣

李清照与赵明诚是一对情投意合的佳侣。赵明诚是宋朝有名的金石考据家，夫妇俩又都爱好写诗填词。婚后，李清照也喜欢上了金石研究，经常和丈夫一同搜集整理金石字画，小日子过得甜甜美美，十分幸福。

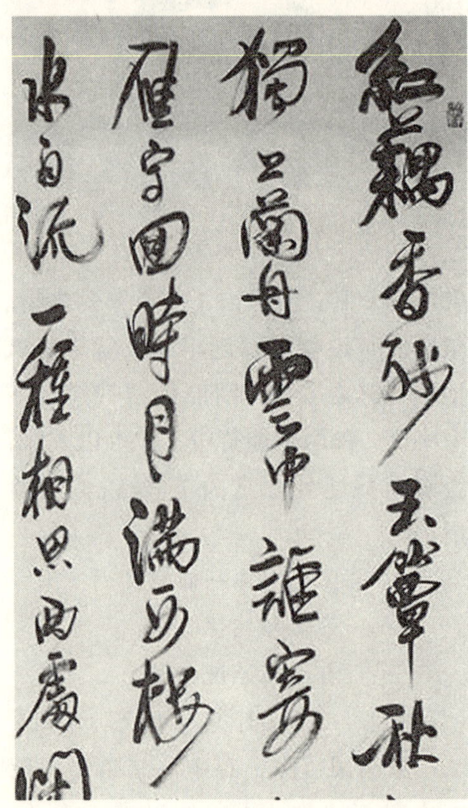

李清照词

一个夏日的傍晚，李、赵二人在院中喝茶乘凉。李清照想试试赵明诚解诗破谜之才，于是笑道："为妻有诗谜一首，请夫君猜一猜。"说罢，李清照吟道：

户部一侍郎，貌似关云长；
上任石榴红，辞官金菊香。
——打一物。

赵明诚虽才气过人，但猜谜却非其所长，想了好大一会儿，才明白过来。他看着妻子得意的神情，也戏作一谜：

有风不动无风动，
不动无风动有风，
待到梧桐落叶时，
主人送我入冷宫。

吟罢，二人一起拍手大笑起来。

原来二人所做之诗谜为同一谜底。但赵明诚的谜语较浅显直白，而李清照所作之谜则有一定难度。

（谜底大揭密：扇子）

二刘巧对人名谜

北宋真宗年间，刘晔与刘筠同在朝中为官，两人的住处相距也近。一天，刘晔与刘筠一同骑马上朝，刘筠的马蹄铁坏了，所以马走得很慢。刘晔问他："您的马为什么走得这样慢？"刘筠回答："只为五更三。"刘晔笑了笑，应声说道："何不与他七上八？"刘筠会意，一看时间还早，便与刘晔下马一同牵着马向皇宫慢慢走去。途中，刘晔不甘寂寞，便对刘筠说："我出一谜话，若老兄能猜出，我请老兄喝酒；若猜不出，你可要请我了。"刘筠笑着答应了。

刘晔清了清嗓子说：

宋代市井图

雪天晴色见虹霓，
千里江山遇帝畿；
天子手中朝白玉，
秀才不肯著麻衣。——打四位人名。

刘筠边走边想，走了约有半里路就想出来了，对刘晔说："雪天晴色见虹霓是'韩绛'；千里江山遇帝畿是'冯京'；天子手中朝白玉是'王珪'；秀才不肯著麻衣是'曾布'。哈哈！这酒可得你请了。"

刘晔出的这组人名谜是用了别解和谐音的猜谜方法。别解法是利用汉字一字多义的特点，使灯谜"别解"而生妙趣。谐音即音同字不同。前面刘筠说的"只为五更三"，应是五更三点，省略一个"点"字，意思是说他的马一脚有伤，走路时"踮（点）脚"，所以走慢了。刘晔说的"何不与他七上八"，应为七上八下，省略一"下"字，意欲刘筠下马徒步而行。

欧阳修诗谜嘲小店

欧阳修像

欧阳修（1007～1073），字永叔，号醉翁，又号六一居士。吉安永丰（今属江西）人，自称庐陵（今永丰县沙溪人）。谥号文忠，世称欧阳文忠公，北宋卓越的文学家、史学家。曾任枢密副使、参知政事。"唐宋八大家"之一。

有一天，欧阳修到一家新开张的小饭馆吃饭，刚吃完，店主人便过来问："小店刚开张，酒薄菜差，不知道合不合客官的口味，还请您多多指点。"欧阳修说："酒还行，就是这菜……"说到这里，欧阳修停住了，他让店主拿来笔墨纸砚，遂在墙上写了一首打油诗：

大雨哗哗飘湿墙，
诸葛无计找张良，
关公跑了赤兔马，
廖化持枪上战场。

写完后，他对店主说：“这就是我对你的菜的评价。”店主看了半天也不知道是什么意思。

第二天，范仲淹经过这里，刚一进店，就看到了墙上的这首打油诗，端详了一会儿，便笑道：“醉翁开什么玩笑啊！”店主一听，赶忙上前求范仲淹给他解释，范仲淹说：“这诗的第一句隐‘无檐(盐)’，第二句隐‘无算(蒜)’，第三句隐‘无缰(姜)’，第四句是说‘无将(酱)’。”店主听后，羞得无地自容。

名士设谜选佳婿

宋朝末年，京都名士郝昌兆，素以苏洵自比。他是京师方圆百里之内的首富，又是个退职养老的一品高官。他膝前只有一女，取名小妹。这位郝小妹生得秀美淑静，而又才华俊逸，诗词歌赋，琴棋书画，无不娴熟。慕名求婚者纷至沓来。但是，郝昌兆却对女儿的婚事，要求甚高，想找到一位像秦少游那样才高品优的女婿。所以一直未能给小妹选中可意的郎君。

在一年的新春之日，郝家来了三个“拜年”的书生。老学士明白，这些人是借拜年之机来求婚的，便让家人领到梅轩堂相见。老学士说：“新春伊始，三凤求凰，真乃美事。无奈老夫只有一女，只好出题试才，选求才郎。今天我出一联，内隐两位本朝的人名，请贤士们一猜。”接着就展出一联：

落凡七仙女，闹海一哪吒。

三个人想了一阵，那两位衣着华丽的公子都没想出个头绪，独有布衣书生魏可海起身拱手答道：“此联所咏，乃是一对诗苑伉俪，词林鸳鸯，七仙女是仙女姐妹中最小的一位，故可射‘小妹’。哪吒乃古代少年神祇，闹海是在海中游戏也，故可射‘少游’。不知猜中否？”

老学士听了非常满意，郝小妹在屏风后听了，也很称羡这位书生的才华，于是便将他留下，细细叙谈，见这位书生确实才资不凡，决定择为佳婿。

仙人字谜不见返

宋宣和年间，有一个叫谢石的人，他因能以拆字来预言人的祸福而名声远扬。有一天，宋高宗微服出访，恰巧在市集上遇到了谢石。

宋高宗就也想让谢石为他占卜一下，他用手杖在地上写了个“一”字，让谢石相，谢石大惊，又让高宗写了一个字，高宗写了一个“問”字，因为地面不平，所以“問”字的两旁都向外倾斜，谢石更为吃惊，他说：“前一个字土上面安一是“王”，后一个字問飞向两旁，怎么看都是个

‘君’字，您一定是主上。”说完就跪地叩拜。宋高宗对其极为赞赏，俯身说：“明天我一定要召见你。”

有关占卜的文字图

第二天，宋高宗召见了谢石，写了一个“春”字让谢石相，谢石说：“秦头太重，压日无光。”高宗听了，默默不语，厚赏了谢石，就让他走了。

那个时候正是秦桧专权，他听说了这件事以后非常气愤，就给谢石扣了一个罪名流放到外地，并派一兵卒押解前往。在路上，他们遇到了一个相字的人，这个依山而立，谢石心里想：“这个人也善于拆字之术吗？”于是就写了个“谢”字让他相。术士说：“你应该也是个术士吧！”。

谢石又写了自己的“石”字，术士说：“这个不是好兆头呀，石和卒在一起是碎，而跟你一起走的不就是一个兵卒吗？”

术士问这位兵卒：“您姓什么？”兵卒回答说：“姓皮。”术士黯然地对谢石说：“石和皮是破，你恐怕是回不来了。”

谢石说：“是啊，我必然是逃不掉了。我也精于拆字，请你写一个字，让我来占一下你的来头。”

术士说：“我站在这儿就是个字，不用再写了。”

谢石说：“人立山旁成仙字，难道你是个仙人？”

术士笑而不答，一转眼就不见了，而谢石也果然是一去不复返。

百姓献灯骂奸臣

宋朝时，秦桧专权，残害忠良，大家都对其恨之入骨，但其位高权重，百姓们只能敢怒不敢言。

秦桧夫妇跪照

有一年元宵节，高宗赵构为了粉饰太平，下令百姓献灯。在各色各样的花灯中，有一盏最引人注目，那是一盏蟹

灯，只见它大钳怒张，八爪齐伸，活灵活现，奇怪的是，这只蟹灯的每个爪子上都下了一个字，连起来是：

春来秋往，压日无光。

高宗望着这个字，思索了一下，还是不太明白。就请善于拆字的谢石来解释，谢石一看就明白了，提示皇上说："皇上，螃蟹乃是横行之物，百姓献这样的灯，一定有别的意思。"

高宗大悟，决定把这盏蟹灯送给秦桧。秦桧看到这八个字后大怒，但是已经没办法找到献灯的人了。

原来，"春无日"即春去掉"日"字，"秋无光（火）"为"禾"，合在一起正是"秦"字，这个蟹灯是在骂秦桧像螃蟹一样横行霸道。

和尚偈语断乾坤

岳飞（1103～1142）字鹏举，精忠报国之人，著名军事家、民族英雄、抗金名将，南宋中兴四将（岳飞、韩世忠、张俊、刘光世）之一，汉族，河北西路相州汤阴县永和乡孝悌里（今河南省安阳市汤阴县菜园镇程岗村）人。

岳飞是南宋的抗金名将，但是却被奸臣所害。在岳家军节节胜利大败金兵之时，宋高宗、秦桧却一心求和，下令退兵。岳飞回到长安后，被解除兵权，不久就被诬谋反，以莫须有的罪名与其子同被杀害。

传说岳飞被召回京，路过金山寺

岳飞像

拜访道悦和尚时，他告诉和尚说昨夜梦到两条狗说话。道悦听了，对岳飞说："山下两犬对言，是个'嶽（岳）'字，如果只有两犬对言，就是个'狱'字，将军此行乃不祥之兆啊。"岳飞听完道悦给他解梦后，就在山门与他道别，这时，道悦说了几句偈语送给岳飞：

岁底不足，提防天哭。

奉下两点，将人荼毒。

.老柑腾挪，缠人奈何？

切些把舵，留意风波。

岳飞听了，不太明白什么意思，

就告辞了。

回京后，岳飞果真遭遇了牢狱之灾，在除夕之夜，狱官倪完备了酒菜跟岳飞小斟。岳飞问:“不知道外面是什么声响?”倪完起身看了看说:“下雨了。”岳飞突然想起道悦的话，心里一惊，就给倪完讲起了在金山寺道悦和尚告诉他的几句偈语，他说:“今天是腊月二十九，不正是‘岁底不足’吗?又恰恰下起雨来，这不是‘天哭’吗?‘奉下两点’是个‘秦’字;‘将人荼毒’是要害了我呀。只是后面四句话还解不出来。”

最终秦桧以莫须有的罪名杀害了岳飞。

科举成千古笑谈

秦桧，生于哲宗元祐五年(1090)，卒于高宗绍兴二十五年(1155)，字会之，江宁(今南京)人。曾任太学学正，北宋末年任御史中丞，与宋徽宗、钦宗一起被金人俘获。南归后，任礼部尚书，两任宰相，前后执政19年。秦桧是宋体字的创始人，但他也是中国历史上十大奸臣之一，因以“莫须有”的罪名处死岳飞而遗臭万年。

高宗绍兴二十三年(1153)，在京城临安举行科举考试，秦桧的孙子秦埙也在这一年参加考试。有一天，秦桧特地召见主考官陈阜卿，说要让他的孙子在会试中得第一名。陈阜卿很为难，因为早就听说秦桧的孙子不

秦桧像

学无术，要是让他得了第一名，虽然能博得秦桧的欢心，但会遭到天下人的讥讽。况且陆游也参加这次的会试，陆游的才气可是颇为有名，未试就知道按文章的优劣来说，陆游会是第一名。

会试结束，陈阜卿反复思量，毅然决定本着公平的原则，取陆游为第一名。秦桧听说这件事后，非常生气，把爪牙汤恩伯召来，说:“我孙秦埙这次会考……”说着，提笔写下了“剪烛”两个字。汤恩伯心领神会，“剪烛”就是“一夹(甲)一明(名)”。于是，就按照秦桧的要求去办，结果取了秦埙为第一名。

待金榜贴出来时，一片哗然，各地赴京赶考的举人都愤愤不平，联名上书告状。

高宗为了平息众怒，就令陈翰林重新对秦埙进行复试。考完以后，陈翰林看着秦埙的答卷，挥笔在上面写

下杜甫的两句诗“两个黄鹂鸣翠柳，一行白鹭上青天”作为评语。秦埙听说后，以为主考官是夸他的文章“有声有色”，仕途能“青云直上”呢，非常高兴。

秦埙的试卷最后被送到高宗那里，高宗一看，果然书法杂乱，文不对题。再看陈翰林的评语，实在是妙，这不是说秦埙的文章“不知所云、离题（堤）万里”吗？但是想起秦埙是宠臣秦桧的孙子，非常无奈，最后取秦埙为探花。

王十朋猜谜借宿

王十朋（1112～1171），字龟龄，号梅溪，南宋著名的政治家和诗人，浙江人。自幼聪颖，14岁便学通经史，诗文远近闻名；绍兴二十七年（1157）中进士第一。

一年初春，王十朋赴京赶考，走到中川寺时，见天色渐晚，便叩门借宿。寺里的方丈见他衣衫褴褛，冷声冷气地问：“你是何人，为什么敲门？”

王十朋作揖道：“晚生是乐清举子王十朋，今赴京赶考，见天色已晚，欲乞求一宿，不知可否？”这方丈有些不信，便想试试王十朋的才识，他笑着说：“老僧特别喜欢廋辞隐语，愿当面请教。”说完，就摇头晃脑地吟了一句：

竹林深处留僧处（打一个字）

这对才思敏捷的王十朋来说非常容易，他稍一沉思，便拱手答道：“这

王十朋像

是个‘等’字。“

老方丈一听，心中服了八分，但是他还不死心，想再试试王十朋，便说：“才子真乃满腹经纶，老僧佩服，只不过佛家虽以仁慈为本，然而还是诗书为重。”说完，旋即挥手指了指佛堂上直写的“天心”二字，笑着说：“先生要是能一笔写成另外两个字，老僧便下‘陈藩之榻’，如若不能，那就请便了。”

王十朋拱手一笑，说：“晚生虽然才疏学浅，还是愿意一试。”说完，便大笔一挥，将“天心”二字改成了“未必”。

老方丈见此情形，连声称赞，忙请王十朋到禅房歇息。就这样，王十朋在中川寺借宿了一夜。

辛弃疾拜师

辛弃疾（1140～1207）南宋著名爱国词人，原字坦夫，改字幼安，自号“稼轩居士”，汉族，历城（今山东省济南市历城区遥墙镇四风闸村）人。辛弃疾存词600多首，强烈的爱国主义思想和战斗精神是辛弃疾词的基本思想内容。他是我国历史上伟大的豪放派词人、爱国者、军事家和政治家。

辛弃疾像

有一年寒冬的一个黎明，10岁的辛弃疾捧着诗卷正要吟诵，忽然看见不远处的梅树下，有位鹤发童颜的老者正在练武。只见他动如风、站如钉，如鸢飞，如鸟落。辛弃疾越看越入神，竟然跑去跪在老者面前，请求老者收他为徒，教他习武，以报效祖国。

老人见辛弃疾满面虔诚的样子，笑着说：“看你手不离卷，一定读了不少名篇佳句！”说罢挥手指着傲雪斗霜的寒梅，让辛弃疾背诗一首。

辛弃疾思索了一下，便吟了北宋诗人王汉的七绝《梅》：

不受尘埃半点侵，
竹篱茅舍自甘心；
只因误识林和靖，
惹得诗人说到今。

老人连连称好，答应教他武艺。辛弃疾一听，高兴得跳了起来，他问：“师傅，那我应该先学什么呢？”

老者没有直接回答，而是说：“老夫作个谜语，你若能猜出来，就知道要先学什么了。”说罢吟道：

不受脂粉半点侵，
穿麻吞石自甘心；
只因误入少林寺，
惹得拳头打到今。

聪明的辛弃疾听罢很快就猜出了谜底，原来师傅是先让他练习打“沙袋”。从此辛弃疾努力练习，锤炼筋骨，终于练得体魄强壮，一人能敌百。后来，在老师的精心指点下，辛弃疾学得十八般武艺，成了一名文武双全的抗金将领。

唐琬谐音谜骂四人

唐琬，陆游的表妹，自幼文静灵秀，才华横溢，与陆游青梅竹马，志趣相投，是陆游的第一任妻子，婚后二人生活十分美满。可是没多久，陆母就以唐琬不生孩子为由，强迫两人

分离。唐琬后来改嫁一个丧偶的读书人赵士程做了填房。可刚过门不久，先妻的儿子就病逝了。

唐琬像

出殡那天，左邻右舍、亲戚朋友都来了。前来吊唁的账房先生、道士、和尚、裁缝等四个人无聊至极，听说死者比继母还年长一岁，就想趁机取笑一下唐琬，就凑趣编了一首打油诗。

账房先生先说：儿四母三世间奇，

道士接着说：称母怎能不痛脐。

和尚又接着说：子去母存娘孝儿，

最后裁缝接着说：不知少母为何泣？

唐琬听到四个人都是不怀好意之语，心里非常气愤。但她表面不露声色，等到吊丧的人都到齐后，她便一下子扑到儿子的棺材上，放声大哭，边哭边说：

娘未生，儿就生，
长房（账房）先生我的儿；
娘未死，儿就死，
为何倒死（道士）我的儿；
虽说不是我亲生，
何尝（和尚）不是我的儿？
要想和儿见一面，
黄泉路上才逢（裁缝）我的儿！

在场其他人并没听懂其中的意思，但是那四位心知肚明，知道唐琬用谐音骂了他们一顿，却只能自认倒霉。

诗谜隐寓夺魁志

南宋辛未年间举行会试的时候，有一个从江阴来的举子袁舜臣，他在马鞍上很工整地写着一首诗：

六经蕴藉胸中久，
一剑十年磨在手。
杏花头上一枝横，
恐泄天机莫露口。
一点累累大如斗，
掩却半牀何所有。
完名直待挂冠归，
本来面目君知否。

当时到京城来赶考的举子很多，人们看了都只当是一首普通的诗，未加注意。后来苏州的刘瑊看了这首诗，才说这是一首诗谜。诗的头两句的“六”“一”“十”合起来是“辛”字，第三四句“杏”字莫露口为“木”字，头上加一横为“未”字；

宋代状元图

第五六句的“一点大如斗”是“犬”字，“半牀”为“爿”旁，合为“狀”字，第七句“完”字摘去帽子为“元”字，四个字合起来就是“辛未狀元”，这是表明袁舜臣立志要夺取辛未科的状元。

文天祥探父露才华

南宋末年的民族英雄文天祥，吉州庐陵（今江西吉安县）人，初名云孙，字天祥。选中贡士后，换以天祥为名，改字履善。文天祥以忠烈名传后世，受俘期间，元世祖以高官厚禄劝降，文天祥宁死不屈，从容赴义，生平事迹被后世称许，与陆秀夫、张世杰被称为“宋末三杰”。文天祥的父亲文国斋，是一个穷困的秀才，为了谋生，从老家庐陵（今江西吉安）流浪到澄江（今江苏江阴）教书为业。

文天祥像

一年秋天，文天祥从家乡来到澄江探视父亲。村上有位和他父亲很要好的黉（hóng）门秀士，见塾师的儿子来了，想试试他的才思。

因为文天祥是江西人，那黉门秀士便摹仿江西口音说出一个上联让文天祥来对：

宝塔七八层，中容大鹳（谐音：《中庸》《大学》）

文天祥想了想便对曰：

通书十二页，里记春秋（谐音：《礼记》《春秋》）

黉门秀士一听，此子果然才识过人，便又出一个谜语让他猜：

一物生来五寸长，
秀才带他进书房，
一团衷情为君表，

点点热泪洒桌上。

文天祥在书房里看了一下，想了一会儿就猜出答案是“蜡烛”，但是他并没有急着说出答案，而是又吟诗一首：

夜雨寄北西窗亮，
日暮汉宫燃不休。
东城只恐花睡去，
关公借光读春秋。

黉门秀才听后，点头称是，连声称赞起文天祥的聪明才智，并说文天祥将来必成大器。果然，文天祥 20 岁就中了状元。

爱国志士同咏梅花

文天祥是中国历史上一位著名的民族英雄，南宋端宗景炎三年（1277）文天祥带兵到江西，不久被元兵战败，退入广东，仍坚持抵抗。

当时，有个叫王幼孙的人，他比文天祥大 14 岁，跟文天祥一样，也是一位关心国事的爱国志士，对文天祥的高风亮节十分崇拜，曾书录南朝诗人陆凯的一首《五绝》托人带给文天祥。诗云：

折花逢绎使，寄与陇头入。
江南无所有，聊寄一枝春。

没过多久，王幼孙便接到文天祥的一首回赠诗：

清浅风流圣得知，
黄昏归鹤月来时。
岭头更有高寒处，

梅花图

却是江南第一枝。

这二位爱国志士所咏的都是同一样东西，即“无意苦争春，只有香如

故”的名花。

（谜底大揭密：梅花）

画家改名思故国

南宋有一位姓郑的大画家，在金国灭了北宋，宋朝南渡，安于江南之后，他改名思肖，字所南。他之所以改名为思肖是因为宋家皇帝姓赵，肖是趙字的一半。思肖就是思念宋朝半壁江山的意思。

南宋也亡了以后，他隐居吴下，自称三外野人。坐必向南，腊祭的时候，他就望着南方的田野大哭。一听到北人的语声，便掩起耳朵赶紧走开。他擅长画兰花。宋亡以后，他画的兰花都露着根，人们问他为什么兰花不长在土里？他说：“土都被番人抢走了，你还不知道吗？”他居室的匾上写的是“本穴世界”他把“本”字写成“大”字下面一个“十”字，也就是“大宋世界”的变体。他写了好几部著作，题名为《大无工十空经》，也是采用拆字谜的方法命名的。“空”字无“工”加上“十”，乃是“宋”字，就是《大宋经》。

姜夔首创印章谜

南宋有位著名的词人叫姜夔，他不但善诗词，通音律，而且也是一位制谜的能手。

姜夔的作品

他曾经刻了一方印章，印文是：鹰扬周室，凤仪虞廷。这是隐着他的姓名的一方印章谜。

前一句，出自《诗经》。《诗经·大明》中说：“维师尚父，时维鹰扬。”尚父即姜尚（姜子牙）。姜尚精通兵法，帮助周武王伐纣，他用兵如飞扬的鹰一样凶猛。这一句隐“姜”字。后一句，出自《尚书·舜典》：“夔典乐，凤凰来仪。”夔是舜的乐官，他领奏韶乐，能把凤凰引来，虞廷即舜的朝廷，所以这一句隐“夔”字。因此大家称姜夔是印章谜的创始人。

周生测字说“心”事

南宋高宗建炎年间，有一个叫周生的人，他擅长测字。他能根据当时当地的形势、民情和每个人的个性动机来仔细地分析字形，所以人们都说他测字测得很准确。

宋高宗像

有一个书生，向他叩问应试的事，写了个“串”字，周生说：你不但在乡试中可以考中，在礼部考试时也会高中的，因为“串”字有两个“中”字。

另一个书生听说后，也来写了个“串”字请他测。他说：你不但不能参加乡试，而且还会得病。书生听了不相信，问他为什么前面的人写个“串”字就能连中，而我同样写个“串”字却要生病呢？周生说：“那个人写这个‘串’字是无心的情况下写的，所以就像字形中表示出的两个‘中’字；而你是在有心的情况下写的，你看‘串’字下面加个‘心’字，不是‘患’字吗？”

后来，果然前面来测字的那个书生连连得中，而后来的那个书生在乡试时却害了一场病，未能参加考试。

古镜之上牛走口

宋朝的时候，有人在自家的地里发现一面古镜，样子似钟，镜框甚大，上镶一环。镜上铸有13个隶书字：

一牛有十口，前牛无角，后牛走口。

宋代镜子

下面还铸有一只虎。很长时间都没有人解开这篇铭文的意思。后来有人才研究明白这是关于这面镜子铸造年代的谜语。“有十口”是“甲”字，“牛无角”是“午”字，“牛走口”合为“造”字。说明这面镜子是“甲午（年）造”的。

有位叫赵德润的收藏家，也珍藏着一面挂镜，形似杏叶，背面有一牛转头，牛前有一丛草，下面有四个篆字“避祟驱邪”，两旁有字，和前面所说的镜铭相似：

人有一口，前牛无角，牛口走。

通过解谜的方法知道这面镜子是“丙午年造”的。这两面镜子很有相似之处。从铭文上看，它们的铸造年代至少相差了12年。

无字家书寄相思

宋代有个叫郭晖的人，外出做事，不得回乡，思念妻子，就托人捎回一封家信。妻子打开信一看，信封里只装着一张白纸，纸上一个字也找不到，心中好生奇怪，不觉望着这张白纸出神。过了一会儿，她忽然明白了，提起笔来便写了一首诗寄给丈夫。这首《答外》诗是：

碧纱窗下启缄封，
尺素从头彻尾空，
应是仙郎怀别恨，
忆奴全在不言中。

郭晖读到妻子这首诗，知道妻子完全理解了他那封素白家书的意思，心有所感，便又写了一首《寄内》的诗，托人带给妻子：

情长笺短费心神，
尺素无言胜有声，
书山不是无佳句，
两字相思写不成。

想不到一张白笺，不着一字，却是一个难得的哑谜，诉出了这份相思情！

元朝时期

稻谷巧解赛宝珠

元朝初期，保定有个叫尚文的人，字周卿，先世为深泽人。幼时极聪明，聪慧好学，心怀奇志。经过刘秉忠的推荐，元世祖忽必烈召他入朝与大臣们共同拟定朝仪，凡文武官员的礼仪、服色款式及等级差别，都由尚文裁定。他在大德年间担任中书右丞相的职务，武宗、仁宗时期又多次请他出来担任要职。

尚文像

他管理财政的时候，有个西城商人，带来一颗“押忽大珠”，要价60万两银子。当时的宰相喜爱古玩成癖，就要买下，尚文问：“老大人，买下这颗珠子有何用处？”宰相说：“这颗珠子是稀世珍宝，如果把它含在口里，就不会口渴；放在脸上触摩，可使眼睛有神采。”尚文说：“这算不得天下奇宝，我以为天下还有一种更珍贵之物。有了它，百姓就可安居乐业；没有它，天下就会大乱。它的价值要比这颗‘押忽大珠’不知高出几万倍！”宰相忙问：“这是什么？”尚文提笔写道：

黄布袋，包珍珠，
秋天一到满地铺。

宰相听了，知道尚文所指是什么，自感惭愧，就放弃了买珠的念头。

（谜底大揭密：稻谷）

施耐庵咏莲收高徒

施耐庵像

施耐庵，元末明初的文学家。博古通今，才气横溢，举凡群经诸子，词章诗歌，天文、地理、医卜、星象，一切无不精通，35 岁曾中进士，后弃官归里，闭门著书。

元朝至顺四年，37 岁的施耐庵毅然辞去钱塘县尹的官职，回到老家苏州，一面教书，一面写《水浒传》。

一年春天，有位经常往来于苏杭的商人，因久仰施耐庵的才学，特地从山西老家把儿子罗贯中带来拜施耐庵为师。（罗贯中，名本，字贯中，号湖海散人，山东东平罗庄村人，祖籍山西太原府。他是元末明初著名小说家、戏曲家，是中国章回小说的鼻祖。）

施耐庵对商人并不感兴趣，但这个商人竟然不远千里从家乡把儿子带来，求他这个穷教书的为师，则使他感到十分惊奇，他觉得这个商人定是个不俗之人。他又看到罗贯中这个十四五岁的少年，文质彬彬，气度不俗，心中便有几分喜爱，便想先出个题目考考他。于是他吟道：

云落不因春雨，
吹残岂借东风，
结成一朵自然红，
费尽功夫怎种？
有蕊难藏粉蝶，
生花不惹游蜂。
夜阑人静画堂里，
曾伴玉人春梦。

罗贯中略一思忖便说：“待学生也吟两句作答。”说完成吟道：

白蛇游过清水塘，
一朵莲花开岸上。

施耐庵听了，拍手叫好，便宣布收罗贯中为徒。

罗贯中解谜买蒸笼

施耐庵为了找一个安静的地方续写《水浒传》，便想到“自古昭阳好避兵”的昭阳（即今天的江苏兴化），那里的白驹镇上有他的一位好友顾逖，便带着妻子申氏和新收的徒弟罗贯中前去投奔。

罗贯中像

顾逖热情地接待了这位老朋友，并且为他收拾了一所房子，供他居住和写作。为了他生活上的方便，还把厨房用的器具都配备齐全，在收拾完毕之后，顾逖看了厨房看又对家童说：“赶快到市上去买一件东西，它是：

楼台接楼台，
层层接起来，
上面白云起，
下面红花开。”

那家童瞪着眼睛弄不清楚这是件什么东西，跟随在施耐庵身后的罗贯中上前拱手说：“贤翁，不才愿陪同这位小哥去把此物买来。”于是就进厨房量了量锅的尺寸，陪同家童到街上去，不一会儿便买了一副崭新的回来。

顾逖见了赞道：“果然是名师出高徒啊！”

（谜底大揭密：蒸笼）

师徒巧对“一”字谜

罗贯中一生著作颇丰，主要作品有：剧本《赵太祖龙虎风云会》《忠正孝子连环谏》《三平章死哭蜚虎子》；小说《隋唐两朝志传》《残唐五代史演义》《三遂平妖传》《粉妆楼》《三国演义》等。

相传，有一天，施耐庵写《水浒传》写得有些疲惫，便对罗贯中说：“我出个字谜，你猜猜看。”

罗贯中很喜欢猜谜，就让师傅快点说。施耐庵说：

上不在上，
下不在下，
人有它大，
天没它大。

罗贯中思索了一下，就说：“师傅，我猜到了。”接着，便也作了则谜语：

《三国演义》封面图

竖看像根柱，
横看像架梁，
世上数状元，
就是不成双。

施耐庵又说：

兄弟排行他在先，
年年月月他在前。
尾生死前犹念伊，
春雨连绵妻独眠。

罗贯中拍手称赞，接着说：

不在上边，且在下边，
正在两头，卡在中间。

施耐庵知道弟子已经猜出谜底，而且罗贯中以谜对谜，而且才思敏捷，更令施耐庵满心欢喜。

（谜底大揭密：一）

辣嫂戏县官

元朝初年，有一位县令突然有一天心血来潮，要去所属的偏僻山村巡视巡视，以炫耀自己体恤民情，关怀百姓。

元朝县令像

那县令坐着藤轿，晃晃悠悠地出了城门，通往这个山村的路都是石阶，县令坐在轿里，一仰一仰地往山村而去。一路下来，县令觉得身子骨像散了架一样，不由得暗暗叫苦。

黄昏时分，县令一行来到峰峦叠翠的小山村古阳寨，他顿顿脚，连声说："停轿，停轿，今晚在此歇息一夜。"并对随行师爷说："去找甲长，让他准备20盘山珍野味下酒，以消旅途疲劳。"

甲长听完这个传令，心里直发愁。小村非常贫穷，百姓日常生活都成问题，去哪儿弄20盘山珍野味呀。有位名叫辣嫂的农妇听后笑着说："这没什么难的，到时候领着县太爷上我家吃饭去。"

一个时辰后，甲长领着县太爷来到辣嫂家，那县令见桌上只摆着一碗炒笋干，一碟咸辣椒，两盘韭菜，顿时面露不悦之色，大声问甲长："师爷的交待你没听清楚吗？"

辣嫂站起来答道："这正是按大人吩咐准备的，你要20道菜，两盘韭菜即是二九（韭）一十八，加上笋干和辣椒，正好是20道。"县令一听，无言以对，只好喝了一顿寡酒。

藏头诗谜巧定终身

关汉卿，元代杂剧作家，是中国古代戏曲创造的代表人物，与马致远、郑光祖、白朴并称为"元曲四大家"，关汉卿位于"元曲四大家"之首。

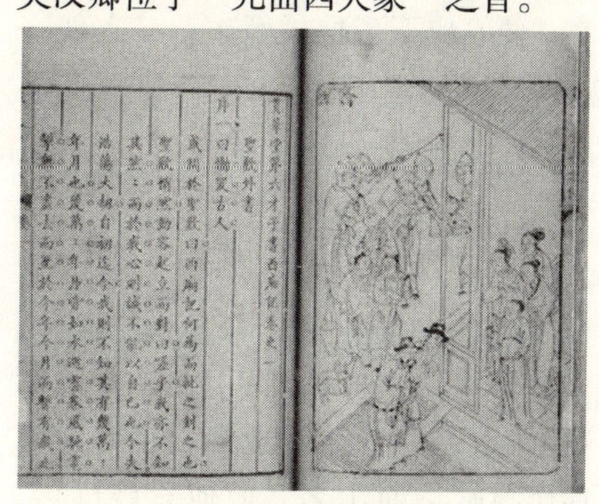

《西厢记》书影

在封建社会里，男女授受不亲，许多恋人明里不能相见相爱，只能暗里幽会，以至私定终身。关汉卿所编的《望江亭》就记载了这样一个故事。

故事的主人公是谭记儿和白士中。谭记儿为躲避恶少杨衙内的纠缠，借居在清安观中，观中的白道姑非常照顾她。白道姑的侄儿白士中要去潭州赴任，途中路经清安观，拜见姑母白道姑。当日道姑知道侄儿丧妻，便为谭记儿做媒，谭记儿见白士中人品出众，就吟了一首“愿随君去”的藏头诗谜，表露心迹：

愿把春情寄落花，
随风冉冉到天涯。
君若识破凤兮句，
去奴当归卖酒家。

白士中便以诗作答说：

当炉卓女艳如花，
不记琴心未有涯；
负却今宵花底句，
卿须怜我尚无家。

谭记儿听到了“当不负卿”的誓言，便答应下了这桩婚事，二人便一起去了潭州。

柏子庭诗谜讽店主

柏子庭，元末画家，道士，嘉定（今属上海）人。柏子庭青年时便因能作画吟诗而出名，但他看破红尘，无意于仕途，出家当了和尚，经常一个人外出游览名山胜水。

元朝画

有一天夜晚，柏子庭到一家旅店借宿。店主人见是个沿路化缘的和尚，便不理不睬，没有热情招待。柏子庭向店小二讨香烛，店小二硬是推说没有。后来店主人听说他能写诗，就让他为店里题一首诗，柏子庭想了想，挥笔在墙上题了这样一首诗：

门前不见木樨开，
唯有松梅两处栽；
腹内有诗无处写，
往来都把轿儿抬。

这首诗的字写得龙飞凤舞，异常洒脱。店主人识字不多，也没有去琢磨它，便命店小二张贴于店里。过往的客人中，不乏文人学士，也都夸字写得苍劲有力，但都不理解诗的含义。

一晃一年过去了，还是没有人能猜出诗中的含义。一天，柏子庭的好朋友子畏也来到这个店中歇脚，他看了壁上的题诗后，笑着对店主人说：“这首诗是谁写的？他是嘲笑店中无‘香、烛、纸、马’呀。”

店主人一听，忙问：“客官，这话

当真?”子畏笑着说:“你看,第一句‘门前不见木樨开’是说无香,第二句‘惟有松梅两处栽’是说无竹(烛),‘腹内有诗无处写’是说无纸,‘往来都把轿儿抬’是说无马。”

店主人一下子恍然大悟,自言自语说:“原来那化缘和尚的诗是这个意思啊。”子畏听后马上说:“你说是个和尚?怪不得我看这字觉得很眼熟呢,这肯定是吴僧柏子庭所题。”店主人这才知道,原来那天怠慢的是大画家柏子庭,一时懊悔不已。

明朝时期

师生猜谜共成趣

刘基像

刘基，字伯温，谥曰文成，温州文成县南田人（旧属青田县）。故时人称他刘青田，明洪武三年封诚意伯，人们又称他刘诚意。武宗正德九年被追赠太师，谥文成，后人又称他刘文成、文成公。他以辅佐朱元璋完成帝业、开创明朝并尽力保持国家的安定，因而驰名天下。他是元末明初军事家、政治家及诗人，通经史、晓天文、精兵法，被后人比做诸葛武侯。

元朝末年，刘伯温辞官回乡，在南田丹徒臣村开了一个塾馆，授徒为乐。一天，他带着学生们出去郊游，在路上偶有所感，便说：“我出个字谜你们猜猜。”

黄鹤楼，鲁班修，
灵芝草，被人偷。
骑龙乘鹤由他去，
八仙过海各自休。

学生们都动脑筋想了起来。一个学生说：“我看这个字‘竖看像根柱，横看像架梁，世上数状元，就是不成双’。”另一个学生接着说：“这个字是‘兄弟排行他在先，年年月月他在前，孤孤单单他独眠’。”又一个学生笑着说：“老师这个字‘不在上边，且在下边，正在两头，卡在中间’。”刘伯温听了学生们的对答，非常满意。他们不但猜得又快又对，而且用不同的方法都编制出一则非常贴切的谜面来回答。这真是如孔夫子所说的：举一隅而以三隅返，孺子可教也。

（谜底大揭密：一）

马皇后“枣”“桃”救命

朱元璋起事之后，想请刘基当军师，以辅佐自己打江山，可是多次派人去请，刘基均未应。朱元璋不得不

自己去请。

朱元璋像

有一天，刘基游天台山，到海边品茶时，忽然看见海滩上有一个担夫正躺着睡觉，只见那个担夫头枕一根扁担，仰面朝天，平摊两臂叉开两腿，睡得正酣，猛然发现这人的睡姿和扁担正好形成一个“天”字，不免惊诧不已。这时那人又一侧转身子，一手把扁担搂在腋下，蜷身又睡着了。刘基定睛一看，这个姿势又成了一个“子”字。

刘基稍一沉思，就上前跪拜，说：“万岁在此，恕小民失礼。”那个担夫听到之后，马上坐了起来说：“万岁在哪里？”刘基说：“您就是我主啊！”原来，朱元璋扮成了担夫，特意来会刘基。从此，刘基便担当起大营中的军师重任。

朱元璋做了皇帝以后，担心有人篡权，就想把一些跟他打过江山而他又觉得不可靠的人除掉。他想出了一条毒计，他兴建了一座庆功楼，想借庆功设宴之际，把那些人烧死。

朱元璋的这个想法被马皇后知道了，马皇后于心不忍，便想给大臣们透个信。于是她送给每位大臣一份礼品，每个礼盒里装了一个枣和一个桃。

很多大臣收到这个礼品以后都没有明白其中的意思，只是当一般的礼物吃掉了。刘基看后大悟，这不就是让我们逃跑吗？便马上躲了起来。后来，庆功楼果然失火，很多人都被烧死了，而刘基则躲过了一场劫难。

（谜底大揭密：早逃）

王吉妇得子为王

明朝开国皇帝朱元璋，出身低微，曾经当过放牛娃，还做过和尚，不认识太多字，但是却喜欢谜语。

他参加元末的农民起义后，有一次战争失利而孤身一人落荒而逃，路中经过一家妓院，便与一个叫王吉妇的妓女同眠共枕。一连住了数天后，朱元璋决定重返军旅。两人分手时，王吉妇问他将来如果有了孩子怎么办？朱元璋便在纸上写下了下面一行字：

二之十，古之一。

左七右八，横山倒出。

得了一，是谓之土之一。

他告诉王吉妇，以后可以凭着这行字与他相认。后来，王吉妇果然生

明朝皇宫内女人图

了个男孩。

朱元璋在南京登基做了皇上，王吉妇便带着这张字去京城找他。有一天，御前侍卫向朱元璋奏道："有一个女人带着一个男孩要见皇上，还呈上了一张有字的纸。"朱元璋接过这张纸一看，马上出宫相迎。又令工匠立即动工，给王吉妇造一个阔绰的府第，并封给男孩王位。

原来，那行字是个谜语，谜底到底是什么呢？

（谜底大揭密：王吉妇（婦）得子为王）

筷谜道出帝王心

朱元璋任命刘伯温为军师，一起

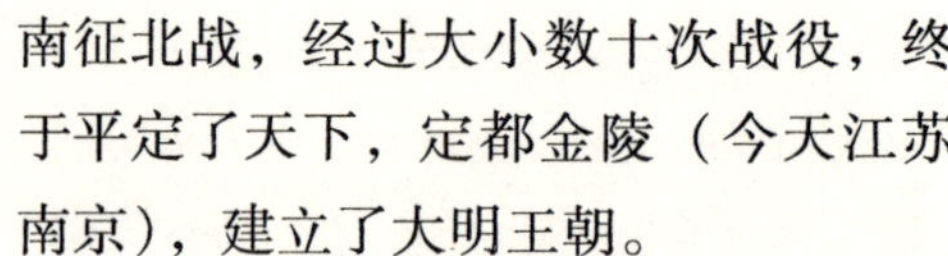

南征北战，经过大小数十次战役，终于平定了天下，定都金陵（今天江苏南京），建立了大明王朝。

有一天，朱元璋正在吃饭，刘伯温来见他。朱元璋说："先生一向都很有文才，怎么不赋诗来助兴呢？"接着把筷子举起来说："就以这个为题吧。"刘伯温不假思索，应声而赋曰：

"一对湘江玉并看，
二妃曾洒泪痕斑。"

朱元璋一听，不由得皱了一下眉头，说道："这是书生之想法，不怎么样！"刘伯温说："我还没有赋完呢！"然后又继续赋曰：

"汉家四百年天下，
尽在留侯一借间。"

朱元璋听了之后龙颜大悦，连连称赞："好诗！好诗！"

宋朝筷子篓

后来刘伯温这首咏筷子的诗被看做是一则很好的筷谜。

其实，朱元璋在这里是让刘伯温打了一个哑谜。因为刘伯温进来时，朱元璋正在吃饭，这时他为什么要刘伯温以他手中的筷子为题来赋诗呢？而且听了前两句时他不满意，当刘伯

温的后两句说出张良借箸为筹的典故来时，他才大悦，连说是好诗，表示这会儿你才把我的谜题答对了。

因为当年正是刘邦在吃饭，他的军师张良走进来，张良借刘邦桌上的筷子为筹，向他陈述了不可封六国之后为王的八条理由，成为关系到刘邦事业成败的决定性的一个策略。朱元璋一直是把刘伯温当做刘邦的张良一样看待的。当朱元璋进餐时，刘伯温进来见他，使他想起了张良借箸为筹的这段故事，便举起筷子来示意，想让他也注意到这段故事。所以当他听见刘伯温的前两句诗的时候就说这两句是书生之见，而刘伯温的三四句一点出这段故事，他才认为是说到了题上。在这里，也可以看出刘伯温非常善于揣摩朱元璋的心思。

画谜惹出杀身祸

明太祖朱元璋（1328～1398）在位时，有一年元宵佳节的夜晚，他看到外面张灯结彩，每盏灯上都写着灯谜，很多文人墨客、达官贵人都云集京城，挂灯猜谜，就想与民同乐，于是身着便服，带了几个随从一起到街上去观灯。

朱元璋一边走一边看，一路上都好不热闹。突然听到前面传来一阵阵笑声，就好奇地挤了过去，原来是个画谜，画上画着一位穿着华丽的女人，光着两只尺余长的大脚，怀里抱着一

元宵节观灯图

个大西瓜，下面注着“打俗语一句”。

朱元璋琢磨了一下，马上明白了什么意思，他又悄悄地问别人，左右的人都摇头表示猜不着。然后他又问随从这个画谜是什么意思，随从都害怕冒犯皇上，谁都不敢说。

朱元璋心想：“这个画谜是隐语‘*淮（怀）西妇女好大脚*’，这不就是在讽刺皇后吗？”原来，马皇后是淮西人，她出身于农家，长着一双没缠过的大脚。于是，朱元璋顿起杀机，暗暗让人在没有挂灯谜的人家门口贴上“福”字。第二天，朱元璋命令御林军把没有张贴“福”字的人家都抄斩，杀了很多无辜的百姓。没想到，就因为一个画谜，招来了一场杀身大祸。

画谜京城刺弊政

明洪武年间，京城金陵城外大道旁的墙上出现了一幅画，上面画着一个和尚戴着一顶帽子，一个道士披着散乱的头发，又重重叠叠地戴着十顶帽子，旁边又画着一座断桥，几个身穿铠甲的军士和一群百姓焦急地站在桥头，没有办法过去。这幅画没有署名，也没有题目，吸引了许多人过来围观，议论纷纷，但是都不知道这幅画到底有什么含义。

一天，一个书生模样的人从此经过，看了这画，失声叫道："此画妙哉！"大家都围到他跟前问这幅画妙在什么地方？

明朝书法作品

书生说："你们来看：这和尚头上无发，却戴着帽子，这不是'有官（冠）无法（发）'吗？而这个道士戴着那么多帽子，头发又是乱的，这就是说'官（冠）多法（发）乱'啊！再看，由于这桥断了，民意不能通达，军民的行动都被阻断了，这样下去，怎么得了呀！"

有人把这件事报告了朱元璋，朱元璋一听，沉思了很长时间，点了点头说："这幅画切中了我们的弊病！"于是决心精简机构，整顿法规，改善吏政，朝中面貌为之一变。从此天下政令通达，军民同心，出现了一片太平景象。天下的军民对这件事都称道不忘。

文必正求亲

明朝年间，河南洛阳有位才子名叫文必正，他的笔墨清新，且蕴委婉之情，洒落之韵，为文人骚士所赞叹。

文必正对天官霍荣之女霍定金颇有爱慕之情，为了表达倾慕之心，有一天文必正登访霍府，伺机显才，他扫了一下客厅里的摆设，笑着对霍荣说："老大人，你这厅堂陈设古朴典雅，琳琅满目，真可谓是古色古香，但是依晚生看来，似乎还缺一样东西。"

霍荣一听，有些不解。他想，我这厅堂之上，古玩玉器价值连城，书画墨宝谁家能比，还会缺少什么呢？于是强掩不悦，笑着问："依才子看，老夫这厅堂尚缺何物，不妨直言而教。"

文必正并没直说，只是笑道："依不才之见，这厅堂之上如果再添一个

明朝瓷瓶图

字，便既可突出您老贵重的身份，又能增添烘云托月的气氛。”

霍荣一听，更是惊讶，他疑惑地问：“这个字如此巧妙，你且说来。”文必正拱了拱手说：“请恕晚生吟诗四句。”旋即吟曰：

初下江南不用刀，
大朝江山没人保；
中原危难无心座，
思念君王把心操。

霍荣沉思片刻，便知道文必正所指之字是什么，他笑着点点头，捋须说道：“有道理，有道理。”后来，文必正逐渐得到了霍荣的赏识，终于被招为女婿。

（谜底大揭密：福）

瞿佑选亲试才女

明代文学家瞿佑（1347～1433），字宗吉，号存斋，浙江杭州人，元末明初著名的文学家。他年少时就颇有诗名，被当地人称之为神童。瞿佑14岁时，当时著名诗人杨维桢来到杭州。瞿佑前往拜访，见杨维桢的《香奁八题》，便即席奉和，俊语叠出，受到杨的赏识，袖其稿而去。从此，瞿佑名声更大。成年后，许多名人雅士都想招其为婿，但他看了不少闺阁裙钗，不是才学不高，便是容貌一般，都不中意。

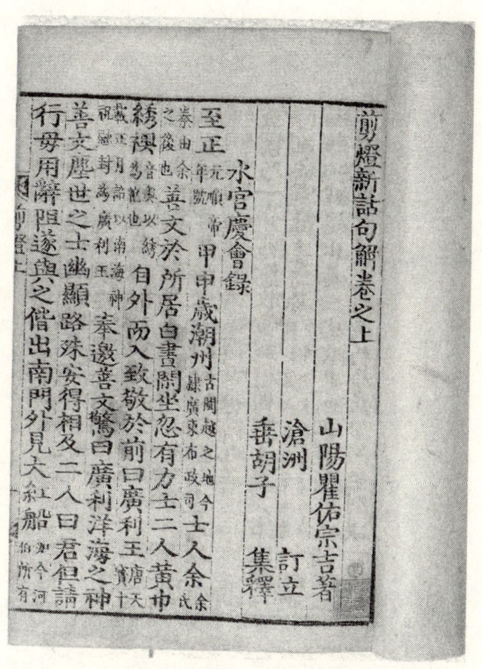

剪燈新話句解卷之上
山陽瞿佑宗吉著
滄洲 訂立
垂胡子 集釋
水宮慶會録
至正甲申歲潮州士人余善文於所居白晝閒坐忽有力士二人黃巾繡襖自外而入致敬於前曰廣利王奉邀善文驚曰廣利洋海之神善文塵世之士幽顯路殊安得相及二人曰君但請行毋用辭阻遂與之偕出南門外見大紅船

《剪灯新语》书影

这一年元宵灯节，男女老幼都涌上街头赏灯，熙熙攘攘，十分热闹。

瞿佑也随着人群边走边看灯。忽然，见对面一少女眉目如画，春风满面，窈窕妩媚，楚楚动人，举手抬足之间带着一股不食人间烟火的雅气，不由得站在那儿呆呆地看了起来。那位小姐没有发现，贴身丫环却看在眼中。她见大名鼎鼎的瞿才子对小姐有情，十分高兴，回家后就如实禀报了老爷。

老爷和夫人早就相中了瞿才子，只因听说他要求甚高，许多求亲者都被拒之门外，所以不敢贸然提亲，今听丫环一说，就决定促成此事。过了几天，老爷就派人送去请帖，邀瞿才子来家赴宴。酒宴上，丫环倒酒，瞿佑认出是元宵节上所见小姐的丫环，心想真巧。这时，小姐的父亲说起小姐之事，瞿佑没有拒绝，但也没答应。他想，论外貌倒是个俊俏女子，就是不知其才学如何。稍加思索后，对老人说："我这有一首咏物谜诗，请转交令爱。"说罢，要来文房四宝，赋咏物诗一首：

巧制功夫百炼钢，
持来闺阁共行藏；
双环对展鱼肠快，
两股齐开燕尾长；
随机镂出新花样，
长在佳人玉指旁。

老爷知这是瞿才子要考自家的小姐，忙派人送进去，他知道这是难不住女儿的。果然，只一小会儿，丫环就将一纸香笺送到瞿佑手中，瞿佑打开一看，见上面也写着一首诗，诗题为"剪刀"：

一双利口脚弯长，
常在绣房陪姑娘。
姑娘说她没眼力，
眼睛长在胯骨上。

瞿佑一见，大喜笑道："好一个才貌双全的闺阁淑女！这就是我要找的人呀！"老爷一听大喜，忙招呼女儿出来同瞿才子相见，默许了这段姻缘，从此成就了一段美好的姻缘。

张乘槎测字如神

明代洪武年间有个很有名的测字先生叫张乘槎，人们都说他测得准。浙江刘参政听说此人身手不凡后，便想试一试他的测字本领。

明朝官员像

有一天，刘参政把张乘槎请到家中说："我心中想做一件事，先不跟你说，请给我测一测。"张乘槎说："您不必告诉我是什么事，写一个字就可以了。"

这时，正有一个书童在旁边念《千字文》，正读到了"德建名立"一

句，刘参政便说："就测这个'德'字。"然后便写下了一个"德"字给张乘槎看。

张乘槎接过字，端详了一会儿，说："您是在等候一位客人吧，您想测测他是否会很快就来。"刘参政一听果然答得正确，心里非常惊讶，便问："是呀，先生何以知道？"

张乘槎捻捻胡须，说："这就是从这个'德'字看出来的。而且我还知道他从今天算起，第14天以后来。"

刘参政越听越觉得神奇，便追问原由。张乘槎说："'德'字是双立人旁，是'行'字的半边，是行人的意思，'德'字的右上边可拆成'十四'，所以我知道他14日来。而右下边有'一心'两个字，这说明这位客人一心想来，只是事情还没办好。"

半个月以后，所测之事果然一一应验，刘参政重赏了张乘槎。

船队作谜骂贪官

明朝初年，江西有个知府，姓甘名百川，人称五道太守。上任不久就露出了贪官本相：到处伸手，明抢暗夺，搜括民财。

这一年元宵节，当地百姓用白纸糊了一只旱地莲船，游行上街。船前面是两头由人扮的狮子，口里衔着一个大元宝。船旁站着五个道士，都歪戴着帽子。中央一个道士举着一根发黄的竹竿，仅竿头上有点青色。这样一支离奇的队伍，缓缓地穿过闹市，引来了许多人前来观看，看过之后都捧腹而笑。

明代山水画

原来，这是一出讽刺剧，暗含了一首隐语诗，也可看做是一则哑谜。它暗藏着四句话：

"好个干白船（甘百川），
两狮（司）都咬（要）钱；
五道冠（官）不正，
一竿（甘）青（清）不全。"

人民群众巧用传统的喜闻乐见的文化娱乐形式，巧妙而又辛辣地揭露了甘百川的贪赃枉法。

蔡锡破解海神意

蔡锡，明朝永乐帝时的泉州太守。在泉州东二十里处，与惠安分界的洛阳江上建有一座洛阳桥，这座桥建于北宋皇祐五年，是由郡守蔡襄主持建造的。桥原长1200米，宽5米，有46个桥墩，500个扶栏，28个石狮，7座石亭，9座石塔。到蔡锡任太守的时候，这座桥已经有300多年的历史了，因为长期遭受海潮冲击，已经接近坍毁了。有人在桥墩上写："石头若开，蔡公再来。"意思是说只有蔡襄才能重修这座桥。

宫中行乐图

蔡锡上任后，决定要为民办件好事，重修此桥，但是洛阳桥横跨在江海之上，海浪汹涌，施工难度非常大。

蔡锡考虑了很多天，决定给海神写一份檄文。文中历数了海水整日潮涨潮落使桥破败的罪恶，并表明为民造桥的决心，不知海神哪天波澜平静，以顺民心？刚写完，就有一个小卒上前来说："我愿意把檄文送给海神，请赐给我三碗酒。"喝完，就自投于海。没一会儿，那个小卒像有神人搀扶一样，蹒跚爬上岸来，双手捧着一张纸，上面写着一个大大的"醋"字。

蔡锡每日对着这个"醋"字琢磨，有一天突然醒悟：这个字可以拆为"廿一日酉"，现在正是八月，海神是提醒我"八月廿一日酉时"开工啊。蔡锡便命令工匠在那日开工，江面果然非常平静，大桥得以顺利造成。

解缙答谜借书

解缙，字大绅、缙绅，号春雨，喜易，谥文毅，江西吉安吉水县人，解纶的弟弟。他官至翰林学士，是明朝第一位内阁首辅。

解缙年幼的时候，家里非常贫穷。解缙很聪慧，七八岁就能吟诗作对、猜谜语。他喜欢看书，非常希望有机会博览群书，但无奈家里没钱买书。

村里住着一个赵员外，家里藏书万卷，解缙便去借阅。赵员外早就听说解缙是个聪明好学的孩子，就故意要试试他的才学。赵员外说："我出一个字谜，你要是猜中了，就可以随便借阅藏书楼中的书，要是猜不中，就不借给你。"解缙胸有成竹地答道："好，请出谜。"

解缙像

赵员外说：

唐虞有，尧舜无；
商周有，秦汉无；
古句有，今文无。

解缙略一思索，回答说："我用一

则谜语回答你吧。”然后吟道：

员外有，孩童无；
哥哥有，弟弟无；
姑姑有，姨母无。

赵员外一听，笑了笑，接着说道：

善者有，恶者无；
智者有，愚者无；
强者有，弱者无。

解缙随即说道：

呼吸有，断气无；
吆喝有，斥责无；
吵架有，动手无。

赵员外拍手叫好，又说道：

听者有，看者无；
活者有，死者无；
呆者有，精者无。

解缙对道：

和尚有，道士无；
哑子有，聋子无；
瘸子有，麻子无。

赵员外听后，赞赏地说：“真是神童啊！“原来他俩的谜底都是同一个字。聪明的你也猜着了吗？

从此，解缙就可以随意借阅赵员外的藏书了。

（谜底大揭密：口）

破哑谜解缙出歧路

解缙是明朝永乐年间翰林大学士，是明朝第一位内阁首辅。他足智多谋，在当地名声很大。

有一天，解缙和两位堂兄去青原

明朝街市

山佛堂宝殿拜佛。因为三人都是第一次去，只好边问路边走。一路上，他们饱览春色美景，畅谈赏心乐事，觉得十分畅快。当他们走出一片茂密的松树林，来到山坡平坝的三叉路口时，只见路口中间长着一棵驼背松树，树下立了一块石头，上面一个字也没有，左、中、右三条路都是一样的宽，每一条都伸向深山老林。这里前不着村后不着店，又没有行人。他们不知应走哪条路，急得团团转。

正在这时，从中间那条路上走来一位荷锄背篓的采药老翁。解缙急忙迎上去，向老人作揖，恭恭敬敬地问：“请问老翁，往青原山佛堂该走哪条路？”老翁见解缙眉清目秀，身材不高，穿一身长衫，说话彬彬有礼，吉水口音，便反问道：“公子可是解缙？”解缙点头说是，老翁也只是点点头，但并未回答应走哪条路，后来又默默地走到三叉路口的石头后面蹲着，把头向石头上伸一下，摊开左手掌举了举，又走到驼背树下向左转了两圈，回到石旁坐了一下，然后就顺着解缙他们的来路走去了。

两位堂兄看见这种情景，急得直跺脚，直埋怨这老翁为什么不给他们指路。解缙却笑着说：“老翁已经给我

们指了路，不过他没有直说，而是打了个哑谜考我们。”两位堂兄又惊又喜，异口同声问道：“您是怎么知道的呢？”解缙说：“石头出头是什么字？”二位堂哥回答说：“右字。”解缙又说：“老翁不仅告诉了我们走右边那条路，还告诉我们走五里后，在有树的地方朝左拐两个弯，就到了。”两位堂兄回忆老翁的那些动作，觉得解缙说得很有道理。

兄弟三人便遵照老翁指示的路线，果真顺利地走到了青原山，拜谒了佛堂宝殿。下午，那位采药的老翁也到这里朝佛。他一见解缙，就笑呵呵地迎上去，说：“你不愧是吉水才子，能这么容易猜透我的哑谜。”看着眼前这位白发苍苍、却依然精神矍铄的老人，解缙深鞠一躬，由衷地说道：“还得谢谢老人家您那构思精巧的哑谜，否则我们现在都不知道能不能到这儿。”

白简猜谜中状元

明朝永乐年间，有位书生叫白简，长得文文弱弱，长年苦读不辍。

有一年元宵节，白简去逛灯市，逛累了以后，就来到了“玉龙酒家”，一边喝酒一边赏灯。这时他看到一位手拄拐杖的老人，那位老人在迈门槛时，脚下一滑，差点摔倒。白简赶忙上前去搀扶，并很有礼貌地给老人找座位，让他坐下。望着老人的那副拐杖，白简触景生情，便吟诗一首：

永乐皇帝像

伴君同来同回家，
无枝无叶又无花。
路上崎岖倚赖我，
年老龙钟全靠它。

没想到这位老人竟然是微服出访的永乐皇帝，听书生所吟之诗，感觉出口不凡，又肯助人为乐，于是便想再试试他的学识，就笑着说：“小伙子，你刚才所作的诗谜，我知道谜底了。我也有一首诗谜，请你猜猜看。”

看似身轻体飘，
终为细骨纸包。
时时给人光明，
实则腹内心焦。

白简听完，毕恭毕敬地说：“老人家，这首诗谜的谜底是……吧？”永乐皇帝见白简才思敏捷，对他非常满意。回到京城后，就封其为招宝状元，白简万没想到会猜谜居然也能中状元。

（谜底大揭密：拐杖、灯笼）

何瑭解字谜退敌

明朝的时候，有一次，北方匈奴要进攻中原，遣人先送来一张“战表”。皇帝将“战表”拆开一看，原来是“天心取米”四个大字。满朝文武大臣，没有一个能明白这四个字到底是什么意思。匈奴的使者见到此番情景，扬扬得意。皇帝无法可想，只得张榜招贤。这时，朝中一个名叫何瑭的官员说，他有退兵之计，皇帝急宣何瑭上殿回话。

何瑭指着“战表”上的四个字对皇帝说：“天者，吾国也；心者，中原也；米者，圣上也。天心取米，就是要夺我国江山，取君王之位。”皇帝听了之后，急得满头满脸都是冷汗，连忙问道：“那怎么办呢？”何瑭说：“无妨，我自有退兵办法。”说着，提笔在手，在四个字上各添了一笔，原信退给了来人。

匈奴的领兵元帅，以为是中原不敢应战，可是拆开一看，顿时大惊失色，急令退兵。原来，何瑭在“天心取米”四个字上各加一笔后，变成了“未必敢来”。

半夜怕猫又怕虎

明景泰年间，广东琼山出了一位学者丘浚，字仲深，号深庵、玉峰，出生在海南岛琼山，别号海山老人，琼山府城镇下田村（今名金花村）人，是我国明代中叶的理学名臣、杰出学者，著名文学家、教育家，明弘治朝官至少保兼太子太保、户部尚书、武英殿大学士。同海瑞被誉为“海南双璧”。他勤奋好学，博识强记，尤其对于国家典故非常熟悉，人称“丘书柜”。弘治年间，升为文渊阁大学士。到晚年右眼失明，仍阅读不倦，人们都很佩服他。可是有一次，他几乎被一个店家女儿难住了。

明朝人物画

那次，他外出巡游，住在一家旅店里。店主的女儿很好学，粗通文墨，得知这位大学问家到了这里，机会难得，很想向他请教，丘浚也没有架子，有问必答。后来店女便说：“我出个谜给先生猜好吗？”丘浚说：“好，我倒是很喜欢猜谜。”店女便说道：

二人并坐，坐到二更三鼓，

一畏猫儿一畏虎。——打一字。

丘浚想了好久，也猜不出个头绪。他在心里反复推敲：二人并坐可能包含两个“人”字，可是一个畏猫一个怕虎，就不会是两个“人”了，那么就是两个字在一起合成一个字。什么怕猫呢——鱼，什么怕虎呢——羊。对了，他不禁冲口而出说：“是个‘鲜’字?”店女儿一听，捂着嘴笑着说：“不对，不对。”丘浚感到很奇怪便问道：“为什么?”店女说：“你想，若是个‘鲜’字，为什么要说坐到二更三鼓呢?”丘浚想了想说：“对了，二更者亥时也，三鼓者子时也，莫非是个‘孩’字吗?”店女拍手说：“对了，对了！你想，子是鼠，不是怕猫吗？亥是猪，不是怕虎吗?”丘浚点头说：“这个谜真妙！”

唐伯虎拜师

唐伯虎山水画

唐伯虎是明代有名的大画家，他的老师是沈石田，相传，这是祝枝山为他找的老师。

唐伯虎小的时候，家境不好，他的父亲在苏州开了家酒店，以此来维持一家老小的生活。酒店很小，但干净整洁，井井有条，常有文人墨客到店中谈诗论词，抒发情怀。

唐伯虎从小就是个聪明伶俐的孩子，喜欢画画，读书勤奋。13岁时，他的父亲就不让他去上学了，而是到店里帮忙，唐伯虎便用空余的时间画画、看书，还常把自己的得意之作挂在酒店的墙上。

有一天，江南才子祝枝山到店中吃饭，见墙上有很多画。这些画虽然带着稚气，但却透着作者的灵性和才气，他便问老板：“这些画是谁画的?”唐伯虎的父亲说：“是我儿子画的。”祝枝山很惊讶，说：“小孩子能画得这么好，快把他叫出来让我见见。”

祝枝山比唐伯虎年长10岁，在当地很有名气。唐伯虎的父亲一听大才子要见自己的儿子，赶忙把唐伯虎招呼了出来。祝枝山一见到唐伯虎，就

非常喜欢这个孩子，一问知道唐伯虎已经不去上学了，觉得非常可惜。

祝枝山想了一会儿，说:“这样吧，我教你读书，再给你找个丹青妙手教你作画。”说完就走了。不久，祝枝山和当地著名的画师沈石田一同来到酒店。

沈石田仔细地打量唐伯虎的画，不住地点头，心想:“这个孩子是个好苗子，但不知道才气如何。”于是，便对唐伯虎说:“我出个字谜，你来猜猜。”便口占一谜：

去掉左边是树，
去掉右边是树，
去掉中间是树，
去掉两边还是树。

唐伯虎略一沉思，写了一个字，交给沈先生。

沈石田一看，十分高兴，便答应教他画画。还转身对祝枝山说:“这孩子的画将来定会独树一帜，自成一家，我只能给他引路。”

后来，唐伯虎的画果然超凡脱俗，别具一格，超过了沈石田。他们也成了“忘年之交”。

（谜底大揭密：彬）

唐伯虎妙谜点花魁

明代江南四大才子之一的祝枝山，因为写得一手隽秀的字而闻名于苏州，人们把拥有祝枝山的墨宝当成一件令人骄傲的事情。祝枝山家里有一个花园，山清水秀，景色尤为漂亮，每到春深之时，百花竞相开放，满园飘香，尤以牡丹最为鲜艳。每到这个时候，爱花又爱诗的祝枝山便会常摆酒席，邀请友人来吃酒赏花。

有一天，祝枝山又请来几个好朋友，在后花园的牡丹亭旁摆酒席，望着园里姹紫嫣红的牡丹，祝枝山举起酒杯说:“在座的各位都是苏州城里的名人雅士，今天请大家来评点一下园中的花魁。”

大家对这件事都很有兴致，各抒己见，甚至争论得面红耳赤，有的人说姚黄应是一品，有的人说魏紫最佳，众说纷纭，难分上下，可只有唐伯虎一言不发，浅斟慢饮，俨然一个局外人。

唐伯虎像

祝枝山知道唐伯虎不但是个绘画大师，还是一个赏花评花的行家，于是就请唐伯虎说说自己的高见，唐伯虎毫不推辞地说：“依我之见，园中牡丹，百无一是。”大家一听，心里不免暗想：“这唐伯虎也太傲了，难道这满园牡丹他一种也看不上吗？”没想到，祝枝山听后大笑说：“唐兄评花，正合我意。百无一是，百无一是！”

大家更加糊涂了，搞不清两个人是什么意思。祝枝山给大家解释说：“百字去掉上面一横是‘白’，自字去掉里面一横也是‘白’。”大家这才恍然大悟，原来唐伯虎认为“白牡丹”当问鼎，众人不禁连声称妙。

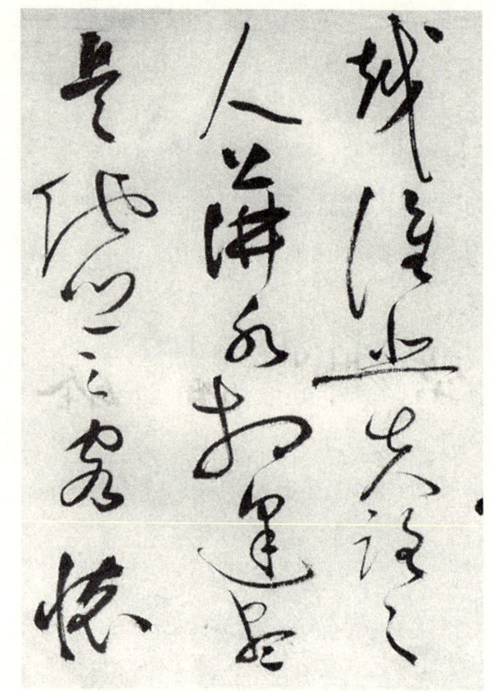

祝枝山的字

唐寅制谜巧待客

有一天，祝枝山去访唐伯虎，刚一进门，唐伯虎就迎上前来说：“祝兄来得正巧，我刚做了一则灯谜，你要是猜对了，我才能接待你。要是猜不对，可不要怪我待客不周啊。”祝枝山笑着说：“猜谜是我的拿手戏，你有什么好谜，我倒要领教领教。”

唐伯虎说：“那你就听着：

言说青山青又青，
二人土上说原因，
三人牵牛缺只角，
草木之中有一人。

每一句猜一个字，四个字是两句话。”

祝枝山听完，推开唐伯虎就走进堂中，在太师椅上一坐，然后说：“老弟，先送杯茶来如何？”唐伯虎一听，知道他已猜中了，就恭恭敬敬地捧上一杯香茶，笑说：“早就闻听祝兄是当今猜谜高手，果然名不虚传！”

（谜底大揭密：请坐，奉茶。）

唐寅诗谜难倒祝枝山

有一天，明朝江南才子唐寅（唐伯虎）与文朋诗友祝枝山，文征明、周文彬一起到高官李员外家中赴宴。

席间，唐才子笑着说：“自古以来，人们常用老虎的难于射中，来形容廋辞隐语的难猜，故称灯虎、文虎。为助诸位贤兄的雅兴，唐某今放‘诗

花且難保餘香笑樹神
料得青鞋携手伴日高
都做晏眠人
夕陽黯黯笛悠悠一霎

唐伯虎的字

虎’一只，望诸君射之，怎么样？”

祝枝山一听，来了兴致，便催道：“老弟的开场锣鼓停下吧，快吟诗谜，祝某管保一箭射中！”

唐寅嘻嘻一笑：“那好，那好，请仔细听着。”旋即吟道：

> 圆顶宝塔五六层，
> 和尚出门漫步行；
> 一把团扇半遮面，
> 听见人来便关门。

祝枝山冥思苦想了半天，却仍未猜出。只好求助于唐寅，唐寅笑着说出了谜底。

文征明、周文彬悄悄地说：“牛皮吹破，羞煞，羞煞！”弄得祝枝山非常狼狈，连连喝酒，不由得感叹道：“寅弟诗、书、画俱绝，又是制谜猜虎的高手，不如改名‘射虎’为妙！”

周文彬接着说：“我们四人，伯仲叔季，寅兄才学第一，改名‘伯虎’更妙。”大家一听，都觉得这个名字恰到好处，唐寅也欣然接受，从此，唐寅又名唐伯虎，这个名字亦流传于世间。

（谜底大揭密：田螺）

智破物谜得雨伞

唐伯虎才华出众，诗、词、琴、棋、书、画样样精通。可是仕途却极为不顺，一生只中了个举人。后来穷困潦倒，靠卖画为生。

唐伯虎的画

一天，他到街上去卖画，画还没卖出手，老天突然变了脸，“哗哗”下起了大雨。唐伯虎赶快卷起画，匆匆忙忙地跑到一个朋友家里躲雨。朋友见唐伯虎来了，很高兴，中午二人一起吃了饭。饭后，雨虽然小了，但还是下个不停，唐伯虎急着回去，在朋友家坐立不安。朋友知道留不住他了，笑道："我作一物谜，你如能猜着，便把它送给你。"唐伯虎一听猜谜，来了精神，心想还没有能难住我的谜呢！就说："请快说。"

唐伯虎的朋友不慌不忙地说：

全身皮包骨头，终生精神抖擞，
乐与游子作伴，敢同苍天打斗。

——打一物

唐伯虎听后笑起来，说："我现在正需要它，快拿给我吧！"朋友知道难不住唐伯虎，赶快取出伞给了他。唐伯虎有了伞，高高兴兴地回家去了。

唐寅画谜刺恶徒

明朝正德年间，宁王朱宸濠妄图效仿永乐皇帝，趁明武宗荒于政事，秘密准备叛乱。他为伺机谋反而广泛网罗人才，也聘了唐伯虎到幕府。唐伯虎当时因蒙受会试案不白之冤，断绝了仕途之路，又不知道宁王的阴谋，觉得自己只有这么一个机会来施展才能，于是到了南昌宁王府。宁王把他安置在阳春书院。

不久，唐伯虎发现了宁王的野心，便终日以诗酒自娱，佯狂佯醉，以便让宁王能够对他放松警惕，他好寻机逃出虎口。宁王府中还招了一帮无赖

唐伯虎的画

之徒，充当日后的贼兵贼将。其中有弟兄俩，一个叫李自然，一个叫李自芳，都是乡间不法之徒，仗着朱宸濠的势力横行霸道，全然不把别人放在眼里。

有一天，李自然和李自芳找到了唐伯虎的起居处阳春书院，和唐伯虎纠缠了一阵后，从袖笼内摸出一把白面扇说："久闻解元公之名，今天烦请大笔一挥，画张扇面吧。"唐伯虎看到这两个家伙的嘴脸，心里非常反感，真想把这两个恶人轰出去，但为能脱离虎口，不便与他们翻脸，于是强忍着心中的厌烦与他们周旋。当下唐伯虎调好丹青，在扇面上画了一株丹桂。李自然见了，便抚手称妙，假充斯文奉承道："唐先生真乃神笔，我辈好像闻到了扇面上的桂花香。"李自芳也在一旁凑趣说："真的好香啊！"唐伯虎

看他们那副丑恶的嘴脸，灵机一动，便在桂花边画了两只张牙舞爪的青壳蟹。两个蠢材哪里知道其中的机关，千恩万谢地拿走了。原来这是唐伯虎作的一则画谜，隐含四个字：“横行乡（香）里。”暗中讽刺那两个无耻之徒像青壳蟹那样横行霸道。

小小家雀攀高枝

唐伯虎，是明朝有名的画家，文学家，擅长山水画，又善书法，且能诗文，多才多艺，人们都以能求得他的墨宝为荣。

唐伯虎的作品

相传，有一个贪得无厌的王爷，不通文墨，他的儿子也是不学无术。有一天，他的儿子要去赶考，这位王爷就特意给他的儿子买了一把精致的折扇，并请唐伯虎在扇面上作画题诗。

唐伯虎平时就对这位王爷深恶痛绝，所以就想借这个机会讽刺王爷一番。唐伯虎挥毫泼墨，先是在扇面上画了一枝枯梅和一只家雀，随后题诗道：

扇扇有风凉，王子上学堂。

八月中秋考，头榜状元郎。

王爷看了，感觉每句都很吉利，喜形于色，连声称好，便开始到处炫耀。有一天，唐伯虎的好朋友祝枝山刚好路过王府门口，看见王爷拿着扇子得意扬扬的样子，就要看看扇面上的内容。他看完后哈哈大笑，对王爷说：“这是一首骂你的藏头诗。”王爷还是莫名其妙，祝枝山继续解释说：“这幅画的意思是‘小家雀也想攀高枝’？每句诗的第一个字连起来就是‘扇王八头’四个字。”王爷一听，气得把扇子撕得粉碎。

唐伯虎诗谜祝寿

唐伯虎一路游山玩水，一路作画。有一天，他到了南京，那天正赶上当地一个达官显贵王少傅做寿，唐伯虎便也去王府祝寿。

王少傅听说江南第一才子来给他祝寿，特别高兴，马上把唐伯虎迎到客厅。酒席上，唐伯虎拱手笑道：“今日是老寿星寿诞，但在下没有准备礼物，谨赋上两首诗谜来祝寿，要是老寿星能猜中谜底，我就以随身两件东西相赠。”说完，唐伯虎就挥笔写下了

唐伯虎的画

两首诗：

远看山有色，
近听水无声。
春去花还在，
人来鸟不惊。

打开半个月亮，
收起兜里可藏。
来时荷花初绽，
去时菊花正黄。

王少傅思索了很久才眉开眼笑地道出了谜底。

唐伯虎肯定地说：“老寿星真是才思敏捷，两则诗谜均猜对了！”说完，便取出两件宝物呈上。王少傅命人打开画轴，只见是唐伯虎的山水画近作，再打开那把折扇，只见上面题着唐伯虎的《言志》诗：

不炼金丹不坐禅，
不为商贾不耕田。
闲来写就青山卖，
不使人间造孽钱。

王少傅看完这幅画和这首诗，为风流才子的才华所折服，连说两件礼物价值连城。

（谜底大揭密：山水画、折扇）

唐寅三作灯笼谜

唐伯虎华府点秋香，当晚就入了洞房。他的好友祝枝山遂登门贺喜，一进洞房就觉得甚是奇怪，只见十余个大红灯笼高高地挂着，祝枝山便随口说出一则谜语：

淡竹枳壳，白芷防风，
路通落得打；
熟地守宫，生地白前，
夜交一点红。

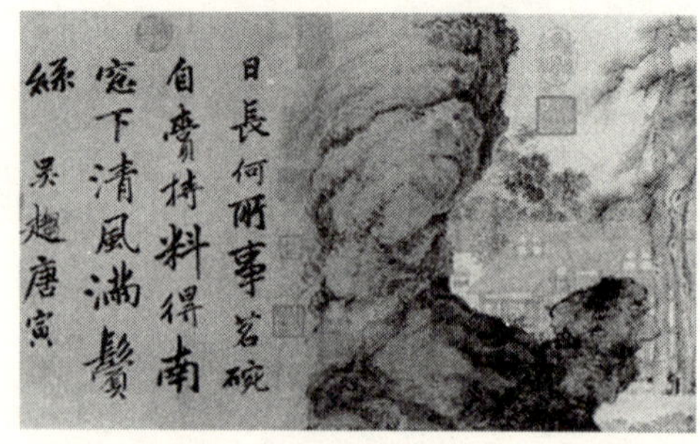

唐伯虎山水画

唐伯虎听到后，连声赞道：“妙极了！祝兄用十二味中草药名来隐一物，真不愧是谜中佳作呀，那我也出则谜语。”遂随口吟道：

贵妃游园夜照明，
小青闲看牡丹亭。
临安元宵悬谜语，
不及洞房点点红。

秋香知道这个谜底是什么，就也说了一则谜语：

墙里开花墙外红，
心想菜花路不通。
一股风吹花凋谢，
夜里才见大光明。

三个人说完以后，哈哈大笑起来。

（谜底大揭密：灯笼）

唐伯虎制谜卖醋

明朝正德年间，山西太原遭遇了百年不遇的大旱，颗粒不收，很多人都只能选择背井离乡，以求生存。有户姓陈的人家逃荒到了杭州，在一街口开了一家陈醋作坊。

山西的“老陈醋”在山西当地非常有名，但是初来杭州，名声并不响，一连几天，酿造的几大缸醋都没人过问，陈家非常着急。

有一天，大才子唐伯虎路过杭州，在街上听到了叫卖声，便闻声走到了那家店里，走近醋缸子闻了闻，正宗的山西老陈醋味道，唐伯虎见店家生意如此冷清，就向他要来纸和笔，提笔写道：

唐伯虎山水画

添人添口又添丁，
竹隐作诗言无声；
生儿育女全不差，
二十一日酉时生。

又在诗后注明：每句猜一个字，四个字连在一起是一句市招用语。并在下面写：六如居士唐伯虎。然后让店家贴在门口。

这个诗谜贴出来以后，便围上来很多人，大家一见是大才子唐伯虎出的诗谜，都饶有兴致地猜了起来，但谁也猜不出来。这件事一传十，十传百，很多人都慕名来猜谜，陈家门前每天都围着很多人。

有一天，有一个账房先生说："我猜到了。谜底是……！"大家推敲后，都觉得很有道理，就说："既然唐伯虎都说这是好醋了，我们也要尝一尝。"于是都争相购买，陈家的生意一下子就火了起来。从此，山西的"老陈醋"在江南一带就出了名了。

（谜底大意：何等好醋）

姑娘字谜指路

江南才子唐伯虎虽然才艺超群，名声大噪，但仍遍访名师，以求画技更精湛，作品能更上一层楼。

唐伯虎的作品

有一年，他听说百里之外的深山老林里，有位叫梅庵朱的人，他是位独辟蹊径作奇画的隐士，于是专程前往拜教。

唐伯虎在途中见大地春回，河山增色，不禁诗兴大发，边走边吟：

十日春寒不出门，
不知江柳已摇金，
村村户户花加醉，
春在枝头已十分。

唐才子走着走着，不觉来到了一处岔路口，有左、中、右三条路，一时不知道走哪条路才能到达梅庵朱隐士家。

正在唐伯虎为难之时，见前面来了一位娉婷多姿，撑着一把小花伞的姑娘，唐伯虎想问又不便开口，但环顾四周，又没有别的路人可问，于是便上前，拱手笑问："请问这位姐姐，去梅庵朱隐士家该走哪条路，望赐教。"

那姑娘本是一位老学究的小女，平日娴静温柔，也有些才气，抬头见是一俊逸书生站在面前问路，羞羞答答也不回话，只拣了根树枝在地上写了个"句"字，便继续朝前走了。

唐伯虎俯下身子，凝视着这个字，终于恍然大悟。原来"句"字是"向"字去掉左边的一竖，姑娘的意思是暗示唐伯虎一直向左走。唐伯虎不禁在心中赞叹姑娘的机灵和聪明，他按照那姑娘所指的方向继续前行，终于找到了那位隐居深山的丹青妙手。

村姑出谜难倒大才子

说起明朝江南名士唐伯虎，谁都知道是位赫赫有名的大才子，作诗、画画都称得上一绝。然而，就是这么一位学富五车、才高八斗的潇洒学子，却被一个村姑难住了。

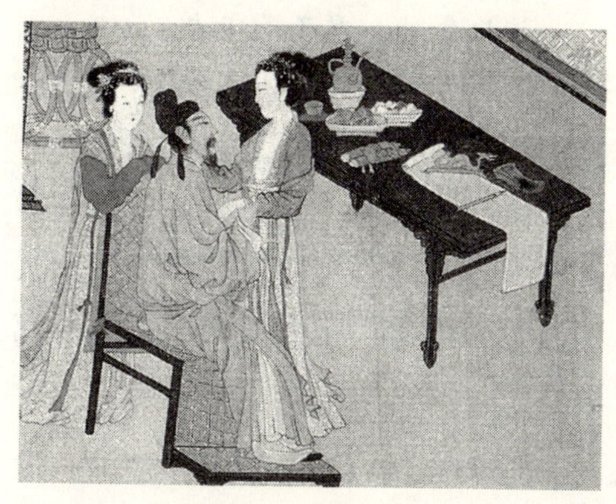

唐伯虎的书画作品

有一天，唐伯虎游西湖兴致正浓，便一路赏山玩水，来到一座依山傍水的清秀山村。这个时候，天色已经晚了，唐伯虎觉得又饿又渴，见一村姑正在溪边洗萝卜，便上前去讨萝卜吃。那村姑见是位俊逸书生，便有意刁难，她莞尔一笑说："想吃萝卜，要先猜我的谜语，猜中了，才可以吃。"

唐伯虎心想：要说吟诗答对，猜谜射虎，对我来说，那真是小菜一碟，省力极了。于是两手一拱说："请大姐出题，晚生愿洗耳恭听。"

村姑嫣然一笑，娇声而吟："什么最深？什么最浅？"

唐伯虎应道："这太容易了，大海最深，小碟最浅。"

村姑连连摇头讽刺道："亏你还是个读圣贤书的书生，一句也没答对。"接着村姑自己吟道：宰相的肚子最深，小人的眼睛最浅。

"妙，妙！"唐伯虎不禁抚掌叫好，也自觉惭愧。村姑给了唐伯虎两个萝卜，便转身回村去了。

唐伯虎出谜赠画

唐伯虎的画很有名，人们愿意出很高的价钱来买他的画。于是，他就在西湖边上开了一个画廊。这一天，画廊里又挂出了一幅画，画面上是一个人牵了一只狗，在西湖边散步。

唐伯虎的作品

人们围着画纷纷赞叹："真是千金难买的好画啊！"唐伯虎听到赞扬声，心里非常得意，马上宣布："这是一幅字谜画，谁要是能猜出答案，这幅画就白送给他。可是谁要是猜错了，罚十两银子！"大家一听，都皱起眉头苦苦思考起来。忽然，有一个年轻人跑

上前，一下子趴在地上，大家正感到奇怪呢，唐伯虎却大笑起来，然后把画取下来，送给了年轻人。你知道这是个什么字吗？

（谜底大揭密：灯笼）

唐伯虎作谜拜师

明朝有个叫周臣的画家，非常有名，擅长画人物和山水，画法严整工细。他有两个学生特别著名，一个就是唐伯虎，另一个是仇英，唐伯虎、仇英青出于蓝，风格上极为接近，但当时名气已超过老师。

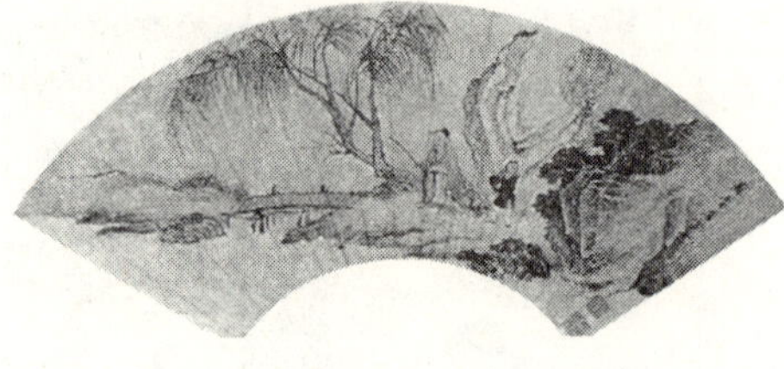

唐伯虎的折扇

开始，唐伯虎想向周臣拜师学艺时，周臣早就听说唐伯虎是个奇才，虽然年少，但是作得一手好诗，也画得一手好画，于是便想试他一试。

一天，周臣让唐伯虎以地支“子、丑、寅、卯、辰、巳、午、未、申、酉、戌、亥”十二个字为题作词，并限制时间为燃着一寸香的工夫。

唐伯虎思索片刻，就提笔写道：

好良宵，堪合谐，姑娘去得快。
扭着了，又把手儿放开。
演出百般态，有琵琶弹出流水来。
柳腰轻摆，将那木槿花儿摘。
唇启处，樱桃口儿开。
开导她，方寸乱，十分不自在。
许下佳期，又把前言放。
朱颜瘦损，一股金钗懒向天上戴。
神前盟誓永和谐，遂解衣和带。
醒来时，牛女落天外。
成亲后，心中钩去一点相思来。
孩儿生时，君子已不在。

周臣逐句品味，连连称道：“好词！好词！”这首词把地支的十二个字巧妙地隐藏在了每一个句子中，还把一对恋人的心理状态刻画得栩栩如生，真令人拍案叫绝。周臣当即便收唐伯虎为徒。

唐伯虎药谜得佳人

江南才子唐伯虎博学多才，又生得相貌堂堂。

唐伯虎的作品

有一天，他漫游南岳，因一路风寒，身感不适，偶然看见前面路口有个叫“万昌号”的中药铺，便走了进

去。进门一看，发现这个铺面虽不大，但药的种类不少，来买药的人也很多。唐伯虎便也想在这儿买点药，这时，一位姑娘走过来对他说:“客官，请问你要什么药?”

唐伯虎一看这姑娘不觉一怔，只见她身着红装，面带微笑，姿色万千，比那二月的桃花还好看。唐伯虎心想，我这些年走南闯北，美女见了不少，可还没哪个能超过眼前这位姑娘呢，顿时生了爱慕之情。

但唐伯虎又一想，她会不会徒有其表呢，于是便想借买药出几条药谜来试试她的才学。想到这里，唐伯虎忙上前躬身答道:“姑娘，我一买‘百年美貂裘’。”

此姑娘名叫春桃，是当地才貌双全的姑娘，从小就饱读诗书，后来帮父亲经营药铺，她听后便明白了来客买药是假，暗访是真，但唐伯虎的药谜是难不倒她的，她随口答道:“百年貂裘好‘陈皮’。有，但不知客官要几钱?”

见春桃开口便道出了药谜的谜底，唐伯虎心中十分高兴。

又接着说:

“我二买‘愚公移山’。”

“愚公移山实‘远志’，本店有的是。”

“我三买‘夜行不迷途’。”

“‘熟地’哪怕夜再黑”。

“我四买‘牡丹花王妹’。”

“牡丹花妹乃‘芍药’。”

“我五买‘酸甜苦辣咸’。”

“世人都称‘五味子’。”

“我六买‘拦海围良田’。”

“拦海围良田是‘生地’。”

“我七买‘南岳山问还’。”

“岳道‘滑石’路难行。”

“我八买‘彩蝶花丛舞’。”。

“‘香附’彩蝶双双飞”。

“我九买‘表藤缠古树’。”

“藤缠古树为‘寄生’。”

“我十买‘游子思家园’。”

“游子思家早‘当归’。”

“妙极了！妙极了！姑娘真是才貌双全啊!”唐伯虎对眼前这位才女禁不住连连称绝。春桃姑娘见唐伯虎的言谈举止，也深知眼前这位买药人绝非平庸之辈，心里也顿生仰慕之意。唐伯虎越夸她，她越觉得不好意思，不觉脸颊绯红，躲到里屋去了。

巧谜隐含文不通

祝枝山是明代书法家，名允明，字希哲，因左手多生一指，又自号枝指生，江苏长洲（苏州）人。出生于七代为官的魁儒家庭。与唐伯虎、文征明、徐祯卿并称“江南四大才子”(也称吴门四才子)。

当时有个县令，他只有一个儿子，盼子成龙，给儿子请了位老师，让儿子天天跟着老师读书写字。无奈县令的儿子太笨，脑子不开窍，几年下来进步很小。儿子长到20岁了，县令想该给儿子扬扬名了。

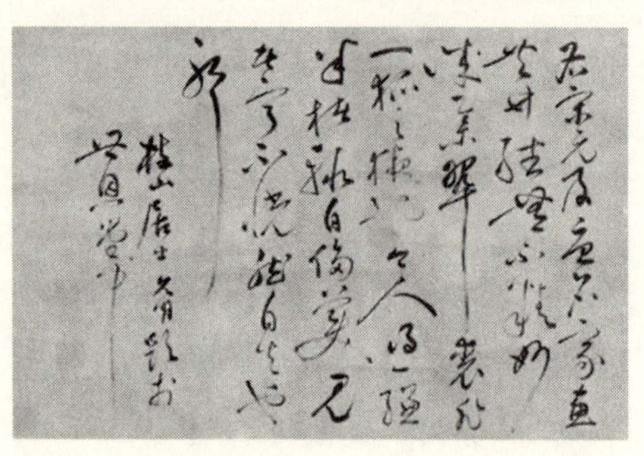

祝枝山行草作品

有一天，他把才子祝枝山请到家里，让儿子送上一篇文章，硬要祝枝山挥毫题词。祝枝山一看，这文章狗屁不通，一时不知道该写什么批语，突然之间想起两句唐诗，便提笔写道：

两个黄鹂鸣翠柳，

一行白鹭上青天。

旁边还写着：打两句成语。

县令周围的人七嘴八舌地奉承道："上一句是'有声有色'，指公子文章精彩；下一句则当是'青云直上'，指公子前途无量。"这一番解释说得县令乐滋滋的，赶忙来向祝枝山道谢。祝枝山听完之后忍不住笑了起来，对县令说："谜底我已写在令郎大作的右下角了。"说罢，扬长而去。

祝枝山走后，县令急忙拿起儿子的文稿寻找起来，果然见右下角有一行小字，写的是：不知所云，离题万里。县令气得半天说不出话来，可又拿祝枝山没有办法。那些拍马屁的也个个目瞪口呆，自觉没趣，赶紧都悄悄地溜走了。

梅香泡茶成诗谜

祝枝山有一个女佣，名字叫做梅香。她天资聪慧，日常服侍在主人的左右，在招待文人墨客的时候，耳濡目染，也成了一个猜谜对诗的能手，时常和主人以谜语对答，非常默契，深得祝枝山的喜欢。

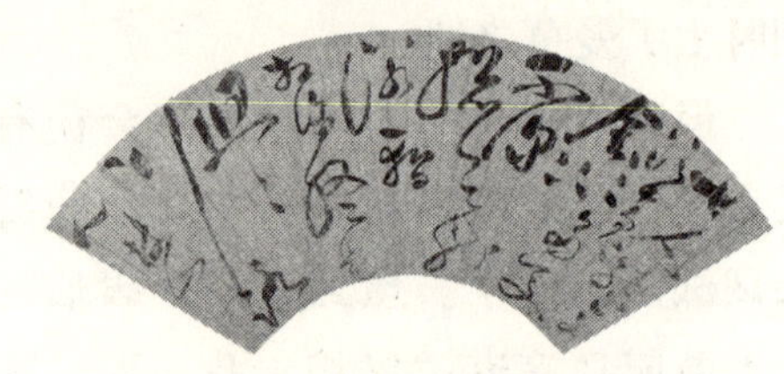

祝枝山的折扇

有一天，唐伯虎来访，祝枝山说声："梅香，来，泡茶！"梅香即应声道："晓得，泡去哉！"不一会儿，梅香就端上两杯茶来，却都放在祝枝山面前，听主人发落。唐伯虎有点不解，心想，这一定是又要用谜来难我了。

果然，祝枝山笑着说："刚才我与梅香的对话，是一则谜语，要求打七言诗一句，打得中才能饮茶。"唐伯虎笑着边想边自语：梅香，定与春有关，茶乃草、木、人。刚才祝枝山喊"梅香，来"，正是"春到"二字，"茶"就是"人间草木"，梅香答："晓得"，正是"知"字。他一下记起宋代张栻的《春日偶成》中有句"春到人间草木知"，于是他大声把这句诗念了出来。祝枝山笑说："对了，猜得好，猜得快，请用茶。"

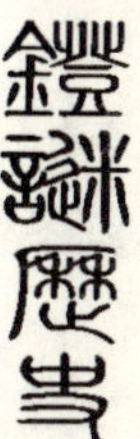

唐伯虎接过茶来，忽然又若有所思地说：“这个谜很精彩，可谓字字相扣。可惜你喊的是‘泡茶’，这个‘泡’字是多余的了！”祝枝山哈哈大笑说：“你没听见梅香又说了声‘泡去哉’吗？”唐伯虎听到此处，笑得几乎把刚饮进口的茶都喷出来，大呼：“妙！妙！真是妙不可言！”

祝枝山闯席猜谜

祝枝山、文征明、唐伯虎三人是好朋友，经常在一块儿饮酒作乐，题诗品文。一次，唐伯虎和文征明二人瞒着祝枝山在一起喝酒，不料被祝枝山知道了，便也闯进来吃酒，还得意地吟道：“今朝口福好，不请我自到。”说罢，举杯就要喝酒。

文征明的作品

唐伯虎连忙按住他的手说：“今天我们饮酒，有个规矩，须先即景吟诗一首，作为谜面，打一昆虫名，说得对才能饮，说得不对，就不能饮。”说罢，唐伯虎首先吟道：

菜肴香，老酒醇，
不唤自来是此君，
不怕别人来嫌恶，
撞到席上自营营。

文征明接着吟道：

华灯灭，睡意浓，
不唤自来是此君，
贪馋嘴脸生来厌，
空腹偷吃自钻营。

祝枝山听了，知道这二人分明是在借作诗来嘲弄他，便假装不懂，厚着脸皮也吟了一首：

来得巧，正逢时，
劝君莫惜盘中食，
此公满腹锦绣才，
不让吃喝哪来诗（丝）。

吟罢，三人一起大笑，举杯痛饮，不用自己说出谜底，三人就都已经明白了。前面二人是用苍蝇、蚊子的特点来讥讽祝枝山的贪嘴。而祝枝山却用蚕的满腹经纶来自我矜夸，为自己挽回面子，都是意在双关，运用得十分巧妙。

哑谜巧设笼中鸟

有一年元宵节，文征明和祝枝山一同到苏州玄妙观去观灯猜谜。他们来到一个设哑谜的地方，见到有两只鸟笼，笼中各有一只鸟，笼下各挂着一串钱，注明各打一句衙门术语。

文征明一看便将一只鸟笼下的钱

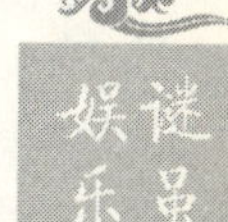

文征明的作品

先收起，接着打开鸟笼，把鸟放飞了。祝枝山因为眼睛近视，还没有看清要求打什么谜底，见文征明已经得彩，便说："这谜该让我先猜，你不该欺负我眼睛不好！"文征明笑着指道："那边不是还有一只鸟笼吗？你可以再猜嘛！"祝枝山于是走过去也把钱先收了，也把鸟笼打开，伸手抓住小鸟，手刚要退出笼门，主人忙拦住说："不得重复。"祝枝山不禁大笑，把手伸开，一看，小鸟已经被握死了。可是主人不但不生气，反倒笑着夸奖说："想不到，你也猜中了！"

（谜底大揭密：这两句术语"得钱卖放"和"图财害命"）

四才子制谜咏灯

文征明，原名壁，字征明。因先

文征明像

世衡山人，故号衡山居士，世称"文衡山"，明代画家、书法家、文学家。长州（今江苏苏州）人。徐祯卿，字昌谷，一字昌国，常熟梅李镇人，后迁居吴县（今江苏苏州），明代文学家，被人称为"吴中诗冠"。文征明、祝枝山、唐伯虎、徐祯卿称为明代吴中四才子。他们经常在一起吟诗作画，过从甚密，一时传为文坛佳话。

有一天他们在唐伯虎家里聚会，直到天黑，各自才打着灯笼回去。唐伯虎提灯相送。这时，文征明说：我说个谜大家猜猜：

竹将军筑城自卫，
纸将军四面包围，
铁将军穿城而过，
木将军把住后背。

祝枝山一听也凑趣地说：我也有个谜：

淡竹枳壳制防风，
一枝红花藏当中，
熟地或许用半夏，
生地车前仗此公。

唐伯虎因刚刚娶了秋香，忽然记起前时混在华府奴仆群中学到的民歌，便接着吟道：

口抹脂胭一点红，
随你万里任西东，
竹丝皮纸纵然密，
也怕旁人一口风。

徐祯卿则因最近情场失意，不免带有点伤心味道地吟道：

墙里开花墙外红，
心想采花路不通，
通得路来花又谢，
一场欢喜一场空。

四人吟罢便互相举起灯笼相对而笑，然后一一作揖告别。

（谜底大揭密：灯笼）

字谜巧说常用巾

有一天，唐伯虎约祝枝山郊游踏青，在出门的时候，唐伯虎忽然说：“我离家之时走得匆忙，忘了带一件东西。”祝枝山问：“什么东西？”唐伯虎说：“这件东西是帝有臣无，帅有将无。”祝枝山一听便笑着说：“这本是我家常有之物，可巧暂时却无；只好到市中去买，因为集上并无。或者到老师那里去借，因为学生全无。待我写张字帖，让家童帮你带来。”唐伯虎听他说了这么一大串有他所要的东西的字，不禁大笑，拍手连说：“够了，够了，我只要你家常用的就行了！”

（谜底大揭密：毛巾）

唐伯虎字谜赞岳阳楼

一年春天，唐伯虎去游览久负盛名的岳阳楼。看着这建筑精巧、气势雄伟的岳阳楼，他赞叹不已。他站在岳阳楼上，眺望洞庭湖，只见湖水明净似镜，不时被湖中的小船掀起层层涟漪，近看楼亭下面，一片郁郁葱葱。见此情形，唐伯虎顿时雅兴大发，在墙壁上题了“禹二”两个字。

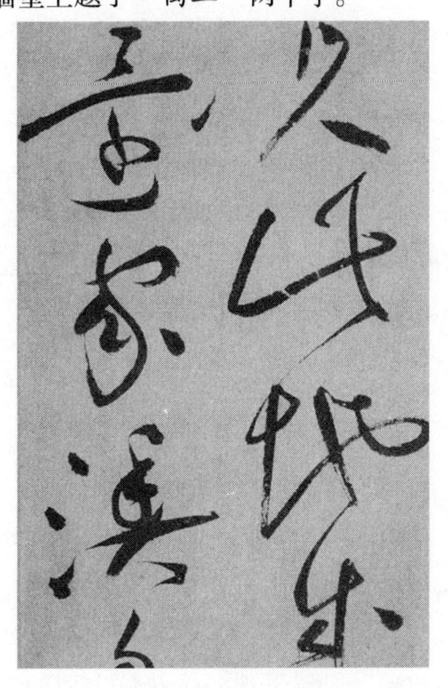

祝枝山的字

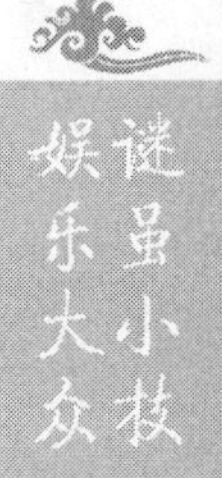

到岳阳楼游玩的人很多，且多是文人墨客，但看了这两个字，没有一个人能明白其中的意思。

一年后的一天，祝枝山也到岳阳楼游览，见一帮人正议论纷纷，便走上前去。一听，原来是在琢磨墙上“禹二”二字的含义。祝枝山一看落款，是唐伯虎所题。

这时，人群中有认识祝枝山的，便说：“这下好了，祝枝山来了，他肯定能解出这个谜。”人们都知道祝枝山与唐伯虎相交颇深，彼此十分了解。唐伯虎年少时，还曾经受过祝枝山的指导。祝枝山思索了一会儿，就明白了这两个字的含义。

他笑着问大家：“你们觉得这岳阳楼的景色如何？”大家你一言我一语地夸了起来。祝枝山接着说：“对呀，岳阳楼的景色美不胜收，不就是‘风（風）月无边’吗？”众人一听，都大声称赞唐伯虎的字谜妙极了。

原来这“风（繁体为風）月”两个字去了边，就成了“禹二”了，而“风月无边”也恰好贴切地描绘出岳阳楼的美丽景色。

四人同作伞诗谜

有一年元宵节，“吴中四才子”唐伯虎、祝枝山、文征明和徐祯卿一同到苏州玄妙观去赏灯猜谜。他们边走边猜，忽然发现一个花灯上面的灯谜很好。这则灯谜是出自元朝诗人萨都刺之手，一直流传至今，这首诗谜是这样的：

开如轮，敛如槊，
剪纸调胶护新竹。
日下荷叶影亭亭，
雨中芭蕉声簌簌。
晴天则阴阴却晴，
晴阴之间诚分明。
安得权柄在吾手，
去覆东西南北人。

祝枝山的作品

他们都知道这首诗谜的谜底是“伞”，但文征明提议说：“我们每人都作一首诗谜作答，如何？”大家都表示赞同。文征明先说：

头有鸡蛋大，腰有磨盘粗，
伸出一条脚，露出肋巴骨。

祝枝山接着说：

远看像座亭，柱子立当中，
上边直流水，下边有人行。

唐伯虎随即说道：

我有一朵花，能合又能发，
不见花有叶，花根手中扎。

徐祯卿说：“你们作的都是咏物诗，我作一则字谜吧。”然后说：

一家人五个，一大四个小，
大人顶上站，人小架上找。

大家一听，都称妙，文征明说：“现在我们每个人都有一把‘伞（傘）’，

以后就不怕风吹雨淋了。”众人大笑。

五才子猜谜格物

袁宏道（1568～1610），湖北公安人，明代文学家，万历年间进士。他在文学上反对“文必秦汉，诗必盛唐”的风气，提出“独抒性灵，不拘格套”的性灵说，他与其兄袁宗道、弟袁中道并有才名，合称“公安三袁”。

袁宏道像

有一天，袁宏道与其兄宗道、弟中道、魏了公、方君安五人一起饮酒。酒至半酣，袁宏道便提议猜谜取乐，大家都立刻响应。袁宏道带头吟道：

江郎怀中五色楼，
临池洗处黑鱼游，
封侯万里曾投奔，
砺志磨穿铁未休。

中道接着道：

广陵客来清音发，
谈笑樽前防劫杀，
腹贮万卷方恨少，
云山四壁抹烟霞。

魏了公也不示弱，接着说：

雕梁画栋享赢余，
衣锦儿孙频及第，
复喜君思颁爵禄，
泥书报喜耀门阁。

方君安见三人都吟过，便也续吟一首道：

纸鸢赖君飞天来，
万紫千红次第开，
六出妆成如絮舞，
一轮素魄照楼台。

袁宏道听后，赞道：“好谜！好谜！宗道兄的谜底是‘笔、墨、纸、砚’；中道弟的谜底是‘琴、棋、书、画’；魏兄的谜底是‘富、贵、荣、华’，方兄的谜底是‘风、花、雪、月’，不知道对不对？”

大家都说宏道猜得很准。宏道说：“那我再献丑作诗一首，请大家猜猜。”

说完吟道：

宴罢昏迷醉中人，
秦淮灯红频娇音，
都盼腰缠十万贯，
焉知冲冠最伤身。

中宗猜道：“谜底是‘酒、色、财、气’吧？”宏道哈哈大笑说：“猜

对了！猜对了！”

凤凰何少鸟何多

明弘治年间，有个新科状元伦文叙，字伯畴，号迂冈。明朝南海县黎涌人（该地现为广东省佛山市澜石镇黎涌村）。明朝孝宗弘治十二年（1499）连中会试第一，殿试第一，考中状元，后授翰林院修撰。他年少时由于家贫，因此不得不以种菜卖菜维持生计，但人长得长身玉立，头颅竟有二尺许，真是一位奇人。

伦文叙像

相传当时有位收藏字画的大家，以重金买到了苏东坡画的《百鸟归巢图》，想请人题诗一首，以求诗画交辉，珠联璧合。找来找去也没有找到合适的人选，有人便推荐伦文叙。伦文叙看过《百鸟图》之后，沉思片刻，便提笔写道：

天生一只又一只，
三四五六七八只，
凤凰何少鸟何多，
啄尽人间千万石。

这位收藏家初看时，不明白是什么意思，继而一算，三四一十二，五六三十，七八五十六，再加一只又一只，合起来恰恰是100只鸟，不禁连连称妙，重谢了伦文叙，将他题过诗的画珍藏起来。其实，伦文叙写的是一首寓意深刻的讽刺诗。他深叹朝（巢）中“凤凰何少鸟何多”，一只一只又一只，吃尽了民间千万石（读作担，古以百斤为石）粮食！

诗谜藏字成年号

明朝第十一个皇帝明世宗朱厚熜登基的时候，照例要改元纪年。为了找到一个好的年号，来象征吉利，取个好兆头，便采取了向天下征集年号的办法。

朝野上下的有识之士都苦思冥想，争相进献，朱厚熜一一看过，却没有一个让他满意而被选中的。有一天上朝时，一个善于迎合皇帝心理的大臣启奏说他想出了个好年号，请皇帝审

朱厚熜像

定。他从袖中将写好的一首七言律诗呈献给皇帝，朱厚熜打开一看是：

士本人间大丈夫，
口称万岁旧山河。
一横永镇江山地，
二直平分天下图。
加子加孙加爵禄，
立天立地立皇都。
主人自有千秋福，
月满乾坤照五湖。

朱厚熜看着都是些吉利话，歌颂大明江山永固、帝业千秋，可是还看不明白究竟叫个什么年号。在亲信侍臣的帮助下，他看出这是一首诗谜。前六句构成一个“嘉”字，后两句乃是一个“靖”字。他觉得是诗谜写得好，这两个字也很祥瑞，于是就决定采用，晓喻天下以嘉靖为年号。

嘉靖皇帝在位45年，是明朝执政时间仅次于万历皇帝（48年）而居第二位的皇帝。可是他在位的45年里，他有20多年不见朝臣，完全由太监传达政令，信任那些谄媚奸佞之徒如张熜、严嵩之流，并任其为相，成为明朝政治上极为腐败的一个年代，完全看不见当初定下年号的诗谜里呈现的太平盛世的景象。

嘉靖与书生共作风谜

嘉靖皇帝像

有一天，明朝的嘉靖皇帝穿上便服，打扮成教书先生，外出访贤。走着走着，便来到了一家叫金陵梅春园的酒楼，看见几位俊逸书生正在举杯行令，便凑上前去，笑道：“为了助诸位才子的酒兴，鄙人愿献诗谜一首，敬请试猜。”说完，嘉靖皇帝便故作姿态，摇头晃脑而吟道：

岭上青松如虎啸，
河边柳丝似雨飘。
池内荷花齐作揖，
园中牡丹把头摇。

吟罢，他一边摆弄着手中那画有乾坤太极图的折扇，一边眯眼笑着看众书生。

书生中有个叫唐伦的秀才连称好诗，他向店老板借来文房四宝，挥毫写下了“长江一掀起波涛”七个字，然后拱手答道：“先生的隐语，蕴在其中。”

嘉靖皇帝近前一看，抚掌称妙，向那书生投去了赞许的目光，原来他们二人所制之谜的谜底都是“风”。回到朝廷之后，嘉靖立即宣见那个才思敏捷的俊逸书生，并授予官职。

此女芳龄却几何

明朝成化年间，南京有一个名妓叫柳南金，她不仅姿色艳丽，而且能诗文、善填词。

有一天，举子黎民牧到宜春院去拜访柳南金，问到小姐芳龄时，柳南金笑而未答，而是赋词一首：

小妾年方二纪，
檀板重敲十二，
阑干倚遍步重移，
两度巫山云雨。
二十八宿手中轮，
数不到星张翼轸。

黎公子默读了三遍，思索了好久，终于大悟，说道：“柳小姐芳龄二十四？”柳南金笑着说：“请公子解谜。”黎公子道：“一纪乃十二年，二纪为二十四；檀板敲十二下，重敲是二十四；阑干因是亚字图案，亚（亞）字十二笔故称十二阑干，重移阑干，又是二十四；巫山有十二峰，两度巫山为二十四；星、张、翼、轸是四个星辰名，二十八宿少四星，还是二十四。所以小姐的芳龄是二十四。”

柳南金拍手称赞黎公子是大才子。

沈周八隐田字谜

沈周（1427～1509）是明代杰出书画家。字启南，号石田、白石翁、玉田生、有居竹居主人等。长洲（今江苏苏州）人。生于明宣德二年，卒於明正德四年，享年 83 岁。沈周一生未参加科举考试，而是只专事于诗文、书画，擅长山水画，兼攻花鸟，偶写人物，是明代中期“吴派”的开创者，与文征明、唐寅、仇英并称“明四家”。传世作品有《庐山高图》《秋林话旧图》《沧州趣图》，并著有《石田集》《客座新闻》等。

根据《坚瓠四集》的记载，沈周也是个制谜的行家，他曾经作过一首诗谜：

昔日其为富字足，
今日其为累字头。
拖下脚时成甲首，
伸出头来不自由。
其安心上长思想，

沈周山水画

其在心中虑不休。
当初只望后来福，
谁料其多叠叠愁。

这则诗谜的谜底是“田”字，且为八隐“田“字。他的学生仇英也作了一首字谜咏“田”字：

四个川字川扣川，
四个山字山靠山，
四个日字连环套，
四个口字肩并肩。

文征明也赋曰：

四个太阳连环绕，
四个嘴巴紧相连，
四个大王围着坐，
一家四口大团圆。

唐伯虎看后觉得后两位大作的谜味都不如沈周。

杨慎智破千载谜

《越绝书》是一本历史著作，写于东汉初期，这本书没有注明作者。因此，许多人虽然读过这本书，但却不知道作者是谁。千百年来，许多人曾多方考证，想找出作者，但都没成功，遂成了个解不开的谜。

杨慎的草书

过了1500多年，明代文学家杨慎读了这本书后，对它很喜欢，就决心要找出作者来。杨慎，字用修，号升庵，杨廷和之子，公认为明朝三大才子之一，明代文学家，四川新都（今成都市新都区）人，祖籍江西庐陵。他少年时聪颖，11岁就能写诗，12岁拟作《古战场文》，人人都惊叹不已。入京作《黄叶》诗，为李东阳所赞赏。正德六年（1511），殿试第一，授翰林院修撰。豫修“武宗实录”，禀性刚直，每有事情一定直言不讳。

杨慎从小就有“神童”之称，知识渊博，做事坚韧不拔。当他读到书的后序时，觉得这个后序很特别，就反复推敲起来，终于发现此后序原来是个字谜，正是这个字谜隐含着作者的姓名、籍贯。后序文是这样写的：

以去为姓，得衣乃成；
厥名有米，复之以庚；
禹来东征，死葬其乡；
不直自斥，托类自明；
文属词定，自于邦贤；
以口为姓，承之以天；
楚相屈原，与之同名。

杨慎经过琢磨后是这样破译的：第一句，去字得衣，是“袁”；第二句，米复庚，当为“康”字；第三句，夏禹死于会稽，籍贯“会稽”；第四句，不直接写明作者姓名，托隐语形式，让后人知晓；第五句，并非一人之作；第六句，天字加口，为“吴”字；第七句，屈原名“平”，示与吴平合著。整个后序文合起来是：会稽人氏袁康与吴平合著。千载奇谜就这样被杨慎破了。

一方素帕寄相思

明代学者杨慎，24岁中状元，因向皇帝进谏，得罪了明世宗，被关进监狱，后发配到云南。在发配期间，他博览众籍，又搜集民间俚曲，获得了极为丰富的知识，成为明代著作最多的学者。他的妻子黄娥，也是一位才情很高的女子。当时朝政腐败，奸臣当道，常以文字兴狱。黄娥思念远在云南的丈夫，但又怕因文字而招祸，只好将千言万语寄托在一方素白的手帕上。当杨慎接到千里之外的妻子托人带来的这方素白的手帕时，翻来覆去地看了好久，无限情思萦绕心头，便写了一首《素帕》诗：

不写情词不写诗，
一方素帕寄相思，
郎君着意翻覆看，
横也思来竖也思！（思、丝双关）

半年以后，妻子黄娥收到了丈夫的家书，激动地拆开看，信封里只有一张白纸，上面一个字也没写。妻子明白了丈夫的心意，马上写了一首《答外》的怀夫诗：

碧纱窗下启缄封，
尺素从头彻底空，
应是郎君怀别恨，
忆奴全在不言中。

这段以素帕和白纸寄情的哑谜成了一段佳话。

五元会谜虎丘山

明朝弘治年间，状元吴原博，榜眼程克勤、探花陆廉伯、会元王济之、经魁黄王岳，五人在虎丘山同饮。墙上挂着一幅钟馗像，于是程克勤就出了一个酒令说：“这个令要用《四书》里的话凑成，上两句不要改；第三句限四字，随意换；末句要依照程式换一句，且暗指一人身上而发，不许露出，俟令毕宣明，不合，再议罚酒。便取一根香，平分五段用墨画五道印，每人限一段香的思考时间；如香烧过了墨线，即罚跪在千人石上，令完以后才让他起来坐下，诸位意下如何？”

诸人听完皆拍手称赞。

明朝山水画

程榜眼燃香斟酒第一个开口说道：

有大人者，朝衣朝冠，
抚剑疾视，善人吾不得而见之。

说完了饮酒，接着把香和酒送给探花陆廉伯。

陆探花接过香和酒，随即说道：

有大人者，朝衣朝冠，
立不中门，俨然人望而畏之。

说完又把香和酒递给状元吴原博。吴状元接着说：

有大人者，朝衣朝冠，
爵禄可辞，择其善者而从之。

下面轮到会元王济之。王济之说：

有大人者，朝衣朝冠，
祭之以礼，则可卷而怀之。

最后轮到经魁黄五岳。黄五岳说：

有大人者，朝衣朝冠，
空空如也，益烈山泽而焚之。

黄五岳将香交还给程克勤。程克勤说：“我说的是钟馗。”陆廉伯说：“我说的是翁仲。”吴原博说：“我说的是门神。”王济之说：“我说的是喜神。”黄五岳说：“我说的是方相。”大家互相一评，都说对了，五个人没有一个受罚的。

谜苑高手徐文长

明代的徐渭，初字文清，后改字文长，号天池山人，或署田水月、田丹水，青藤老人、青藤道人、青藤居士、天池渔隐、金垒、金回山人、山阴布衣、白鹇山人、鹅鼻山侬等别号。中国明代文学家、书画家、军事家。他不但擅长诗文，工书法，而且长于绘画，还制作了不少灯谜。

徐文长像

他曾经在一次酒席上出了一则谜语，难倒了一群文人学士。谜面是这样写的：

摸着无节，看着有节；
两头冰冷，中间火热。——猜一物。

最后还是他自己揭出谜底：“历书”。此谜构思精巧，谜面中的“节”是一字多义。“摸着无节”的节指竹

节，“看着有节”的节指年节、节气。后两句写历书中的四季气候，“两头冰冷”指春天和冬天，“中间火热”指夏天和秋天，真是妙趣横生，才气过人。

徐文长曾为自己刻一印章：“秦田水月”。将“秦”字分为“三人禾”，恰好也是“徐”字；“田水月”则组成“渭”字，真是一则绝妙的印章谜。

徐文长不但擅于制谜，猜谜也高人一筹。一年新岁，杭州西湖总宜园举行灯谜盛会，吸引了许多游客。只见一群人拥挤在园门口，正在昂首观看高高悬挂的一首诗谜：

二人抬头不见天，
一女之中半口田；
八王问我田多少，
土字上面一千田。

这个园门前人来人往过了好几批，大家都在冥思苦想，不过谁也没能猜出谜底。刚巧，徐文长路过园门口，上前细细一读，便微微一笑：“不难，不难。”那些猜谜的一听，都围了上来：“请讲来听听。”徐文长却没有正面破谜，只说了一句：“但愿人间家家如此。”便笑着走了。

有个诗人仔细品味徐文长的话，恍然大悟，破了谜底。他给大家解释说：“‘二人抬头不见天’是个‘夫’字；‘一女之中半口田’是个‘妻’字；‘八王问我田多少’是个‘义（義）’字；‘土字上面一千田’是个‘重’字，合起来是‘夫妻义重’。这不正是家家所盼望的吗！”在场的人都赞叹徐文长：“不愧是才子，果真是才识过人，一猜就中。”

上下无画巧做谜

一天，徐文长来到一家酒馆，立刻就有一群人围上来要求他出谜语。徐文长说：“先写了一撇，后写了一横，是个什么字？”大家七嘴八舌，有的用手蘸着水在桌子上一撇一横地写来写去怎么也写不成个字。

徐文长说：“我写给你们看。”他用手指蘸着水在桌上先写一“了”又在左边写一撇，成为“乃”字；然后又在“乃”字下面又写一“了”再加一横，成为“子”字，合起来是一个“孕”字，大家拍手称妙。

徐文长又说：“二画大，二画小。是什么字？”大家还是没有猜出。

徐文长便先写了个“二”，又加上一个“大”，然后在下面又写了个“二”，再加上个“小”，成为“禾”，合起来是“秦”字。

徐文长又说：“上无一画，下无一画，是个什么字？”大家还是猜不出来。徐文长在桌上写了个“上”字，然后把下面的一横擦掉，其中立刻有个人高声说道：“是个‘卜’字！”

心字为何少一点

在明朝时，有一个小贩在山阴城

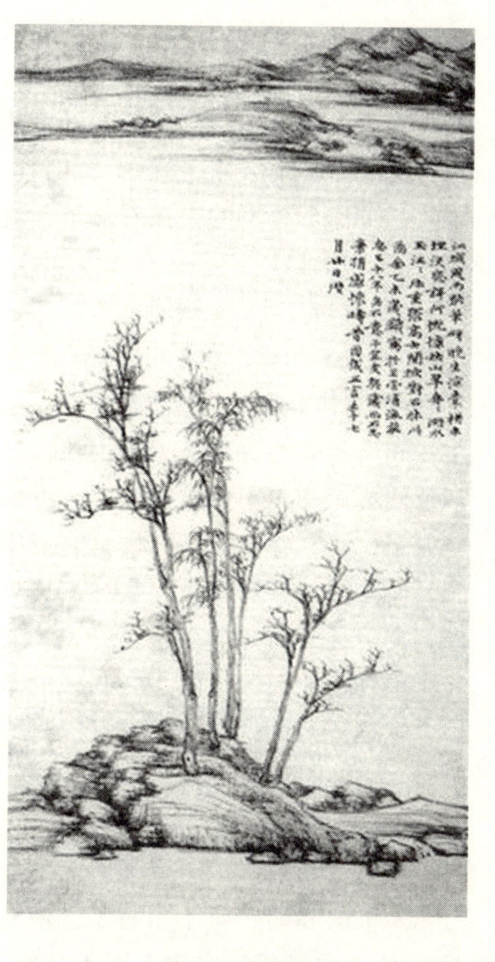

徐文长的作品

(即今绍兴)开了个点心店。这个小贩与大才子徐文长是好朋友，便请他给写个招牌，并作几条谜语挂在店里以吸引顾客，徐文长都答应下来了，不久就写了出来。

除了徐文长作的许多谜语奇思妙想格外吸引人以外，最吸引人的还是他这块招牌上的“点心店”三个字，“心”字的中间少了一点。这件事传开来，前来看稀奇的人越来越多，所以这个店的生意十分兴隆。虽然一些谜语渐渐都被人猜完了，而这个招牌上缺了一点的“心”字却仍然吸引着

徐文长的作品

很多的人。后来有人向店主指出：“招牌上的心字少了一点，分明是个错字，这是徐文长欺侮你这个人不识字啊。”店主人不好意思去找徐文长改，就请此人把“心”字中间的一点添了上去，从此变成了完整的“点心店”。

这样一来，大家就再也不会感到稀奇有趣了，所以顾客也就一天天地少了起来。店主人只好又去请徐文长帮忙想点吸引顾客的办法。徐文长说：“你这个店，是专门点空肚子人的店，所以我给你写的‘心’字是个空肚子

的‘心’，大家空着肚子才来吃你的点心，现在你把空肚子填饱了，谁还来吃你的东西呢?”店主听了，后悔莫及，为自己未能领会到徐文长的一片用心而懊恼不已。

和尚员外两不像

明朝时候，在浙江绍兴城外有一座香火旺盛的寺院，寺院旁边是当地有名的富户赵员外的大庄院，两家地界相邻。他们两家经常为临界的地产而发生口角。

徐文长的作品

有一天，两家又为一口井争吵起来。两方争执不下，寺里的住持和尚和员外老爷亲自出马，吵着吵着竟然扭打到了一起，互相揪着要去见官。这时，被一个7岁的小孩看见了，就编了一支歌唱起来：

和尚和员外，口角争起来。

两者不相让，扭打到一块。

和尚不像和尚，员外不像员外。

和尚和员外听见路旁的小孩在讥讽他们不像和尚不像员外，不由得恼羞成怒，便拉着小孩一同去见官。来到县衙之后，县官问是怎么回事，员外就把争这一口井的事说了一遍，又告小孩辱骂他们。小孩说:“我说的是一个字谜。”县官一听，手捋着胡子，哈哈一笑说：我明白了。

两家一口井，我给分解开。

上半属和尚，下半给员外。

堂下的和尚一听不乐意了，便对县官说:“大老爷，您这么断不公啊。这井的水全在下半截，你给我上半截，有什么用呀?”县官笑了笑说:“我解的是这个小孩的字谜，至于你们两家的这口井，还是以合用为好，互相礼让。和尚要用时，就属和尚，员外要用时，就属员外。你们两者相合，这里就有‘赏’，如果相争，可真是和尚不像和尚，员外不像员外了。”小孩拍手叫道:“大老爷断得对，断得对!”县官说道:“还是你这小孩聪明，一首歌谣就断了这一桩公案。”这小孩就是后来有名的才子徐文长。

徐文长三难掌柜

明代大才子徐文长，诗文书画无不精通，他是个幽默豪放的人，很喜欢灯谜，经常在街市上用灯谜跟大家取乐。

徐文长的作品

有一天，徐文长来到一家文具店，掌柜问他买什么，他没直接说，而只说："请拿一样东西。"掌柜的便又问了一遍："徐才子到底要什么呢？"徐文长说：

少时头发白，老来头发黑，
无事常戴帽，有事把帽摘。

掌柜的一听，就知道徐文长又要让他猜谜。他一边看着货架上的东西，一边琢磨徐文长的诗谜，最后拿来一束羊毫笔递给徐文长。

徐文长挑选了几支毛笔，又说了一则谜语：

摸着无节，看着有节，
两头冰冷，中间火热。

掌柜的说："这个东西有二十四节吗？"说着便拿出一本"年历"给他，徐文长说："很对。"接着又说了一则谜语：

堪笑乔才妙手，
妆成绝样粉头。
街坊闲坐不知羞，
终日张开笑口。
有日情浓意热，
浑身香汗通流。
一朝败坏没人收，
随着江湖水流。

掌柜的想了很久，终于猜出来了，这个谜底是门口旁的"雪和尚"。徐文长买了东西，笑呵呵地走了。

岁寒聚会

明朝成化十八年（1482），由无锡人秦旭发起，建了一个碧山吟社。当时参加碧山吟社的十位雅士都是老人，所以有"碧山十老"之称。

《五老图》

据《慧山记》记载：碧山十老约定，每个月聚会一次，到会的人要各赋诗一首。

有一年初冬，他们又带着酒到“十老堂”聚会吟诗，并议定各吟一首咏物诗。

86岁的李庶，捋着胡须先吟道：

青丝头发粗布衣，
藤缠雪倚劣地居；
傲立山头迎风笑，
坚韧不拔名不虚。

年近古稀的秦旭接着吟了元朝诗人杨载的一首诗：

风味既淡泊，颜色不妩媚；
孤生崖谷间，有此凌云气。

不满60岁的潘绪想起前朝王冕的一首名作，脱口吟出：

吾家洗砚池头树，
个个花开淡墨痕；
不要人夸好颜色，
只留清气满乾坤。

吟完之后，三人又继续饮酒作诗。你能猜出他们所咏之物是什么吗？

（谜底大揭密：松、竹、梅）

贤婿却被娇妻难

程敏政（1446～1499）字克勤，明南直隶徽州府人，后居歙县篁墩（今屯溪篁墩），时人称为程篁墩。明朝著名学者、文学家、理学家、文献学家。程敏政弱冠之年便博通六籍，成化年间以才思雄深而金榜题名，高中进士。宰相李览见其才貌并秀，文质彬彬，便将芳姿绰约的女儿许配给了他。

程敏正校注的书

有一天，李小姐与丈夫清晨来到后花园散步。见旭日东升，便灵机一动，笑吟四句：

两日齐相投，四山环一周，
两王住一国，一口吞四方。

吟罢，李小姐便让程敏政猜是个什么字。

程敏政虽善吟诗作赋，但不擅长猜谜，他冥思苦想，急得抓耳搔腮，但还是没有猜出，十分狼狈。李小姐嫣然一笑说：“那就再想想吧，何时猜中，为妻与你共饮三杯。”

这日，宰相李览朝回到官邸，腰酸背痛，把女婿叫来，陪他饮酒解乏。程敏政便提起了早上的事情，李览听后朗声大笑说：“这有何难！”说罢提起筷子指了指酒桌上的一盘红烧鲤鱼说：“老夫啃头，贤婿嚼尾，剩下中段给我宝贝千金，她便会赏你美酒。”

程敏政一听，顿时恍然大悟，原来这是“鱼”字除头去尾，谜底是“田”字。晚上，程敏政便笑着对妻子说：“我已经猜出谜底，是个‘田’字。”李小姐一听，很高兴，便与丈夫对饮三杯。

感君常念波罗蜜

明朝嘉靖年间，贵州有个姓赵的举子赴京考试。路上住在姑母家，姑母家有个婢女，年方17岁，长得美丽异常，冰雪聪明，见赵生学识高妙，人也长得儒雅俊秀，便对赵生产生了爱恋之情。

婢女像

晚上婢女到书房送茶，赵生以礼相待，并问姑娘的芳名。姑娘羞答答地答说：“贱名‘加夕’，不堪以闻，蒙相公动问，感激衷心。”赵生点头会意，便说：“姑娘‘移禾’，雅致！雅致！”姑娘听了，知道对方已听懂，更加羞赧，含情脉脉地看了他一眼，转身走了。

第二天，婢女来送莲子羹。赵生又问：“前日动问芳名，尚未明示，如蒙不弃，再请见教。”婢女便在书案上写了“韩信点兵”四字。赵生一看，也在书案上写了四个字：“颜回言礼”。婢女见了，羞答答地说：“相公才如子建，贱婢怎敢有非分之想？”

又一日，婢女来书房为赵生研墨。赵生说：“请文君再赐一联，相如愿得一知音。”婢女便拿出一方手帕，上写：“感君常念波罗蜜。”赵生接过手帕，在上面接着写了“思卿维求福寿男。”婢女看了，十分感动，两人便定下以终身相许。

赵生告诉了姑母，姑母也欣然同意，不过要求赵生必须赴京考中之后，才能相定。结果赵生果然考中，姑母便作主，成全了他们的美满姻缘。原来婢女名“多多”，父亲是一位教书先生，因暴病而亡。她因葬父而卖身到赵的姑母家为婢，见赵生有才，才以谜相示，以身相许的。两人对话中的“波罗蜜”是佛经语“波罗蜜多”省去了“多”字，原文为从此岸渡到彼岸之意。“福寿男”乃是称为“三多”的“多福、多寿、多男子”省去了“多”字。

张居正巧解灯谜

张居正像

张居正，湖广江陵（今属湖北）人。字叔大，少名张白圭，又称张江陵，号太岳，谥号“文忠”。明代政治家、改革家。中国历史上优秀的内阁首辅之一，明代伟大的政治家。

明朝万历十年（1582）的元宵节，明神宗万历皇帝朱翊钧和李太后、陈太后一起观看紫禁城中的鳌山灯会。随从的还有内阁首辅张居正和大太监冯保。

众人走到灯街的入口，看到一座璀璨夺目的梅花灯阵，打头的第一盏灯，高约八尺，通体透明，花蕊间插着一个精致的黄绫绢轴，冯保命守灯的小伙将其取下，恭恭敬敬地送到朱翊钧手中，朱翊钧抖开一看，上面是一首诗：

闯关踏隘气吞吴，
驰向中原拜洛书。
尽载英雄朝帝阙，
忠心岂肯赤龙孤。

诗下面还有三个工整小字：打一字。

朱翊钧看了半天也没看出什么端倪，忙问身边的张居正。张居正打一看到诗谜就开始琢磨，这会儿从容答道：“这个字谜，若从字的笔画架构上去寻思，肯定是猜不出来的，这是一个会意的字谜。”朱翊钧问道：“会意？那它是什么字？”张居正说道：“马字，骏马的马。闯关踏隘，驰向中原，都是说宝马的故事，三四句语意更明了，烈马载天下英雄尽朝帝阙，辅佐皇上开创千秋盛世。玉龙指的是皇上，皇上上应天命，降临人间是嘉靖四十一年（1562），这一年是壬戌年，壬戌五行属水，玉与金配，属金，金生水，玉龙乃皇上天命之意。如今骏马来朝，皇上就不会孤单了。”朱翊钧和两位太后听完之后连声称赞张居正的解释精妙，合情入理。

高攀龙以谜对谜

高攀龙（1562～1626），字存之，别号景逸，明代文学家、政治家。明万历十七年（1589）中进士，官至左都御史。

高攀龙的妻子王氏是一个很有才识的女子。有一年元宵之夜，夫妻二人对月饮酒，王氏说：“夫君，我说个

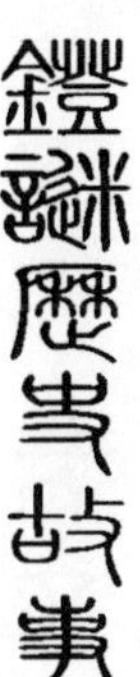

高攀龙像

字谜你猜猜，如何？”高攀龙欣然同意。王氏便道：

颠倒没来由，
逢九撇不留，
两人同出一人休，
可意儿难开口，
抛却勾心事，终成就，
巴不得一点在心头，
莫向平康八字求，
十字街上立，
任他人去恨悠悠，
兴发（發）始，天助酬。

高攀龙想了半天也没有头绪，而且句子太多，更是乱了思绪。王氏说：“夫君，不要着急，像这样猜的谜语，其实都是虚张声势，比如第一句‘由’字颠倒，是个‘甲’字，其余的也都类推即可。”高攀龙听了妻子的提示，心中豁然开朗，又琢磨了多时，终于猜出了谜底，他说：“这谜底必定是天干的十个字，即甲、乙、丙、丁、戊、己、庚、辛、壬、癸。”王氏点头称对，二人举杯对饮。

过了一会儿，高攀龙灵机一动，说：“我也有一个谜语，请夫人猜一猜。”然后念道：

身在匣中不自由，
十事九误意如钩，
赖内助，一事求，
何不该添人进口，
茂林芳草不须有，
贵妃屏风半遮羞，
高唐脚下遗印痕，
有幸书来一字休。
任凭他，人儿溜，
自揆才少天意留。

王氏听完，哈哈大笑说：“夫君，我的谜底即是你的谜底呀。”高攀龙拱手说：“邯郸学步，献丑了。”两人又高兴地喝起酒来。

绿水湾头问老僧

明朝有个叫张冀的人，自己并没有什么才学，却一心想金榜题名。在他去参加考试前，有位朋友送了他几句话：

成不成，平不平，
绿水湾头问老僧。

他虽然不怎么了解这几句话的意思，可还是抱着一线希望前去赶考。考试完了，一张出榜来，果不其然，

明代人物画

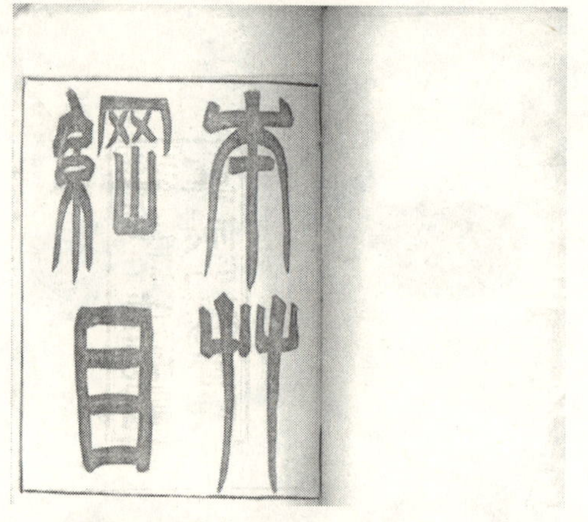

《本草纲目》书页

他名列劣等，便垂头丧气地往回走。路过一座禅寺，便到寺里休息。有位老僧捧茶上来，说了一声：“解元请用茶！”张冀忽然记起人家送给他的几句话，便问老僧这是什么地方？老僧说：“此地叫绿水湾。”他一想，这与人家送给他的话暗暗符合。可是分明自己没有考中，为什么老僧却称他“解元”呢。这必是上苍暗示他命中该中解元。

于是他便更加努力，决心一定要争取考中解元。一直到嘉靖三十七年（1559），他才果然考中了解元。直到此时，他才明白这几句话的意思。“成不成”是“戊”字，“平不平”是“午”字，嘉靖三十七年恰恰是戊午年，这几句话说他是“戊午解元”。

李时珍药方戏官

李时珍（1518～1593），字东璧，晚年自号濒湖山人，湖北蕲州（今湖北省黄冈市蕲春县蕲州镇）人，中国古代伟大的医学家、药物学家。李时珍曾参考历代有关医药及其学术书籍八百余种，结合自身经验和调查研究，历时27年编成《本草纲目》一书，这是我国明朝时代药物学的总结性巨著，另著有《濒湖脉学》。

李时珍曾经当过知县，因为痛恨官场的险恶，便毅然放弃仕途，辞官回乡。临行前，新上任的县官设宴为李时珍饯行。吃饭的时候，新知县对李时珍说：“早就听说您医术高明，能不能给我开一剂补滋的药呢？”

李时珍早就听说这个新县官是个贪色好酒之徒，是个昏官，便想趁机戏弄他一次。李时珍假装说好，并取来笔墨纸砚，提笔开了剂药方，他写道：

柏子仁三钱　木瓜二钱
官桂三钱　柴胡三钱
益母二钱　附子三钱
八角二钱　人参一钱
台乌三钱　上党三钱
山药二钱

李时珍把药方交给新任县官后，就辞官回乡了。

第二天，县官把药方交给师爷去抓药，药铺里的老先生对着药方端详了好久，才支支吾吾地说：“县太爷让李时珍给骂了。这个药方其实是个藏头字谜，把这十一味药的头一个字连起来就是‘柏木官（棺）柴（材）益（一）附（副），八人台（抬）上山’。”

师爷回去把药方中的奥妙告诉了县官，县官气得连连大骂。

药圣字谜收徒弟

有一天，李时珍要上山采药，他的儿子李建元和邻居家的少年庞显也要跟着他一起去。

李时珍像

李时珍说道：“上山采药可不是好玩的事情，非常危险，常常要出没于深山老林之中，人迹罕至之处，要风餐露宿，与山林野兽为伴，这一去就得十天半月才能回来，你们太过于年少，恐怕吃不了这个苦吧。”

两个孩子听完之后，面无惧色，一起说道：“我们能吃这个苦，请您放心。”

李时珍听到两个孩子的回答，不由得笑着说道：“好，勇气可嘉。我给你们出个字谜，你们若要是能猜得出来，又能做得到，我就答应带你们去。”说完便开口吟道：

左右两边都是树，
中间一个老鹊巢。
大哥掏鹊树上骑，
小弟伸手向上掏。

李建元听完之后，一声不响，低头苦思冥想，却苦于毫无头绪。而从小立志从医的庞显则捡了一根树枝，在地上写了一个字。

李时珍见了之后，心中十分高兴，夸道：“真是个聪明的孩子，你猜得很对。”当下李时珍就收了庞显做徒弟，带着庞显进山采药。从此庞显便跟在李时珍身边开始学习医药知识，跟随李时珍到处行医采药，治病救人。

聪明的你，知道此字是什么字吗？

（谜底大揭密：攀）

李时珍采药问路

有一天，李时珍带着新收的徒弟

庞显，进山采药，他们不避艰辛、翻山越岭，走了很远的路。当他们来到松杉参天的深山之中时，觉得饥肠辘辘，便要找一个休息吃饭的地方。前边是个三岔路口，不知哪个方向才有较近的村落。正在为难之时，正巧看见一位白发老人，拄着拐杖，从对面走来。庞显赶忙上前施礼问路，并说明是随师父李时珍进山采药来的。老人听了爽朗地笑道："原来是李郎中到了，久仰大名，不期有缘幸会，小老儿现有一诗求教。"随即吟道：

老汉首如霜，龟峰眺武昌，
万物入梦时，酸甜苦辣香。
重阳花满枝，湘子谱乐章，
昭君出塞去，低头思故乡。

明代作品

李时珍抱拳答曰："此诗含八味药材，乃是白头翁、望江南、全蝎、五味子、野菊、神曲、王不留行、淮熟地是也。"老者笑曰："果然不错！"随即用拐杖在地上写了一个"主"字，悠然而去。庞显看了半天，不明白是什么意思，李时珍说："往右！"庞显挠了挠脑袋，还不明白，李时珍说："老人写这个'主'字，是'往'字的右边，故而是告诉我们往右去，便有村庄了。"

媳妇隐语救公公

严嵩（1480～1565），字惟中，号勉庵、介溪、分宜等，江西新余市分宜县人，他是明朝重要权臣，擅专国政达20年之久，累进吏部尚书，谨身殿大学士、少傅兼太子太师，少师、华盖殿大学士。为中国历史上著名的权臣之一。严嵩为官，专擅媚上，窃权罔利，并大力排除异己，还吞没军饷，废弛边防，招权纳贿，肆行贪污，激化了当时的社会矛盾。

严嵩像

明朝嘉靖年间，严嵩造了一座用巨鱼骨头当正梁的新客厅。新屋落成那天，他大摆宴席，吸引八方人士齐来庆祝，趁机大肆收取贿赂，中饱私囊。当天，人们一早拿着贺礼来到严嵩家，只有他的亲家罗洪先却偏偏姗姗来迟，而且什么贺礼也没带。严嵩十分不满。

罗洪先（1504～1564），字达夫，号念庵，江西吉水人，明代学者，杰出的地理制图学家。一生奋发于地理学等科学的研究，发现当时地图多疏密失准、远近错误，于是亲自外出调查收集资料，准备重新编一内容丰富、地理位置准确的地图，以计里画方之法，创立地图符号图例，绘成《广舆图》。创编成地图集形式，不仅继承了朱思本制图法，还加以发展，使地图更为科学实用。

罗洪先是明朝嘉靖年间的状元，他为官清廉刚正，深受众人尊敬，和严嵩是水火不相容的两路人。

可是他们却为何成了亲家？原来，严嵩当初权位不巩固之时，为了网罗党羽，想拉拢罗洪先，便把自己的女儿许配给了他的儿子，但罗洪先当了严嵩的亲家却并不买严嵩的账，依然与他保持距离，洁身自好。

宴会前，严嵩满脸得意之色，特邀众宾客参观新客厅。众人交口称赞。罗洪先明知正梁是用巨鱼骨做的，却偏偏讥讽说：“美中不足的是材料小了些。”严嵩听了之后，更加生气。

晚上，严嵩留罗洪先在书房歇息。他回到自己的卧室之中越想越气，女儿都给你们罗家当了媳妇，你却不领情，我现在也用不着你了，我留你有什么用？我要置你于死地。于是，他连夜赶写奏疏，罗织罪名，准备次日早朝时参本陷害罗洪先。

严嵩的女儿原本对父亲的所作所为就十分不满，这天正住在娘家，发现了父亲写的奏疏，知道他要加害自己的公公，更是气恼。她知道自己的公公是个刚正不阿的好人，于是决心救公公，可又不能直接给公公通风报信。万般无奈之下，她急中生智，想出了一个妙法：在茶杯中偷偷放进两颗红枣和一撮茴香，叫丫环把这杯茶送给书店中的公公，并嘱咐丫环转告一句话：“望公公想想这茶的意思。”

媳妇献茶，这原本是情理之中的事，但为什么还要“想想这茶的意思”呢？罗洪先觉得奇怪。等他掀开茶杯盖一看，只见茶水之上漂浮着两颗红枣和一些茴香。他看着杯中之物琢磨起来：枣、茴香，而且是两颗枣。罗洪先一想之下恍然大悟，媳妇的意思是：“早（枣）早（枣）回（茴）乡（香）。”肯定是这位亲家奸相要加害于我，媳妇叫我告老回乡躲起来。

第二天，天刚蒙蒙亮，罗洪先便骑着马，急急奔向故乡。天亮以后，严嵩听说罗洪先已经早走了，也就只好作罢。

严嵩妙语测人字

严嵩是明朝的大奸臣，他发迹前，曾经是个测字先生。

严嵩百寿图

有一年，严嵩进京会试，名落孙山，心里抑郁，大病了一场。但是盘缠都用光了，一时回不了家，只得在京城摆个测字摊，只求混口饭吃。

时间过得很快，转眼就到了大年三十，严嵩依然衣衫单薄，他每天面黄肌瘦地守着他的测字摊，但这一天严嵩却时来运转了。

那天，当朝宰相李阁老，穿着便衣在随从的陪同下在街上闲逛，路过严嵩的测字摊时，见他举止斯文，又听他谈吐不凡，就有意要试试他的本事。李阁老把手中的洒金折扇往桌子上一放，拿起笔在桌子上面写了一个大大的“人”字。

严嵩一看，连忙双膝跪地，叩头说道：“小生不知道太师大驾光临，有罪有罪。”李阁老见此情景，不禁一惊，忙搀扶起严嵩问：“你怎么知道我是当朝宰相？”

严嵩不慌不忙地说：“老太师先放下折扇，正好是一个‘一’字，‘一’字下面又写了个‘人’字，合在一起就成了‘一人之下，万人之上’，这不正是宰相身份吗？”李阁老一听，觉得有道理，就赏了他一锭银子。

第二天，李阁老命管家李贵去找昨天的测字先生拆个“人”字，李贵马上跑到测字摊，没多说话，就在手心上写了个“人”字，然后摊到严嵩面前说：“就测这个字吧。”严嵩看了一眼，问道：“请问官人是哪个府上的管家？”李贵不禁一惊，忙问：“你怎么知道？”严嵩说：“官人把‘人’字写在了手心上，是‘手下人’的意思。”李贵听了，心悦诚服，付了钱，便赶忙回府跟老爷禀告。

李阁老听了，就命人去刑部大牢解个罪犯出来，让两位差役远远地跟着，也去那个测字摊，还是要测“人”字。那罪犯以为李阁老要拿他寻开心，满肚子不高兴，到了测字摊

前，也懒得提笔，就说了个“人”字，让严嵩给他解说。严嵩冷笑一声说：“你是个被关的囚犯，还问什么前程呀？现在你自由了，怎么不随便溜达溜达。”说话间，两位差役已经到了测字摊前，他们问道：“你怎么知道此人是个囚犯？”严嵩说：“这位老兄人字口中出，不就是个‘囚’字吗？”

差役回去如实禀告了李阁老，李阁老非常佩服严嵩，就把他推荐到了翰林院。从此，严嵩就凭着他察言观色的本事，步步高升。

百姓谜谣杀恶官

严嵩对直陈时政的人都要打击甚至杀害，如主张收复河套、追逐鞑靼的大臣夏言、将领曾铣、抗倭有功的总督张经，都因指责严氏父子而遭杀害。大家对他都痛恨至极，但因他位居高官，又专权，都拿他没有办法，刑部员外杨继盛，参奏严嵩十大罪状五大奸恶，但都没能动他一根毫毛，反而被严嵩囚于牢中，后遭杀害。

从此，人们对严氏父子虽恨之入骨，但却敢怒不敢言。有人作了一首隐语：

高山番草，父子阁老。
日月无光，乾坤颠倒。

这则谜谣传遍了全国上下，大人小孩无人不知，无人不晓。有一天，传到了嘉靖皇帝耳里，使皇帝终于省悟了。他想：高山就是嵩；番草即蕃；

钤山堂集

日月无光乾坤颠倒，是说明天下已经混乱黑暗了。

从此，嘉靖皇帝开始疏远严氏父子。最终被邹应龙参倒，其子严世蕃当街被斩，严嵩被革职，并没收家产，不久就病死了。

先生哑谜换菜谱

明朝嘉靖年间，有一位学者叫胡汝桂，因为脚有点瘸，而官却做到吏部侍郎，所以人称“跛脚天官”。

他少年时就很聪明，当地人都称他是神童。他的启蒙老师是位60多岁的老先生，因为牙齿不好，东家每顿饭都给他炖豆腐或煎豆腐吃，不过天天如此，他就吃腻了，可是又不好明说。

有一次，吃完了饭，老先生就把一块豆腐放在砖上，东家来收碗时看见了，不明白是什么意思，便在胡汝

明代人物画

桂放学回家后问胡汝桂。胡汝桂说："先生准是不爱吃豆腐了。"他父亲问："你怎么知道？"胡汝桂说："父亲请看，豆腐放在砖上，明明是说咱家砖（专）给他豆腐吃。"他父亲说："那你说给他换什么菜好？"胡汝桂说："我看下顿菜就炒豆角吧。"他父亲问："这又是为什么呢？"胡汝桂说："这几天先生老是给我们讲两只山羊过桥，互不相让的故事，那不是斗（豆）角吗？"

道姑妙方解相思

在明朝的时候，有位良家女子，年轻貌美而又多才多艺，不料却因此招来当地恶少们的纠缠，她为了摆脱他们，也为了给家人减少麻烦，无奈之下逃到一个道观里当了道姑。她每天心情忧郁，只好借诗画以遣解。那道观中的主持老道婆是个爱才的人，很喜爱她的诗画，便把她的诗画悬挂在斋堂里。这个道观虽然每日香火不断，但并没有什么香客注意到这些诗画。

竹枝词诗意图

后来有一位进京赶考的年轻书生经过庙堂，看了这些书画，大为赞赏，站在诗画前徘徊不去，再三品味。他问老道姑这些书画的作者是谁，能否有缘相见。老道婆指了指在里屋打坐的道姑。那书生望见道姑那美丽端庄的容貌，宛若仙人，不由得如醉如痴，心中爱之怜之，放之不下，竟然一下子病倒在道观的廊下。

老道婆见了这种情景，非常着急，

便去与道姑商量解救的办法。道姑早就发现这个书生在欣赏她的诗画时的模样，便说："我开个药方，你送给他看看，保证能够药到病除。"道婆把道姑写的素笺送给书生，书生打开一看，上面写的是：

夜雨浸芳径，晨风引朝曦；
有心赴春闱，莫负梦得诗。

书生看罢，握着素笺，躺在廊下神思起来。他反复琢磨这诗的最后一句。梦得是唐朝大诗人刘禹锡的字，他喜欢作"竹枝词"。他有一首有名的《竹枝词》，后两句是："东边太阳西边雨，道是无晴（情）却有晴（情）。"这样，关于道姑这首诗的前两句的意思也就能明白了：第一句写雨——无情，第二句写晨曦——有情，也正是扣"道是无情却有情"这句诗。

书生一想到此处，昏蒙的眼睛一下子亮了起来，心里仿佛注入了一道清泉，浑身轻松，头脑清楚，全身的病一下子全消除了。他站起身来，在斋堂外向着仍在打坐的道姑深深施了一礼，说道："多谢道姑救命之恩，小生此生绝不敢忘。"说完之后他揣上道姑的素笺，赴京赶考去了。

于谦诗谜考书童

明朝政治家、诗人于谦（1398～1457），字廷益，号节庵，明代名臣，民族英雄。官至少保，世称于少保。祖籍考城（今民权县），故里在今民权县程庄乡于庄村。于谦的曾祖于九思在元朝时离家到杭州做官，遂把家迁至钱塘太平里，故史载于谦为浙江钱塘人。于谦与岳飞、张煌言并称"西湖三杰"。

于谦像

于谦家中有个书童，年纪不大，聪明伶俐又勤奋好学。于谦很喜欢他，也想培养他，所以经常给他指定书目叫他读。一天，于谦得闲暇，想考考书童，便挥笔写了一首诗：

千锤万凿出深山，
烈火焚烧若等闲。
粉身碎骨浑不怕，
要留清白在人间。

他写好后，命书童按诗中所写去把东西买回来。书童拿着单子，边走边想，边想边走，走着走着又回来了，原来他走了一圈，想了一路也没能想出谜底。于谦没有责备他，而是鼓励他，让他再好好想想，明天去买也不迟。

书童回到房中整整想了一夜，第

二天起了个大早，到街上买回一块磨刀石、一斤铁钉、一斤麦子和十斤豆子。于谦看了，笑着说：“不对，不对！说说你为什么买这几样东西。”书童说：“磨刀石正是‘千锤万凿出深山’，铁钉不是‘烈火焚烧若等闲’吗？麦子磨成面粉，不是‘粉身碎骨浑不怕’吗？豆子做成了豆腐，不是‘要留清白在人间’吗？怎么不对？”于谦说：“看来你是动脑子了，你说的也有点道理，但是我是叫你买一样东西。你再想想看，什么时候想好了，什么时候去买。”

书童又冥思苦想了一天，终于想了出来，他高高兴兴地上街买了回来，交给于谦。于谦一看，十分高兴地说：“对，对！只有好好动脑才能有进步，你今后还要勤奋读书，这样才能有所长进，成就大事。”这首诗就是于谦的名诗《石灰吟》，也是于谦一生光辉历程的真实写照。

（谜底大揭密：石灰）

苏平诗谜夸豆腐

苏平是明朝景泰十大才子之一。有一年，他经过长途跋涉来到了久负盛名的剑门关。剑门关是个地势险要的戍守要塞，有“一夫当关，万夫莫开”之称。

那天，苏平走累了，就想找一家饭馆休息一下。只见在剑门关的集市上，家家都挂着“剑门豆腐”的招

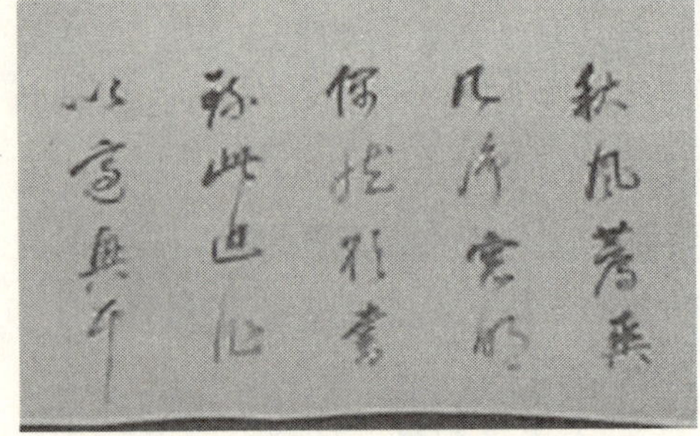

明代书法作品

牌，据说当地的豆腐很好吃，这主要得益于剑门的水。

苏平便随便选了一个餐馆，进去坐下了。店老板很热情，苏平点了一个“麻辣豆腐”，一个“油炸豆腐”和四两老酒。一会儿，酒菜就都上齐了。苏平细细品味着酒菜，心中好不惬意。一时兴起，就叫来店老板，让他提供笔墨纸砚，提笔写道：

传得淮南术最佳，
皮肤褐尽见精华。
一轮磨上流琼液，
百沸汤中滚雪花。
瓦缸浸来蟾有影，
金刀剖破玉无瑕。
个中滋味谁识得，
名在僧家与道家。

店家和餐馆里的客人看后，都称赞是好诗。有个秀才说道：“这不仅是首诗，还是则诗谜。”众人恍然大悟，猜过后，又一次竖起大拇指。

不良之人魏忠贤

魏忠贤（1568～1627），原名李进

忠。明末宦官，明熹宗即位后，开始平步青云，拉开了中国历史上最昏暗的宦官专权的序幕，一时厂卫之毒流满天下，一大批不满魏忠贤的官员士子惨死狱中。他耗费民财数千万，自称九千岁，排除异己，专断国政。明崇祯继位后，打击惩治阉党，治魏忠贤十大罪，命逮捕法办，魏忠贤自缢而亡。

当时，有一位大名鼎鼎的测字高手，是福建惠安人郑仰田。魏忠贤听说他测字很灵，便命人把他召到家中。

郑仰田到魏府后，魏忠贤故意写了一个“囚”字，想看看郑仰田怎么测。郑仰田看了一眼这个“囚”字，说:“‘囚’字，外面的‘口’字表示国家的疆域，里边是掌握这个国家的‘人’，合起来就是说您一个人掌握国家大权，也就是当国一人。”魏忠贤一听，非常高兴。

魏忠贤又写了一个“飢”字，郑仰田细看了一下，说:“看这个字，这是个不良之人，但也是个不凡之人。”魏忠贤听后，心里不高兴，但又不好直言，便问道:“先生怎么知道?”郑仰田解释说:“这个‘飢’字的左边是‘食’，看起来很像‘良’，却又不是‘良’，实在是不良之人；右边连着的‘几’很像‘凡’，却少了一点，所以是‘不凡’之人。”

魏忠贤本来是不相信测字的，但是听了郑仰田的一番话，心里又觉得很准，他无话可说，就很快把郑仰田打发走了。

上下有土方成卦

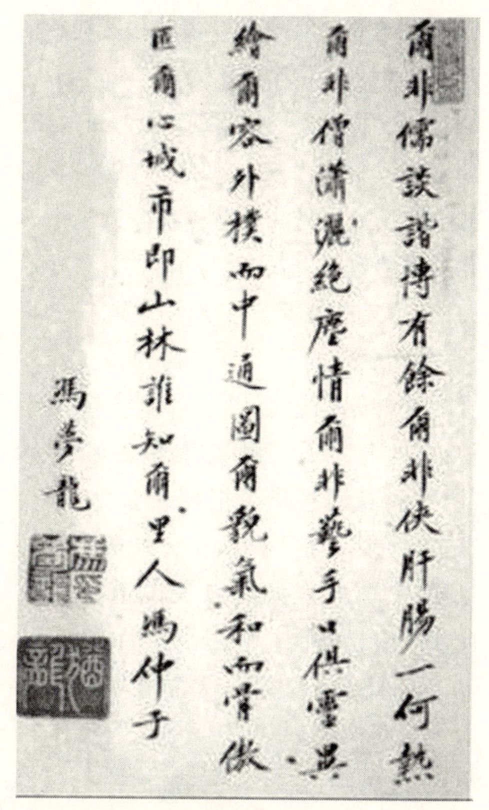

冯梦龙的作品

冯梦龙（1574～1646），明代著名文学家、戏曲家。字犹龙，又字子犹，号龙子犹、墨憨斋主人、顾曲散人，吴下词奴、姑苏词奴、前周柱史等。南直隶苏州府长洲县（今江苏省苏州市）人。他是一位多才多艺的“天才狂士”，他编著的《喻世明言》《警世通言》《醒世恒言》被称为《三言》流传于世，是中国白话短篇小说的经典代表。冯梦龙以其对小说、戏曲、民歌、笑话等通俗文学的创作、搜集、整理、编辑，为我国文学做出了突出的贡献。他还编了一本《智囊》，共十部二十八卷，受到世人的喜爱。他同时又是一位制谜和猜谜的妙手。

有一次，冯梦龙来到吴江，和当地才子叶仲韶一起在街头漫步，见一个卦摊前面围满了人。他灵机一动，便对叶仲韶说："素闻才子文思敏捷，解诗破谜如洪炉点雪，易如反掌，我今天出个谜儿当面请教。"说完就吟道：

上无一片瓦，下无一席地。
腰间挂个葫芦，口吐阴阳怪气。

叶仲韶稍微沉思了片刻，拱拱手说："学士大人，触景生情，妙哉妙哉！"说着用手指了指那个卦摊。说："这个字要靠上下两块土方能成卦，是这样吗？"冯梦龙点点头说道："君有此才，金榜必能高中。"

后来，冯梦龙把这个即兴之作编入了《黄山谜》一书，流传至今。

（谜底大揭密：卜）

有面无口爱吃喝

冯梦龙以他的《三言》闻名于世，同时，他对歌谣、谜语也很有造诣，他以歌谣体写了一本谜语专著叫《黄山谜》，是中国谜史上的一部很有影响的著作。

冯梦龙从小好读书，他的童年和青年时代与封建社会的许多读书人一样，把主要精力放在诵读经史以应试科举上。然而他的科举道路却十分坎

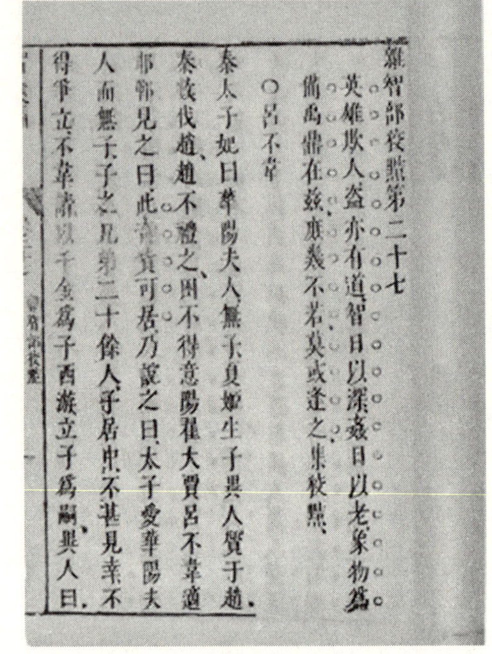
雜智部狡黠第二十七
英雄欺人盜亦有道智日以深姦日以老象物爲
備禹鼎在茲庶幾不若莫或逢之集狡黠
○呂不韋
秦太子妃曰華陽夫人無子夏姬生子異人質于趙
秦數伐趙趙不禮之困不得意陽翟大賈呂不韋適
邯鄲見之曰此奇貨可居乃說之曰太子愛華陽夫
人而無子子之兄弟二十餘人子居中不甚見幸不
得爭立不韋請以千金爲子西游立子爲嗣異人曰

智囊补

坷，屡试不中，后来在家中著书。因热恋一个叫侯慧卿的歌妓，对苏州的茶坊酒楼下层生活频繁接触，这为他熟悉民间文学提供了第一手的资料。他从此醉心于野史小说、俚曲、民谣，终日在家著述。他的书童在他的熏陶下，经常同他对歌猜谜。

一年春天，一位多年未见老友前来拜访。冯梦龙约他到后花园赏花小叙。二人携手来到花园，冯梦龙转身招呼书童说："快去厅里取一件东西来。"书童拱手问："不知先生要取何物？"冯梦龙并不直接回答，而是说道：

有面无口，有脚无手，
又好吃肉，又好喝酒。

书童一听，说了声："晓得了！"转身便走。不一会儿，他与另一家童

把一张小桌子抬到花园里来。冯梦龙又说：“你再把草木之间人请来。”客人听了，还以为另外还有客人要请，却见书童端着一壶茶送到桌子上。客人才明白过来。这原来又是一个谜。

（谜底大揭密：桌子、茶）

夫妻共商多字谜

明朝的时候，有个举人叫维明，他的妻子徐氏也是一位多才的女子。元宵节的夜晚，夫妻二人在家中对月饮酒。徐氏说：“我说一个字谜你猜，猜不出罚酒三杯。”维明说：“夫人请讲。”徐氏便开口说道：

闭朱户才郎远去，
闼庭坐月落长空。
阁虚悬各自去了，
问消息口信无踪。

维明想了想便说：“这是个‘门’字，对不对？”

徐氏点了点头，说道：“夫君果然高才”。维明说：“我也说个谜你猜，猜不中，也罚酒三杯。”便接着吟道：

颠倒不自由，
哄鱼儿上钩，
两人便把一人丢，
可惜心不应口，
要成就终难成就，
一点儿巴不到头，
欲问平康把八字推求，
薄幸人藏头十分露丑，

明代人物画

任他人去，恨悠悠，
兴发时抛却了弓鞋难绣。
（每句猜一字。）

因为句子太多，听了后头记不清前头，徐氏一时猜不出个头绪，正在忙乱的时候，维明又催着说：“猜不出就要罚酒了！”急得徐氏满脸通红，怎知越急越猜不出。维明不忍看着夫人着急的样子，便提示一声：“这样的谜语，听起来很复杂，其实虚张声势，虚词颇多，只要抓住要害，猜出一两个字，其他几个字，不用猜也就预料出来了。”

徐氏一听之下便得到启发，于是要求丈夫先把第一句再说一遍。维明再念第一句时，便故意把“颠倒”和“自由”的“由”字念得特别重些，徐氏听出门道来了，心领神会，便恍然大悟。然后又一句一句地推测，都猜出来了。维明说:“那还得一句一句地说出个道理来才算猜对，否则只是蒙对的，还要受罚。”于是徐氏便一个字一个字地解说，果然甚妙。维明说:“这不能算是你全猜对的，不罚三杯，只罚一杯，我陪你共饮一杯吧。”夫妻二人举起酒杯共同饮了一杯，又一起拍手大笑起来。

（谜底大揭密：天干十支之甲、乙、丙、丁、戊、己、庚、辛、壬、癸）

射谜赢得落汤鸡

明朝末年，有位叫黄周星的学者，是当时著名的戏曲作家，字九烟，又字景明，改字景虞，号圃庵、而庵，别署笑仓子、笑仓道人、汰沃主人、将就主人等，晚年变名黄人，字略似，别署半非道人，金陵（今江苏南京市）人。官至户部主事。明亡以后，隐居湖州，以诗文著述为事。他爱好灯谜，首创“酒令体”灯谜，谜面为诗词，谜味淳厚。著有《刍狗斋集》《廋词四十笺》。他本姓黄，幼年时为湘潭周氏养大，故名黄周星。

有一天，他在为养父周氏庆寿的宴会上，提出以大家轮流出谜互相猜射，以代酒令。众人因他是谜界的高手，又是东道主，便请他先出谜。他就先出了一则谜语：

忽而冷，忽而热，
冷时头上暖烘烘，
热时耳边声戚戚。

并说明这是分扣谜，隐三国人名一，谁能射中便会用“落汤鸡”作为报酬。席间有一位射手推敲了片刻，对这个谜面和这个酬法都拍手叫绝。他便起立说道:“这是‘貂蝉’。”他解释说：貂蝉本来是古时的一种帽子，冷的时候，戴貂皮帽，头上就暖烘烘；天热的时候，蝉就鸣叫，所以耳边声戚戚。”

明代人物画

黄周星称赞道:“贤兄真属高才，受敬‘落汤鸡’无愧!”大家正担心黄周星要泼他一盆冷水时，但见黄周星斟了满满一大杯酒献给了猜者，猜者举酒一饮而尽。原来“落汤鸡”也是个谜，鸡为酉，汤为水，酉加水，

是一个“酒”字。

纸花匠巧寄家书

明朝崇祯年间，在湖广沔阳州一带，有一个名叫继儿的年轻纸花匠。他出身贫寒，在他很小的时候便父母双亡，是靠着周围邻居的接济才长大成人。他没读过书，斗大的字不识一筐，却学得一手剪纸花的好手艺。他心灵手巧，做纸花活总是现做现卖，客等货成。时间一长，他的名气就大了起来，生意也一天比一天兴旺，成为湖广远近闻名的最精巧能干的纸花匠。

明代人物画

有一年湖广大旱，颗粒无收，人们连温饱都难以解决，继儿的纸花生意也萧条起来。继儿看着空空的店铺愁得没办法，正巧他的妻子杏子从刚由浙江贩牛回来的邻居牛经纪那里得知浙江一带盛行纸花生意，就劝继儿远去江浙一带碰碰运气。夫妻俩商量好大小细节，准备妥当，继儿就别了妻子杏子，到浙江去了。

古代名画欣赏

继儿到了浙江之后，发现这里物阜民丰，人们的生活很富足。他在浙江做纸花生意，很快就有了名气，打开了销路，三年之间赚了不少钱。时间一长他便惦念起在家的妻子。他很想回家看看，可又舍不得这里的好生意。要捎钱回去又苦于没有可靠的人选，因此心中感觉十分苦闷，于是时常到酒店里饮酒消愁。

一天，在阳春酒楼里忽然遇到了又来浙江贩牛的牛经纪，他在请牛经纪喝过酒之后，便把一百吊钱和一封家书交给牛经纪，托他交给杏子。牛经纪知道继儿夫妻俩都不识字，要看看这封家书是怎么写的。他回到家中将信拆开一看，只见里面是一张黄纸上贴着剪的4只斑鸠，8只八哥，还有两只鹦鹉口衔两件小孩衣服，一个坛子，除此之外一个字也没有。他不禁暗笑这个目不识丁的剪花匠人竟把自己卖不出去的剪花样子贴起来当家信，当真太土气了，也真蠢笨得可以。突然之间又想他这次来浙江贩牛，遇上牛瘟，亏了本，正好可以从继儿交给他的一百吊钱中拿出些来用用，料想他那同样不识字的妻子也不知道究竟给她带回多少钱来。

牛经纪回到家，专程赶到了继儿家中把在浙江遇到继儿的情形告诉给杏子，并把那封家书和50吊钱交给了她。杏子打开家书一看，又抬头看了看牛经纪，便开口问道："牛老板，家书上写的是捎给我100吊钱，你怎么只给我50吊啊？"牛经纪一听，心里暗暗吃惊，便又拿过家书来仔细看过，还是没有一个字，便说："想必是你看错了吧，这上面并没有写明是100吊钱啊。"杏子笑着说道："这4只斑鸠，正是四九三十六，这8只八哥是八八六十四，加在一起不正是100吊吗？"牛经纪才恍然大悟，不过还不死心，又问杏子："这两只鹦鹉口含两件小衣服是啥数呢？"杏子笑道："两只鹦鹉正是二五一十，这是说用10吊钱给孩子添置两件衣服"，又指着那口坛子说："还剩下的90吊钱，让我放到坛子里存起来。"牛经纪这才红着脸却又心服口服地把另外50吊钱又交给了杏子。

灯谜巧射《牡丹亭》

明朝末年，正当李自成起事之时，尚炯奉了李自成之命，来访问牛金星。这牛金星，字聚明，陂北里大牛庄（今石桥乡）人，后迁居县城。这天正是元宵节，二人不期在灯市上相遇。二人边叙别情，边看花灯。在一个转角处，看见一则灯谜：

挑灯闲看《牡丹亭》

——打《滕王阁序》中的一句

明代人物画

牛金星说："这谜面不是从钱塘妓女冯小青的诗里来的吗？"尚炯问：

“冯小青是哪里人呢？”牛金星说：“这冯小青是扬州人，自幼沦落烟花，能诗善画，极负才名。16岁时被一个叫姓冯的有钱人纳为妾，冯的妻子嫉妒而凶悍，对小青百般欺凌，将她软禁在孤山佛舍之中，小青忧郁难禁，苦从心来，写了一首诗：

冷雨幽窗不可听，
挑灯闲看《牡丹亭》，
人间亦有痴于我，
岂独伤心是小青。

尚炯听了，感触于小青遭遇的不幸，叹息了一声又问：“这谜底与小青的事有关系吗？”牛金星沉思了一下说：“依我看来，似乎不必从小青的事上去寻思路，单从谜面上就可以猜到谜底的。你想：《牡丹亭》是谁写的？”尚炯说：“是汤显祖啊。”牛金星一拍大腿说：“对，这就不远了，汤显祖是临川人，他的《牡丹亭》与《紫钗记》《邯郸记》《南柯记》，世称‘临川四梦’。”尚炯说：“看来你已经猜着了。”牛金星说：“不错！”设谜者拱手说：“先生猜对了，真是高才。”便将一把湘妃竹骨的折扇赠给他。

（谜底大揭密：光照临川之笔）

牛不出头催客行

尚炯在灯市口遇到了牛金星之后，两人经过长谈，尚炯更判定牛金星是个人才，他更坚定了要请他出山的想法。于是他便向牛金星说明了自己的身份，并且劝说牛金星随他一起到李闯王的营里去，共同辅佐闯王以成大事。牛金星虽然心有所动，但是心中仍然犹豫不决，一时拿不定主意。他向尚炯表示容他好好想想，明天请尚炯到他家来，到时候两人再商量一下。

明代山水画

第二天，尚炯早早地便亲自到牛金星家里去拜访。不料，牛金星家里人说他一早就出门去了，并不在家中。尚炯想，本来约好了今天来再商量的，怎么会不在家呢？他想了一下，便在他的门口写了一个“午”字就回去了。

牛金星躲在内室之中听家人禀报，知道尚炯已走，便走出内室到门口一看，只见尚炯在门上留下了一个“午”字。他望了望太阳，约摸只有巳时光景，还不到午时，心中纳闷起来，莫非他午时还要来吗？再仔细想想，他忽然明白了：“这是尚炯在点破我的心思，分明是在嘲笑我不肯出头。”想到此中关节，牛金星不觉心中有些惭愧。人家一片赤诚相待，自己却一再推脱，实在有些说不过去了。他便在晚间亲自跑到尚炯的寓所进行

解释。后来尚炯终于把他说服，随他一起出京去见闯王。

汤显祖破谜

汤显祖（1550～1616），字义仍，号海若，清远道人，晚年号若士、茧翁，江西临川人。中国明代末期戏曲剧作家、文学家。在中国和世界文学史上有着重要的地位。代表作有《牡丹亭》《紫钗记》等。汤显祖年幼时就聪明好学，少年时代便能应对如流。由于他博览诗词与乐府歌行，涉猎于百家，21岁考取了江西乡试的第八名举人。

汤显祖像

重阳时节，这位临川才子去拜谢考官张岳，应邀同往新建县的西山云峰寺登游。考官张岳见文质彬彬的汤显祖，正在池旁照影搔首，灵机一动，说："汤才子，本官今天饶有雅兴，想再考考你。"接着，考官张岳便摇头晃脑地吟了几句小诗：

半边大，半边小，
半边奔腾半边跳。
半边奔驰疆场上，
半边偷偷把人咬。

文思敏捷的汤显祖听后一笑，从禅房中向住持和尚借来爱国诗人屈原的名篇，指了指封面，然后诙谐地说："学台大人适才所制'文虎'，藏在此中。"

张岳注目一看，知道汤显祖已经猜中谜底，连连赞叹："真不愧临川才子啊，果然名不虚传！名不虚传！"

（谜底大揭密：骚）

汤显祖射谜求宿

明代杰出的戏剧家汤显祖，曾先后四次赴京参加科举考试，但连连落第，只得设馆教学，靠教书谋生。

有一次，汤显祖从丰城回家，途中突然下起大雨，汤显祖正路过一豪门，便叩门欲到他家避雨。

这富户有七个儿孙，请了一位饱学之士在家中开课。那老学究见汤显祖突然进屋避雨，便瓮声瓮气地问："请问君从何来？"汤显祖即拱手施礼说：

细撒一阵雨，彳亍两脚泥，
临川汤若士，丰城教书归。

汤显祖像

老学究见是同行，欲试其才便起身让坐，出联求对：

牡丹花开，七子满堂皆春色。

汤显祖当即应对：

梧桐叶落，一根光棍打秋风。

此时，这家主人从屏风后出来，见汤显祖人才一表，对答如流，便笑着说：“客官，看来你能诗善对，我再出四句诗谜你猜，如果能射中，就在我家歇宿，明日再走。”旋即唱了四句：

黄鹤楼，鲁班修；
灵芝草，被人偷，
骑龙跨虎由自去，
八仙飘海各自休。

才思敏捷的汤显祖只略一思索，便拱手笑答：“这个是仓颉所造的最容易写的一个字……”

那东家见汤显祖解谜如此迅速，深深佩服他的才学，于是热情款留数日，临别时，还给了他一份厚礼。

（谜底大揭密：黄字除去草、由、八，最后即是谜底“一”）

崇祯测字问国事

明朝崇祯皇帝朱由检（1611～1644），继位后，励精图治，杀掉了宦官魏忠贤，罢黜阉党，想拯救大明王朝。但终因天灾流行，赋役繁重，导致大规模的农民起义的爆发。崇祯十七年（1644），李自成攻克北京，崇祯皇帝朱由检在深宫之中日夜忧虑不安，心绪不宁。

崇祯像

崇祯皇帝在宫中烧香祷告，并命宫廷内侍卫誓死守住紫禁城，自己则化装成平民，带着一个内侍出宫打探消息了。路上偶遇一位测字先生，崇祯便想向他问一下凶吉如何。

那测字先生让崇祯写一个字，崇

祯随口说了个“友”字，测字先生问测什么事，崇祯答说：“国事。”测字先生惊道：“大事不好，这个‘友’字是‘反’字的出头，反贼有头率领，岂不是乱了江山。”崇祯一听，心里不禁一惊，但又故作镇静地说：“先生听错了，我说的是‘有’字。”测字先生略一沉思，说：“这个‘有’字是‘大’字少了一撇，‘明’字少了半边，这是说‘大明’少了半边江山呀，看来当朝无望了。”

崇祯听后，心里更觉无望，但还想试试，便又改口说：“先生请用‘酉’字测一下。”测字先生冷笑道：“这字更是凶多吉少，天子为至尊，这‘酉’字是‘尊’字斩头去脚啊。”

崇祯早已听得一身冷汗，便跌跌撞撞回宫了，当晚便吊死在煤山。

阮大铖做春灯谜

阮大铖（1587～1646），字集之，号圆海，明末人，曾任兵部尚书，后降清。他一生劣迹斑斑，为世人所唾弃，唯有其编的戏剧《春灯谜》为研究明末谜史留下了可贵的资料，这本书中也展示了明代京城中猜灯谜的热闹景象。

《春灯谜》中有几则打古今人名的灯谜，出自平民百姓之口，谜面通俗，其中之一是：

不是竹筒没左边，
还是驴儿没右边，

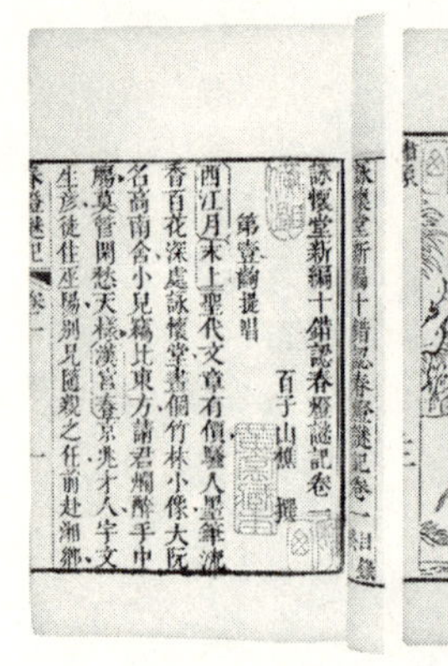

春灯谜

阁下右眼长松树，
小姐樱唇不见圆。

还有一则谜语是：

孩儿一点不见血，
从个先生忘记撇，
只有一字折两点，
也不粗糙也不黑。

还有一则猜“俗话儿”的灯谜：

不在街坊不在市，
卖卦的头上顶着个字，
江心里倒跳着钱玉莲，
张子房捞起站在身旁。

这几则灯谜算不上好谜，语句缺少文采，但是把灯谜编入戏剧，搬到舞台上与大家共赏，阮大铖是第一人。

（谜底大揭密：分别是司马相如、孟光、乡下婆娘）

黄道周送“腥”字

黄道周（1585～1646），字幼玄

（或幼平），又字螭若、螭平，号石斋，明代福建漳浦铜山（现东山县）人，明末著名的学者、书画家、民族英雄，其所绘的山水、松石都别具风格。天启二年（1622）进士，官至礼部尚书，明亡后抗清，被俘殉国，谥忠烈。

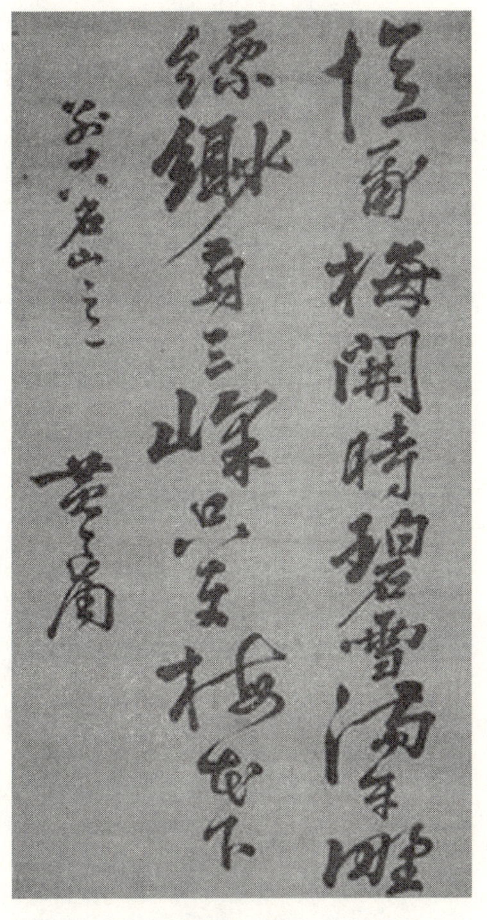

黄道周书法

当时，在漳州有个叫黄梧的人，因为献海澄城去投降清廷，被清朝统治者称为“海澄公”。这家伙是个好示风雅之辈。他听说黄道周的书画出众，于是便派人前去索取中堂条幅。

那被派来的幕僚来到黄家时，黄道周正在与朋友下棋。他知道那个人的来意之后，笑着说：“你家主人权大势大，黄某怎敢不从命，请稍等片刻。”旋即收了棋盘，令书童取来文房四宝。

黄道周路略一沉思，随后便挥毫泼墨，不一会儿工夫便在一张纸上画下了日、月、牛、桥四物，并题了12个字：

日头下，月亮旁。

月头牛，站桥上！

那幕僚一见，连声道谢，卷起画卷便走了。黄道周见那人走后，笑着对棋友说：“其实，我所提的12个字乃是个字谜。”棋友一听，一边哈哈大笑，一边称赞黄道周才思敏捷，不畏强势。

（谜底大揭密：腥）

张二寻找摇钱树

明朝时，传说有个叫张二的小伙子，他长得身强力壮，可就是不愿干活，因此，二十几岁仍然娶不上媳妇。他父母在世时，哥嫂看在老人的面子上，不愿意和他计较，后来父母离开了人世，哥嫂就和他分了家。家中的东西任他挑，他连挑都懒得挑，哥哥仍然把大部分财产分给了他。但是哥哥声明，以后不再和他有任何的来往，各过各的。

一开始，张二特别高兴，每天吃

明朝人物画

喝玩乐，东游西逛。不到三年便把家产都卖尽了，只剩下一间房子、一张床，穷得连稀粥也喝不饱，无奈之下，只得出去找活儿做。

一天，他走在路上，听人说世上有一样东西，叫摇钱树，有了摇钱树，就再也不会愁吃愁穿了。张二一听，便不去找活了，而是每天四处打听哪里有摇钱树。

他在外面找了一个多月，逢人便问："摇钱树在哪里？"人家一看他那蓬头垢面的样子，都以为他是个疯子。他跑得筋疲力尽，还是不死心。

有一天，他来到一个农夫家里，又饿又渴，农夫给他拿来水和饭。这个农夫看他是一个年轻力壮的小伙子，不傻不呆的，怎么会落到这个地步，就问他原因。他说："我是出来找摇钱树的。"接着又急不可待地问农夫："你知道哪里有摇钱树吗？"农夫一听，不禁哈哈大笑起来，说："小伙子，世上哪有什么'摇钱树'啊，不过……对了，人人身上都有它"。

正在张二不解的时候，农夫说："我说个谜语吧，谜底是每个人都有的东西。"

摇钱树，两枝杈，
两枝杈上十个芽；
摇一摇，开金花，
驱穷致富全靠它。

这时，张二才醒悟过来，他高兴地对农夫说："我明白了，我找到'摇钱树'了。"说完，告别了农夫回到家中。从此，他勤勤恳恳地种地，生活也就一天天富裕起来了。

（谜底大揭密：双手）

老夫子药名巧入诗

明朝末年，顺德有一位姓张的私塾老先生，善于即景吟诗作对。

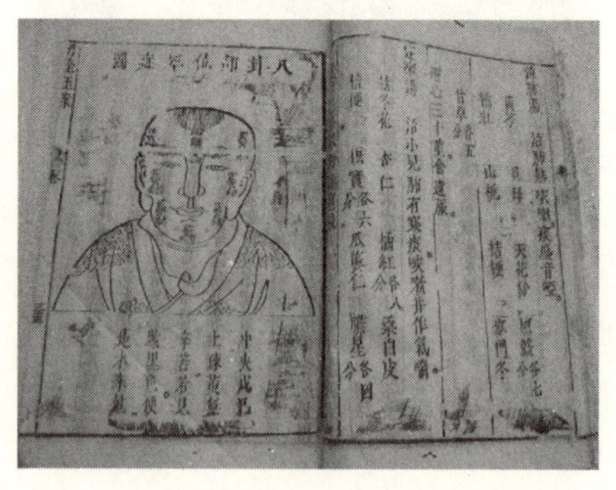

明代医书

有一年端午，张老夫子要回家过节，中途有一条长河相隔，但那天河

水已涨得浸过了通过对岸的木桥。张先生摇头兴叹，只得折身而返，路旁一家中药铺的老板认出了他，便热情地留他住宿，并用美酒佳肴款待他，席间，店老板倾吐了对张老夫子的敬重之情。

第二天，洪水退了，张老夫子上路之前，欣然执笔，留诗相谢，诗曰：

刚逢半夏水连桥，
是日当归路隔迢；
雨浥蒙花香续断，
风敲淡竹叶漂消。
留行共酌菖蒲酒，
活乐似火紫苑萧。
只实思君怀远志，
小回一舍路遥遥。

这首小诗，表面看起来是道谢和不舍，但其实其中包含了16味中药名。

店老板读了张老夫子的诗，连声称好，欣然收下了这份礼物。

（谜底大揭密：半夏、连翘、当归、蒙花、续断、淡竹叶、漂消、留行、菖蒲、活乐、紫苑、只实、思君、远志、小茴、一舍）

大师智劝张献忠

张献忠（1606～1647），字秉忠，号敬轩，明末起义首领，与李自成齐名。

传说张献忠攻克长沙，得心大师只身去见他，请求他进城不要杀戮百姓，号称大西王的张献忠说：“你们出家人是不杀生的，今天我要出一则谜语，你要是能猜中，我就应了你的请求。”

大顺通宝

得心大师答道：“大王请说。”

张献忠说：

金一桶，银一桶，
打得开，收不拢。

得心大师想了想说出了谜底，张献忠点头称是，还递给了得心一个鸡蛋，得心大师接过鸡蛋，二话没说就放进了嘴里，边吃边说：

混沌乾坤一口包，
也无皮肉也无毛；
老僧带尔西天去，
免得人间受一刀。

张献忠听后非常感动，就命令停止杀戮，并宣布长沙城百姓钱粮免征三年。

聪明的你，猜出谜底来了吗？

（谜底大揭密：鸡蛋）

秀才苦思解词谜

普救寺，位于永济市蒲州镇的土岗上。普救寺始建于唐武则天时期，原名永清院，是一座佛教十方院。元代王实甫《崔莺莺待月西厢记》中说的“红娘月下牵红线，张生巧会崔莺莺”的爱情故事就发生在普救寺内。寺塔高耸，松柏满园，是一处风景绝佳的所在。

明朝人物画

明朝的时候，有个文人来到普救寺游览，望着寺内十三层的“莺莺塔”，触景生情，想起了动人心弦的《西厢记》，便用谜语的形式写下了《西厢记》的故事梗概。谜面是一首词：

普救寺，草离离，
花园中，或借栖；
情侣二人有相约，
一炷香，卜神祇。
薄暮日西沉，
张生长别离，
虽有约，负佳期！
噫！错道白马将军来矣！

谜底共七个字，打《孟子》中一句话。

这首词谜就写在普救寺内的墙上，凡是到寺里游玩的人都能见到，但是很长时间没有人能猜出谜底。

后来，有个过路秀才到寺院来游玩，看到这首词谜，很感兴趣，一时又解不了，就在寺院住了下来，思考了整整两天，总算解开了这首词谜。寺院里的人听说词谜解开了，都围拢到秀才身边，让他说说怎样解的谜。他逐字逐句地给大家作了解释：“普救寺，草离离”，是“普”字去掉上面两点，为“晋”字；“花园中，或借栖”，是“园”字中去掉“元”字，加“或”字，为“国”（繁体为“國”）字；“情侣二人有相约”，“二人”合为“天”字；“一炷香，卜神祇”，“一”“卜”合为“下”字；“薄暮日沉西”，是“暮”去“日”，为“莫”字；“张生长别离，虽有约，负佳期”，是“张”去“长”，为“弓”字，“弓”与“虽”合为“强”；“错道白马将军来矣”隐“焉”字（意为错将“焉”字当作“马”字）。合起来为“晋国天下莫强焉”。大家听后，无不叹服这位秀才的学问高深，解说精妙。

书生射谜结良缘

在明朝的时候，有一个书香人家的老员外只有一个女儿，自幼聪慧好学，诗词歌赋，琴棋书画，无一不会，尤其喜爱诗词，姑娘渐渐长大，登门求婚的越来越多。姑娘的父母疼爱女儿，没有别的条件，只要女儿本人满意就行。姑娘对来求婚者，没有一个看中的。为了选一位才高学深的如意郎君，姑娘亲笔写了马致远的散曲《天净沙》一首：

枯藤老树昏鸦，小桥流水人家，
古道西风瘦马，夕阳西下，
断肠人在天涯。（射七言唐诗一句。）

挂在大门之外，射中者方可托媒议婚。

明代人所绘《阿房宫》图

多少少年学子、富家子弟，聚集在门前，反复吟味着这几句话。却没有一个人答上来。几天过去了，忽有一个赶考的举子走过此地，他看了看姑娘写的那首招婿诗谜，便从行囊中掏出纸笔，用素笺写了崔颢《黄鹤楼》诗中的一句。

他命人将素笺递给了小姐，小姐一看，正中自己的心意，于是通过父母答应了书生的婚事，结为美满姻缘。

（谜底大揭密：日暮乡关何处是）

水果感悟负心郎

明朝的时候，有一对夫妻，本来互相恩爱，相处很好，不料丈夫在外读了几年书，便觉得自己的妻子土气，起了与妻子离异之心。在回家过中秋节的晚上，夫妻在庭中赏月，他心思重重地写了一句：

中秋月下写休书

明代瓷器

流露出离异的思想。妻子看了，便回到房中端出了一盘水果，送到丈夫面前说：“你的心思我已猜到，我给你对个下句，你来猜猜好吗？”

丈夫一看，这盘子里盛的是：石榴、青枣、荸荠和梨，他默默地一点这水果的名字，恍然明白了。

他不禁羞愧得满脸通红，他佩服妻子的聪明贤慧，于是打消了离异的念头，从此之后夫妻之间更加相爱了。

（谜底大揭密：四样水果连念起来为“十六清早逼妻离”）

清朝时期

金采改名成圣叹

金圣叹（1608～1661），名采，字若采，苏州吴县人，是明末清初著名的文学家、文学批评家，对《水浒传》《西厢记》《左传》等书都有评点。明亡后，才改名人瑞，字圣叹。关于金圣叹改名还有一个很有意思的小故事。

金圣叹像

在一年的初春时节，姑苏城春花竞放，游人如织，欢声笑语不绝于耳。金圣叹却郁郁寡欢，心忧明朝的灭亡，无心欣赏这阳春美景，便独自来到乡间野径上散步解忧。

忽然有一个小牧童跳下牛背来挡住他的路，一定要金采猜猜他的谜语。只见牧童站在牛的左边，对他说："我这是个哑谜，请先生打一个字，打不出来就不让你过去。"这一下还真把这位自比为圣人的才子难住了，他想了许久也没有猜出这个哑谜是个什么字。于是他只好折回头沿原路而回。

待回到书房之中，他提起笔来写了一个"牛"字，一想：旁边站一个人不是个"件"字吗？谜虽然猜着了，可他却想到了孔子曾经被一个路旁的小儿难住的事，便叹了一声："圣人也有被儿童难住的时候！"于是就给自己起了个名字叫圣叹。

多少儒生抢祭品

金圣叹博览群籍，摆脱历代文学评论的传统观念，在文学评论上独树一帜，他好谈《易》，亦好讲佛，常以佛诠释儒、道，论文喜附会禅理。评点古书甚多。称《庄子》《离骚》《史记》《杜诗》《水浒传》《西厢记》为"六才子书"，拟逐一批注，但仅完成后两种，《杜诗解》未成而罹难。金圣叹的主要成就在于文学批评，他的评点很注重思想内容的阐发，往往借题发挥，议论政事，其社会观和人生观卓然可见。

有一次，金圣叹去文庙参加祭孔典礼。不料，当祭礼刚刚结束时，那些平日里斯斯文文的儒生们便一拥而

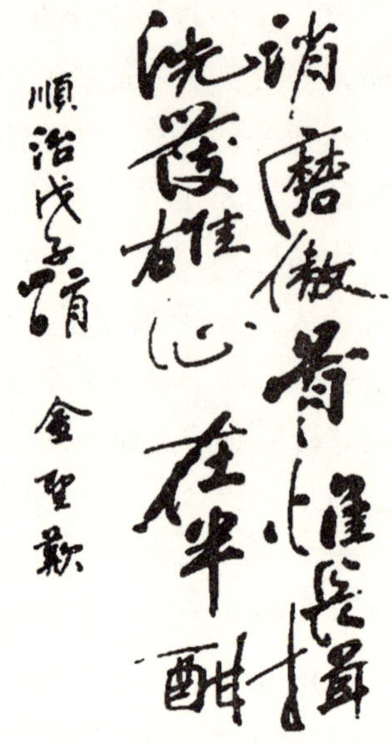

金圣叹的书法作品

上，挤到供桌前面去抢祭祀的猪肉和馒头。因当时有一种说法，说是谁能抢到祭祀孔子的最肥的肉和最大的馒头，就能中举、升官、得肥缺。这些平日所谓的文人们哪个不是趋之若鹜，于是争争闹闹，丑态百出，真是斯文扫地。金圣叹看到这种状况，即兴作了打油诗一首：

天晚祭祀了，忽然闹吵吵，
祭肉争肥瘦，馒头抢大小，
颜回低头笑，子路把脚跳，
夫子喟然叹："在陈我绝粮，
未见此饿殍。"

对儒生们的丑态，讽刺得淋漓尽致。

事后有位朋友问他："你可还记得当时争抢祭品的儒生共有多少人？"金圣叹笑了笑，并未直接说出答案，而是仰起头来吟道：

太白写表，王婆骂鸡，
武松打虎，宋江杀妻。

他吟完说道："这是个字谜，您若能猜得出，就知道当时抢祭品的人数了。"那位朋友素日与金圣叹过从甚密，相交甚好，非常了解他的品性，而且也颇爱猜谜。他想了想，立马猜出了答案。

（谜底大揭密：树）

老太太字谜戳画家

傅山（1606～1684）汉族，山西太原人，明末清初思想家，初名鼎臣，字青竹，改字青主，又有真山、浊翁、石人等别名。他是中国古代思想文化史上的一座奇峰，被称为"清初六大师"。傅山在书法绘画艺术甚至医学方面也有非凡的造诣。

清朝人物画

相传，有一位从京师来山西太原府任职的雷太守，临行前老母再三叮嘱道："你从山西回京时，什么东西都

不用带，只请傅山先生画两幅画就行了。”儿子笑着说：“这个容易，但不知母亲大人想要两幅什么画？”老太太想了一会儿，说：“就画一盆火和一串葡萄吧。”

雷太守到任不久，使专程来到阳曲拜访傅山先生，并说明了来意。傅山满口答应，即席挥毫，画了一盆火和一串葡萄。雷太守连声称谢，告辞而去。

雷太守回京时，把两幅画给母亲看，雷老夫人十分高兴，把它们挂在墙上，细细端详、欣赏。但她觉得那盆火看上去虽像真的一样，但却是有火无焰；那串葡萄虽然亮晶晶的，含水欲滴，但却没有白霜。

于是雷老夫人取来文房四宝，写了个“关”字，让儿子带给画师，让儿子把自己的想法告诉傅山。

傅山接过这个“关”字，明白老太太的意思是“美中不足”，又听了雷太守捎来的话，说：“看来，您家老太太很懂画啊，她老人家指出的不足，我也发觉了，但画已送往京城，悔之晚矣啊。”傅山又不住地称赞老太太是个会品画之人。

装聋作哑穷书生

朱石慧（约 1628 ~ 1707），南昌人，系明太祖第十七子朱权后裔，八大山人朱耷之弟，道士，明末清初画家。笔墨粗犷简练，字露锋芒，近黄庭坚一格。

清朝《仕女图》

有一年，朱石慧从洪都青云谱道院迁往奉新甘坊定居。刚住下不久，慕名求画的乡绅文士便纷至沓来，每天前来拜访的人络绎不绝。朱石慧心想：“今年是壬戌犬年，我要借此考考当地文人的才学。”

他取来文房四宝，挥毫泼墨，瞬间便画了只黑狗。他放下画，对上门求画者说：“各位贤才，这幅画里面蕴含着一则字谜，哪位若能射中，老夫就将此画赠送给他，绝不食言。”

大家面面相觑，好久都没能猜出来。这时，有一个清瘦的布衣秀才，细细端详了此画片刻，卷起画轴就把画拿走了。

朱石慧假装不知道怎么回事，追着秀才问：“请问才子，为什么夺画？”

秀才虽然停下了脚步，却仍是摇头不语。朱石慧又故意说道：“秀才难道是哑仙吗？请说出谜底。”

布衣秀才只是眯眼笑笑，然后竟然扬长而去了。众人见此情形，不禁愕然。朱石慧却望着秀才远去的身影笑着说：“好一个装聋卖哑的书生。”众人纷纷指责那个书生，有一个乡绅连声问：“丹青妙手，怎么能容一个穷酸秀才如此无礼？”

朱慧笑着对大家说：“他猜中了。我画的一条黑犬，合在一起即是个‘默’字。”众人恍然大悟，望着秀才的背影，不住地赞叹。

康熙南巡猜灯谜

在清朝人褚人获著的《坚瓠集·卷六》中记载了康熙皇帝南巡时的猜谜故事。

康熙南巡图

癸未年二月十日，康熙南巡，一路花灯夹道，康熙突然看见一盏花灯上挂着一则灯谜：

谁倩芳尘作丽妆，
鞋弓犹画两鸳鸯。

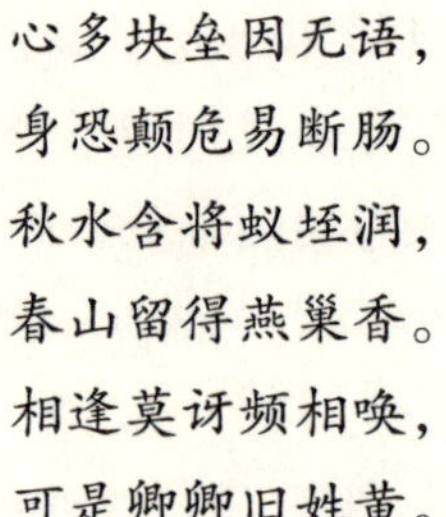

心多块垒因无语，
身恐颠危易断肠。
秋水含将蚓垤润，
春山留得燕巢香。
相逢莫讶频相唤，
可是卿卿旧姓黄。

康熙也是个喜欢猜谜的人，就驻足沉思，片刻，便自言自语道出了谜底。他又往前走了几步，又看见一则灯谜：

康熙像

色相空时觉洒然，
知君降自大冬天。
笑他尘网真成碍，
坐到水消即是禅。
不敢趋炎情默默，
何妨守冷腹便便。
想伊也惧春心动，
早已消融在腊前。

康熙略一思考，就猜出了谜底，还自叹道：“罗汉也有坐化的时候啊！”

（谜底大揭密：泥美人、雪罗汉）

慕天颜测字避祸

吴三桂（1612～1678），字长伯，明末清初辽东锦州人，习武出身。吴三桂镇守云南时，手握重兵，形成割据之势。圣祖为了加强中央集权，便开始实行撤藩。吴三桂便阴谋反叛，可因手中财力不足，粮草不够，就想向江苏布政司所属的粮钱储库去借粮饷，当时慕天颜正任布政使，吴三桂要借粮一事让他非常犯愁。

吴三桂像

当时，苏州街上有个姓朱的测字先生，据说测字测得很准，慕天颜没有办法，就想听听测字先生怎么说，于是便派人把那个姓朱的测字先生请来了。

朱某来后，慕天颜告诉了他吴三桂要借粮一事，朱某便说："请大人先写一个字吧。"

当时案上刚好有一些还没用完的柬帖，慕天颜就拿来随手翻了翻，然后指着上面的一个"正"字让朱某测。朱某看了看字，琢磨了一会儿，说："这个'正'字看起来像个'王'字，只是字的中间不太像，这说明'王'心已乱，借后必会有不祥之兆。另外，您的柬帖是正面合在几案上的，可是'正'却写在反面，这分明是正在谋反之兆啊。所以大人一定不能借给他粮饷。"

慕天颜听了测字先生的这番话，觉得很有道理，就没借给吴三桂粮饷。后来，吴三桂真的叛乱了，康熙十七年（1679）在衡州称帝，不久就病死了。

冯班题词赞友诗

冯班（1602～1671），字定远，晚号钝吟老人，江苏常熟人，明末清初诗人。年幼时便智慧超群，与兄冯舒齐名，人称"海虞二冯"。他为人落拓自喜，不同流俗，入清未仕，常常就座中恸哭，因为排行老二，故人称冯二痴。他的小楷也写得很好。冯班是虞山诗派的重要人物，论诗讲究"无字无来历气"。

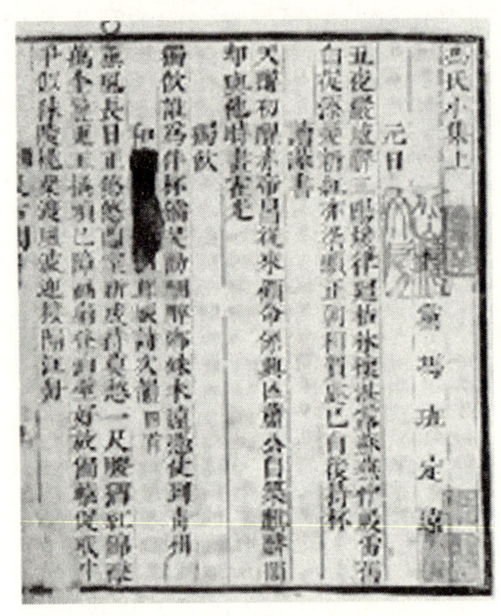

馮氏小集上

元日

馮 班 定 遠

冯氏小集

他有个要好的诗友是嘉定的孙致弥，字恺似。有《杕左堂正续集》出版，冯班在他的诗集上题辞曰：

蚕吐五采，双双玉童，

树覆宝盖，清谈梵宫。

这是仿效蔡邕题曹娥碑的办法，称赞他的诗为“绝妙宋诗”也。

老僧妙语解梦山

清代康熙年间，有位名臣叫朱轼，字若瞻，又字伯苏，号可亭，谥文端，村前镇镇艮下朱家村人，系坡山始祖茂公派下第十六世孙。他博学多才，颇具惠政，居官廉洁，刚正不阿，世人颂其“束其励行，通经史百家”，他任过刑部主事、文华殿大学士，兼吏部尚书。他是个政绩卓著的大臣，也有很多著作流传于世。

清朝人物画

相传他年轻赶考的时候，有一段趣事。在豫章（今江西南昌）城附近，有座梦山，在这里住的人就会做个梦，据说圆梦的和尚可以通过梦来预卜一生的吉凶祸福。这年朱轼赴京赶考，因为早就听过这个传说，所以路过豫章时，就想顺便到梦山试试。

他晚上住在山里，果然做起梦来，梦见空中一条白练，慢慢地飘落在他面前，他捡起来一看，上书写着两行小字：“富贵毋心想，功名两不成。”他醒来时，很清楚地记得梦境，非常沮丧。

但是他还是半信半疑，为了证明这梦灵不灵，偏要努力好好考来试试。没想到，到京一考竟中了状元。他心想：梦山果然不灵。不过如果真的误信了梦

中的话，岂不是误了前程？所以在他衣锦还乡路过梦山时，便责备梦山误人，拟下令制止和尚的圆梦活动。

寺中的老和尚就来见朱轼，向他询问原因，朱轼便把他做的梦说了一遍，说:“难道你不觉得这个梦很荒唐吗？简直是荒谬之言！”老和尚听后便问:“大人哪年及第？现在身居何职？”

朱轼说:“我是戊戌年及第，身居相位。”老和尚笑着说:“这不正跟你梦中的话一样吗？你看：‘富贵毋心想’，‘想’字无心，就是‘相’字，说明您有宰相的富贵。‘功名两不成’，‘戊戌’两字都很像‘成’字却不是‘成’字，所以说明您的功名应该在两不成之年，即‘戊戌’年取得。”

老和尚这样一解释，朱轼在心里暗暗佩服老和尚的才辩能力，也觉得他的解释很有道理，应老和尚所请，给梦山题了一副对联：

大梦谁先觉，此山神最灵。

李慎修巧对谜联

清朝雍正年间，有一个大臣叫李慎修，因为他长得矮，所以人们叫他“李矬子”。李慎修是一个忠直而机敏的人，因为审理年羹尧案而得罪了两宫娘娘，只得辞去官职回到山东历城县佛峪村，过起了田园生活。

有一次，雍正召集大臣们议事，议事完毕后，雍正一时高兴说:“我出

雍正皇帝像

个题，看谁能对得上：

什么高？什么低？

什么东？什么西？”

大臣们议论纷纷，有几个人试着对了一下，但都不能使雍正满意。雍正不禁叹一口气说:“唉！如果李爱卿还在朝中就好了，自从他辞朝之后，朝中就再没有人与朕随口对诗联句了！”

在场的好多大臣们听了都不服气，可是又对不出合适的下联，其中有个与李慎修要好的大臣把皇上的话记在了心里，就趁出巡山东的机会，顺便去探望李慎修。

那时，李慎修正在菜园子里埋头干活，那位大臣先是感叹了一番李慎修现在的隐居生活，然后把皇帝出的题和叹气说的话都告诉了李慎修。李

慎修听了笑了笑说："这有什么难的，你看这：

黄瓜高，茄子低，
冬瓜东，西瓜西。

要是皇帝在这里，一下子就对上来了。"

大臣回到京城便向雍正皇帝说："万岁，你那天出的题，我对上来了。"雍正说："你说说我听听。"大臣就说："黄瓜高，茄子低，冬瓜东，西瓜西。"

雍正一听连连摇头说："不对，不对！什么茄子黄瓜的，朕问的哪里是这个？"大臣听了大惑不解，他说："皇上不是说只要李爱卿在这里就可以随口答上来吗？这就是李慎修亲口对我说的。"雍正不信，就传旨李慎修进京。

李慎修听说皇帝召他进京，吓了一跳，心想："这一下恐怕有好去，无好回了。"他跟家里安排好了后事，然后就进京了。

到了北京，见了皇上，皇上说："李爱卿，这回请你回来，我是想请你对联的一个题目。"李慎修谨慎地说："老臣才疏，年纪老了，恐怕很难让圣上如意了！"雍正说："没关系，你听着：什么高？什么低？什么东？什么西？"

李慎修接着说："这个下联是明摆着的：

君为高，臣为低，
文在东，武在西。"

雍正一听，非常合意，大笑说："李爱卿果然才思不凡，所对正合朕意啊，看来只有李爱卿能随口对出朕的对子呀！"那个大臣在旁听了迷惑不解地说："李大人，前次我问你，你不是说黄瓜高，茄子低，冬瓜东，西瓜西吗？"李慎修说："当时我在菜园子里，那是在菜园子里说的，如今是皇上在朝廷里问，我自然就得照朝廷里的事来说了！"

曹雪芹猜谜做菜

曹雪芹（1715～1763），字梦阮，号雪芹、芹圃、芹溪。清代小说家，诗人。祖籍辽阳汉人，宋朝开国元勋曹彬是其先祖，太高祖曹世选后归降满洲，被编入满洲正白旗。他是清代小说家，出身于一个"百年望族"的大官僚地主家庭，后因家庭的衰败使曹雪芹饱尝了人生的辛酸。他在人生的最后几十年里，以坚韧不拔的毅力，历经十年创作了《红楼梦》并专心致志地做着修订工作，死后遗留下《红楼梦》前八十回的稿子。《红楼梦》内容丰富、情节曲折、思想认识深刻、艺术手法精湛，举世闻名。

有一天，他写《红楼梦》写得精疲力竭，就邀请好友敦敏和于叔度来家里品茶。谈笑间，他说了两则谜语让两人猜，还说要是猜对的话，就会有好菜招待。这两则谜语分别是：

身自端方，体自坚强。
虽不能言，有言必应。（打一用物）

阶下儿童仰面时，

清明装点最堪宜，

游丝一断浑无力，

莫向东风怨别离。（打一玩物）

敦敏听后，想了想，说："第一则谜语的谜底是文房四宝中的'砚台'吗？"于叔度想了半天才说："第二则的谜底是'风筝'。"曹雪芹说："对极了！今天就让二位品尝下我做的菜，不知道你们想吃什么？"

敦敏说："你就来个'身体白又胖，常在泥中藏，浑身是心眼，生熟均可尝'吧！"

曹雪芹点了点头，又问于叔度："于兄，你想吃什么？"于叔度说："听说你做的'有头没有颈，有气冷冰冰，有翅难飞起，没脚千里行'很拿手，做一盘这个怎么样？"

曹雪芹连说好。很快，这两盘菜就上桌了，原来一盘是"凉拌藕"，一盘是"红烧鱼"。敦敏和于叔度都很满意，三人举杯畅饮起来了。

纪晓岚难倒皇上

故事发生在乾隆年间，话说有一年元宵节，乾隆皇帝兴趣高涨，在群臣的陪同下到翰林院文华殿猜灯谜。到中厅时，看到一只大灯上写着一副谜联：

上联是：黑不是，白不是，红黄更不是。和狐狸猫狗仿佛，既非家畜，又非野兽；

下联是：诗不是，词不是，论语上也有。

对东西南北模糊，虽为短品，却是妙文。

乾隆像

乾隆皇帝反复吟诵，冥思苦想，还是不能破解，一向以怪才自诩的乾隆感觉甚是狼狈。

身边的文官们见此情形，急忙为皇上排窘，笑着说："解铃还须系铃人，请纪学士为我们揭开谜底吧。"

纪晓岚嘻嘻一笑，朝皇上拱了拱手，挥笔写下了两个大字。大家一看，无不称赞，连乾隆也称妙。

（谜底大揭密：猜谜）

小小才子纪晓岚

纪昀（1724～1805），字晓岚，一字春帆，晚号石云，道号观弈道人。

他是清代著名学者，曾任乾隆年间礼部尚书、兵部尚书、左都御史，协办大学士和《四库全书》总纂官。他官位虽大，但为人通达，礼贤下士，人情味很浓，所以交游甚广，其朋友知己，门生故吏不计其数，是乾隆时期公认的文坛领袖。因其“敏而好学可为文，授之以政无不达”（嘉庆帝御赐碑文），故卒后谥号文达，乡里世称文达公。

雍正十二年（1734），11 岁的纪晓岚随着父亲来到北京，住在虎坊桥一带。京城浩大的气势给纪晓岚留下了深刻的印象，而京城里也盛传神童纪晓岚的故事，一时访客络绎不绝，而纪晓岚也果真不负众望，诗文皆能。

纪晓岚像

这个消息传到了京城最高行政长官、三品大员京兆尹那里，他想会会纪晓岚。纪晓岚的父亲纪容舒嘱咐他说：“京兆尹大人要考你，你应该好好向大人请教。”纪晓岚心里充满了疑问，不知道京兆尹要怎么考他。

京兆尹说：“下官居京兆尹一职，请以“尹”为题作诗一首。”这道题很难，“尹”字很生僻，但是从字义和官职来说，又都很简单。没想到，纪晓岚稍加思索，就咏诗一首：

丑虽有足，甲不全身，
见君无口，知伊少人。

这是一首字谜诗：“丑”字有足，“甲”字不全，“君”字去掉口，“伊”字少了人都是“尹”字，但巧就巧在没有直接提到“尹”字。

京兆尹听后又佩服又气愤，纪晓岚不仅熟悉字的形体变化，更奇妙的是每一句都有贬义，实际上是在戏弄他，京兆尹只能无奈称赞道：“公子真是名不虚传呀！”

纪昀巧解“老头子”

纪晓岚官位虽大，但为人通达，礼贤下士，人情味很浓，有很多朋友；且才华横溢，是乾隆时期公认的文坛领袖。又因其博学多智，能说善辩，而深得皇帝喜爱。

纪晓岚在朝为官时，曾经获罪被充军新疆，后来又被乾隆皇帝召回京城，封为《四库全书》总纂修官，负责《四库全书》的整编。

当时正值盛夏，纪晓岚实在难挡酷热，便脱衣打赤膊，伏在案上编写

书稿。突然，他发现乾隆皇帝正向院里走来，纪晓岚一时急得不知如何是好，穿衣面圣已经来不及了，就只好钻到书案下边。

不过，纪晓岚的这个动作早被乾隆皇帝看在眼里了，皇帝直接走到案旁，坐了下来，还示意众人不要声张。

清朝皇后像

纪晓岚躲在书案下边，酷热难耐，而凝神细听，外面又很寂静，他以为皇上已经走了，便撩起案帘，探头问：“老头子走了吗?”

原本想看纪晓岚笑话的乾隆不免大怒，高喝道：“纪昀，竟敢如此无理！你为什么称朕是老头子？今天你一定要讲出个道理来，否则朕一定会定你的罪！”

纪晓岚不慌不忙地从案下钻出来，说：“皇上请息怒！”然后解释说：

皇帝称“万岁”，岂不为“老”？
皇帝乃万民之首，岂不为“头”？
皇帝乃真命天子，岂不为“子”？

乾隆听过之后哈哈大笑道：“好个纪昀，果真能言善辩，朕就赦了你吧！”

纪晓岚五猜五中

有一天，乾隆皇帝和嫔妃们在内宫欣赏《百子图》，他越看这个图越觉得有意思，就顺口作了一个谜语：

小时大，大时小，
渐渐大，不见了。

作完以后，乾隆就令大臣们前来猜谜。大臣们猜了很久，却没有一个人能猜出来。有人暗中跟内侍打听，才知道原来这条谜语是皇上欣赏《百子图》时作的。

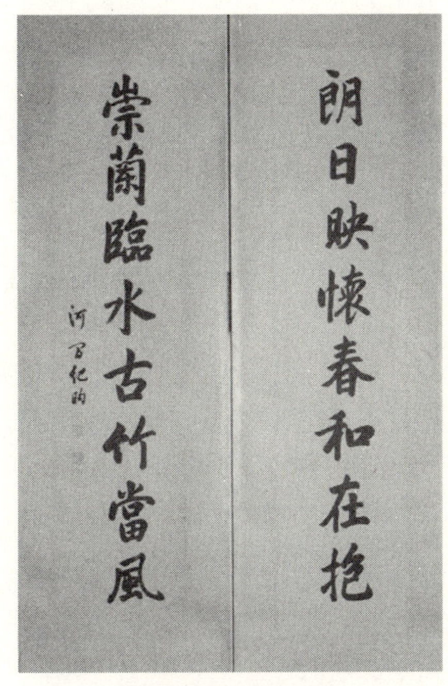

纪晓岚书法图

第二天，还是没有一个大臣能确切地猜出谜语来。乾隆就令内侍马上召见大学士纪晓岚来猜谜，乾隆问：“纪爱卿，你总该知道这个谜底是什么吧？”纪晓岚想了一下，笑着答道：“我猜这是小孩的囟门，因为人小的时候囟门较大，等到小孩子长大了，囟门就不见了。”乾隆皇帝听后频频点头，连说：“猜得对！猜得对！”

乾隆皇帝有意难为一下纪晓岚，就在御纸上写了一个大大的“八”字，要求用这个谜面猜出五个不同的谜底。

乾隆说：第一个猜一鸟名。

纪晓岚答曰：画眉。

乾隆说：第二个射七言唐诗一句。

纪晓岚对曰：伯劳东去燕西飞。

乾隆说：第三个射宋词两句。

纪晓岚对曰：落花人独立，微雨燕双飞。

乾隆说：第四个打四书一句。

纪晓岚答曰：无上下之交也。

乾隆又说：最后，射战国人名二。

纪晓岚说：白起、黄歇。

纪晓岚对答如流，五猜五中，乾隆皇帝龙颜大悦，连夸纪晓岚是天下奇才！

乾隆皇帝误解谜联

乾隆皇帝非常喜欢对对联，每次他穿便衣私下逛街时，总是要留意人家门上贴的对联。

据说，有一年春节，乾隆看见一家破烂不堪的大门上写着这样一副对联：

打遍天下吃肉

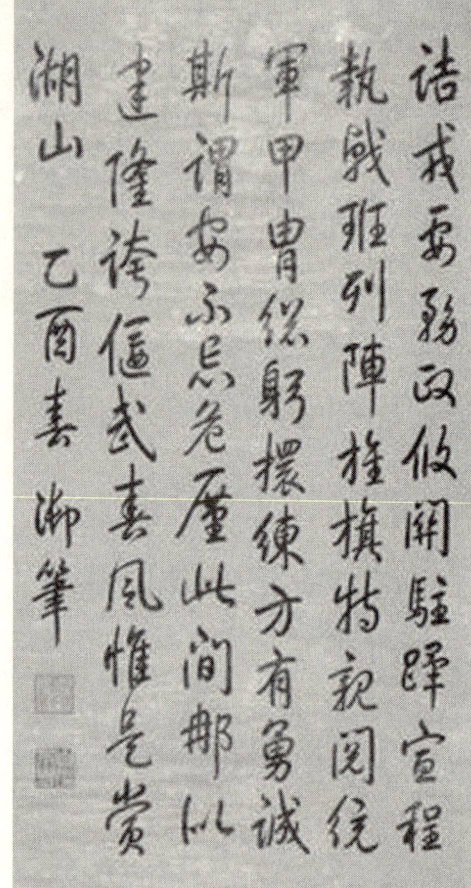

乾隆书法图

唯有皇上当家

横批：万民供养

乾隆看完这副对联后，心里想：“这是什么样的人家呀？口气居然敢这么大，敢与皇家争威风！”回宫后，他便命和珅传旨马上追查审问，看是什么人家，竟然敢如此胆大。

京官不敢怠慢，连夜就将这一家三口逮捕归案，经审问才知道原来这是兄弟三个所写的对联，京官问这三个人：“写这样的对联，你们可知罪？”三个人战战兢兢，一起回答说：“草民

知罪了，罪该万死！但是这个对联实在是我们的游戏之作，真的没有冒犯皇上的意思啊。”京官便让他们解释一下这副对联听听。

老大说：“我是个猎人，我整天在外边打猎，打到野兽就剥皮吃肉，所以就写了个上联‘打遍天下吃肉’。”

老二说：“我从小就爱好赌博，但是手气总是不好，总想着牌九中的‘皇上’（九点）能让我发财，所以就写了个下联‘唯有皇上当家’。”

老三说：“我年龄还小，但是两个哥哥都没法照顾我，我只能每天在大街上行乞谋生，所以就写了个横批‘万民供养’。”

京官一听，怒气马上消了，想不到这副对联是这样的意思。他马上将审讯结果呈报给了乾隆，乾隆一听，原来这副对联还是个谜联，而且还这么幽默，一时高兴，就赏给三兄弟一些银两，放他们回家去了。

纪昀字谜戏和珅

清朝乾隆年间，担任皇宫侍读学士的纪晓岚以其能诗善文，通经知史而声名卓著，他性格诙谐，常常用奇言妙笔戏弄权贵。

有一次，尚书和珅在官邸后花园建了一座书亭，以示风雅，并邀请纪晓岚光临。纪晓岚知道和珅的几个儿子个个是不学无术的花花公子，就有意作弄他一下，遂挥笔写下了“竹苞”两个字。

和珅像

和珅以为纪晓岚意在“竹苞松茂”，是赞赏书亭周围的美好景致，就乐呵呵地回应说：“清高，雅致，妙不可言！”并让工匠们将“竹苞”二字精雕细刻，镶挂在书亭上方。

不久，乾隆光临此地，看到书亭的匾额，大笑。和珅非常不解，乾隆解释说：“‘竹苞’可解为个个草包，这是纪晓岚在嘲笑你家的公子呢！”和珅知道了真相，哭笑不得，只能怪自己糊涂。

纪晓岚哑谜告密

有一回时任两淮督运使的卢雅雨，也是纪晓岚的亲家，因私占公款被人告密后，朝廷弹劾他。恰好身为侍读学士的纪晓岚隐约听了这件事，心中即生一计。他把少量茶叶放在一个空信封内，之后用面糊加盐粒封上，里里外外不着一字，打发人送去。

乾隆书法图

卢雅雨接信后，见用盐封的信封里面什么字也没有，只有少量茶叶，马上破译出“盐案亏空查抄”之意，立即把剩下的钱财转往别处。果然，朝廷很快派人查抄，当然没有什么收获。和坤觉得不对劲，派人调查，追到纪晓岚头上。

皇上召见纪晓岚，怒责他走露了风声。纪晓岚辩道：我保证自己一个字都没写。

聪明的乾隆说道：“人证确凿，还掩饰什么呢？朕只是问你是怎么走漏的消息？”

纪晓岚马上脱掉乌纱帽，请罪直陈道：“皇上严于执法，合乎天理之大公；臣惓惓私情，犹蹈人伦之陋习。”

纪晓岚的请罪的正面回答中，短短一语却说出了对皇上的赞服，也包含着自己的亲情。

纪晓岚狱中测字

纪晓岚深得皇帝喜爱，但有一次，他因泄密而入狱，他整天被关在牢房里，度日如年，心里非常着急。

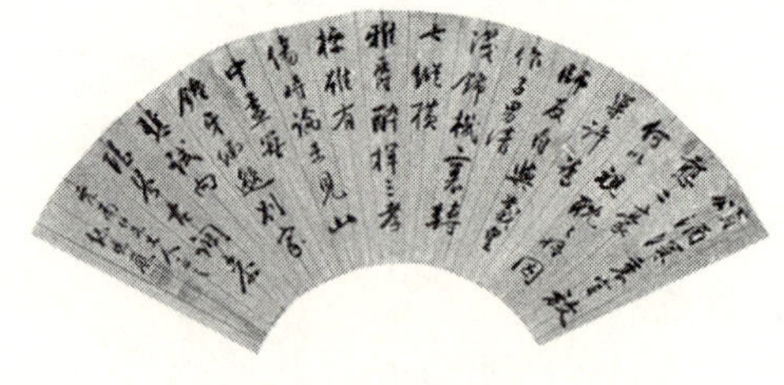

纪晓岚书法图

正巧，他听说看守他的军官善于测字，纪晓岚闲得无聊，又想知道自己的前途命运如何，就请这位军官来

给他测字，纪晓岚写了一个“董”字交给军官看。

这军官把“董”字琢磨了一番，便对纪晓岚说：“你的前程不怎么样啊。你一定会被发配到很远的地方去，因为‘董’字看起来像萬、千、里。这‘董’字上面的‘艹’正是‘萬’的字头，中间则是个‘千’字，下面是个‘里’字，真是不祥之兆啊。”

纪晓岚听他这么说，不甘心，就又写了个“名”字让军官测。军官看了一会，便说：“‘名’这个字，下面是个‘口’字，上面是‘外’字的偏旁，‘口’就是国家的疆域，‘口’和‘外’放在一起，你有可能要戍守边外啊。而且，‘名’字的上半是一个‘夕’字，太阳落在西边称为‘夕’，你有可能要被发配到西域去。”

纪晓岚又问他将来会不会得到皇上的大赦。军官想了想，说：“这个‘名’字形状上有点像‘君’字，也有点像‘召’字，我觉得你一定会被君主召回来的。”

纪晓岚见他说得有道理，就又饶有兴致地问：“那我什么时候能被皇上召回来呢？”军官回答说：“‘名’字下面是‘口’，‘口’是‘四’字的外围，而当中缺少两笔，这样看来，你遇赦的时间应该不满四个年头。”

后来，纪晓岚果然被发配到了西域的乌鲁木齐，不满四年时，被乾隆皇帝召了回来。

和珅雅号成绰号

和珅是清朝乾隆时的一个大臣，曾兼任多职，深受皇上宠信，官阶之高，管事之广，兼职之多，权势之大，清朝罕有。

和珅小时候原是宫里的一个小当差的，专管每天晚上点蜡烛。因为那时他生得矮小，所以人们给他起了个外号叫“蜡烛头儿”。

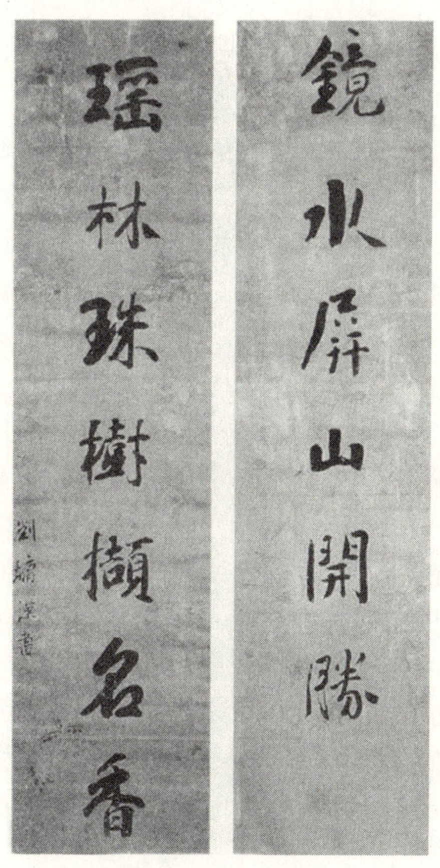

刘墉的字

后来，他凭着溜须拍马的功夫，不断受到重用提拔，很快就升到了户部尚书兼军机大臣的要职，之后他就开始凭借权力，大肆搜刮。

为了广收钱财，他49岁那年，办了一个寿典，当时有不少大小官员迫于他的权势，当然也有些人是为了巴结他，都给他送了非常贵重的礼物。可是只有刘墉没送来厚礼，他只送来蜡烛一对，和珅一见到蜡烛，就特别敏感，他担心以前的外号又被人提起，而且他知道刘墉很聪明，伶牙俐齿，如果他们对峙，他可能不是刘墉对手，心中有些担心和不悦。但一看两只蜡烛上分别写着“福如北海”“寿比南山”一副对联，这是祝寿的两句吉利话，也就说不出什么来了。

吃饭的时候，和珅敬了刘墉一杯酒说：“本职不才，白白活到了50岁，刘公学识高深，为本职取个雅号怎么样?”刘墉想了一想，指了指蜡烛上的两句话说：“祝公台福寿双全，就取号‘海山’，怎么样?”和珅一听非常满意。

刘墉亲自把蜡烛点上为他祝寿并祝贺他得了这个雅号，等到席散人去的时候，和珅发现这一对蜡烛快要烧完了，两支蜡烛分别剩下一个字，加在一起正是上“海山”二字，他怕这两字也烧没了，就赶紧把蜡烛吹灭了，再看这“海山”二字时，才恍然大悟，原来这两个字就是两支“蜡烛头儿”，雅号竟成了当年入宫当差时的绰号了。

刘墉妙解“夫”字

刘墉（1719～1804），字崇如，号石庵，另有青原、香岩、东武、穆庵、溟华、日观峰道人等字号。清代书画家、政治家，官至东阁大学士，他聪明绝顶、性格幽默，为官清廉，善智辩。相传刘墉有驼背，所以他在民间有个外号叫作“刘罗锅”。

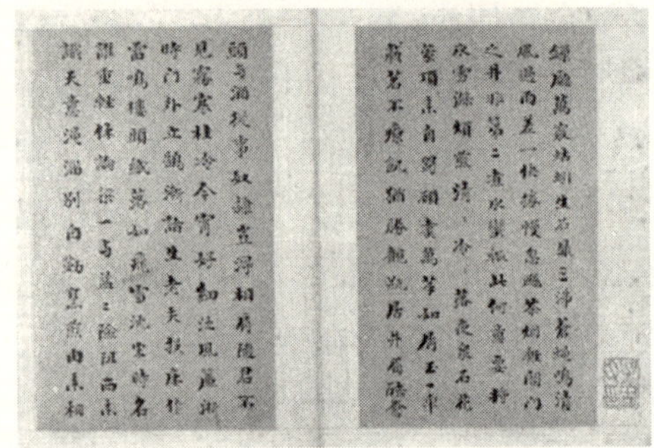

刘墉书法图

有一天，乾隆皇帝下江南，看到一个农夫扛着锄头走过，便问左右的人说：“过者何人?”随侍乾隆旁边的文华殿大学士和珅抢先一步说：“回皇上，那是个农夫。”

乾隆又问说：“这个农夫的‘夫’字怎么写?”和珅愣住了，不知道皇上这么问是什么意思，但是他一时也没有时间细想，就马上答到：“农夫的‘夫’字是两横一撇一捺。跟轿夫的夫，孔夫子的夫，夫妻的夫和匹夫的夫是一样的写法。”乾隆听过之后，摇摇头，说：“你身为国家宰相，应该有经天纬地的才能，怎么连一个‘夫’

字都解答不了呢？”和珅向来会审时度势，他见龙颜不悦，但又不知道怎么回答，一下子急得浑身大汗，诚惶诚恐。

乾隆看到和珅的窘相，也知道和珅的知识不过如此，就不再为难他了。然后转过脸来问东阁大学士刘墉说：“刘爱卿，你来说说看，农夫的‘夫’字怎么解释？”刘墉见皇上点名让他回答，就不慌不忙地说：“农夫是刨土的人，所以上面是‘土’字，下面是个‘人’字；轿夫是肩上扛有两根杆子的人，所以应该先写‘人’字，再写两横；孔夫子上通天文，下知地理，应该是‘天’字出头的夫；夫妻是两个人，‘二’字加‘人’即可；匹夫是天下百姓的称谓，可载舟也可覆舟，应该是‘大’字上面加一个‘一’字才可以。因为用法不同，所以写法也都有区别，怎么可以混为一谈呢？”

乾隆听后，抚掌大笑说：“刘爱卿真不愧是大学士呀，果然博学！“

和珅在一旁虽然恨刘墉诡辩夺宠，但是也不得不赞许地说：“刘大人的解释果真有趣！”

乾隆两制元宵谜

传说，乾隆皇帝喜欢猜谜语，他经常要一些学士编制灯谜给他猜，自己也常即兴作一些谜语给宫里的人猜，能猜中谜底的人会当众赏赐。

有一天晚上，吃过晚饭后，乾隆谜

清朝画

兴大发，就让服侍他的太监、宫女试猜，并言明“猜中者赏白银五十两”。

乾隆皇帝的谜面是：

腹内香甜如蜜，
心中花红柳绿。
白沙滩上打滚，
清水河中沐浴。打一种食品。

大家都蹙紧眉头，冥思苦想，但很久以后，还是没有人猜出。这时其中一个太监忽然想起刚才御膳的所食之物，就答道：“万岁爷，奴才猜中了，是‘元宵’吧？”

乾隆拈须一笑，说：“好，你猜中了，朕再说一个谜语，猜中的话一起赏赐。谜面是：清明前夕，猜一食品。”

太监、宫女听后，又是绞尽脑汁，还是没人猜出来，这时，那个太监又说：“万岁爷，奴才又猜中了，这个谜底还是‘元宵’。”

乾隆问：“为什么又猜是‘元宵’？这个谜底该怎么解呢？”

那个太监说：“‘清’‘明’两个朝代前是‘元’；‘夕’乃‘宵’，所以奴才猜是‘元宵’。”

乾隆听后非常高兴，哈哈大笑，当即赏赐一百两给那个太监。

纪晓岚巧解兽趾

有一次，乾隆与纪晓岚闲谈说笑话。纪晓岚见乾隆跷起一只脚，忽然灵机一动说：“君之脚犹如兽之趾。”

乾隆一听就火了，立即站起来把脚一跺，用手指着纪晓岚的额头追问他为什么语出不逊，竟敢不敬君王？纪晓岚赶忙起来向皇帝作揖说：“臣说的乃是一个字谜。君者，帝也，脚者足也，‘帝足’不是个‘蹄’字吗？把兽趾说成是‘帝足’，乃古人造字之深意。并非有辱圣君，诗云：‘麟之趾，振振公子。’此之谓乎？”这一解释，乾隆的气才消了下来。

乾隆对联算年龄

据说，清代乾隆皇帝巡视江南时，

《弘历观画图》

途中经过了一个村庄，发现全村人都喜气洋洋地来回奔跑，不知何故，一打听才知道，原来今天是村里一位老寿星的生日。乾隆便也想去看看这位老寿星，就带着随从人员一起来到了老寿星的家里。只见这位老寿星鹤发童颜，两眼炯炯有神，正乐呵呵地和五六代重孙子逗乐。

乾隆想知道这位老寿星的年龄，便跟他的孙子打听，他的孙子过来告诉了老人的年龄，乾隆皇帝连声称奇，然后命令随从人员给老人留下一份厚礼，并提笔写了一副对联赠送给老人。对联是这样写的：

花甲重开，外加三七岁月；

古稀双庆，内多一个春秋。

这副对联内隐含着老寿星的年龄。后来这副对联传回了宫中，宫里的人争相猜谜，大家都想知道老寿星的年龄。

老寿星到底多大年龄呢？141 岁！花甲，是 60 岁代称。我国古代以干支纪年，从甲子开始，干支各号错综参互，每 60 年成为一个周期，所以称六十花甲。“花甲重开”就是 120 岁；“外加三七”，三七是二十一，合起来正是 141 岁。“古稀双庆”是两个古稀之年，一个古稀之年是 70 岁，两个古稀之年是 140 岁，“内多一个春秋”，加起来也是 141 岁。人们不禁感叹乾隆皇帝的对联真是绝。

和尚被骂却笑纳

清朝的时候，有一个在上海掌管文书的道员，他和当地寺院的一个和尚关系很好，往来密切。后来道员不幸失了业，生活一下子变得每况愈下。

这个和尚其实是个嫌贫爱富的人，一见道员现在的情形，就不再与其来往了，甚至还白眼相向，令道员又伤心又愤怒。过了一段时间，道员又找到了一个美差，生活宽裕起来，锦衣玉食，和落魄之时大相径庭。

和尚又开始对道员阿谀奉承，并三番五次地赠送礼品，道员不好回绝，只能接受，并到寺院中回拜。

清代人物画

和尚厚宴款待，非常高兴，觉得终于又巴结到了这位道员。酒酣之时，和尚拿出自己的画像，请道员题字留念。道员提笔写道：

一夕灵光出太虚，

化身人去意何如？

秋丹不用炉中火，

凡子心头一点除。

和尚看了以后以为是在夸他，高兴地把这个画像挂在了墙上。

一年多过去了，一天寺院里来了几个文人，一看这个题词就大笑不止，和尚不明白怎么回事，就上前请教。

一个人说：“这首诗其实是个字谜，隐藏着两个字：‘死秃’。”

和尚一听又羞愧又气愤，马上取

下画像撕掉了。

伯畴诗谜赞好酒

清朝年间，海南有一个叫伯畴的才子。有一天，他外出闲逛，来到了一家酒店，就坐下独斟自饮，喝到高兴时，不禁大声喊道："好酒！好酒！"店主见客人连称好酒，非常高兴，就走了过来，仔细一看，竟是大才子伯畴，便央求伯畴挥毫泼墨以求吉利。

清朝人物画

这时也围上来了很多人，大家都想一睹才子的墨宝，伯畴不好推辞，便面带醉意，龙飞凤舞地写下了一首诗：

一轮明月挂半天，
淑女才子并蒂莲。
碧波池畔酉时分，
细读诗书不用言。

众人一看，都称赞书法雄健，词句优美。这时，人群中有一个读书人说："其实其中的奥秘你们还不知道呢。这不光是首七绝，还是则诗谜。第一句的半个'天'字为'ナ'，加'月'是个'有'字；第二句的淑'女''才'子，合起来是个'好'字；第三句'波池'畔为'氵'加'酉'，即'酒'字；最后一句的'读'字去掉'言'字剩下一个'卖'字，合起来就是谜底'有好酒卖'！"

众人一听，无不拍手叫绝，都称赞伯畴是制谜的行家。店家讨此吉言，满心欢喜，一再道谢，把这首诗挂在了店里的墙上。

民间还流传着一则谜语，谜底是：有好美酒。这个谜语较为通俗，是：

月挂半天，子女并肩；
火烧羊腿，鸡站水边。

郑燮寿宴送棺材

郑板桥（1693～1765），别名郑燮。字克柔，号板桥，也称郑板桥。乾隆时进士，曾任潍县县令，书画史。汉族，江苏兴化人。他是清代著名画家、书法家，"扬州八怪"的主要代表，世称诗书画三绝，擅长兰竹。郑板桥身世贫穷，仕途不顺，但清廉刚正，多才多艺，与下层百姓有着深厚的感情。

郑板桥也很喜欢谜语。有一次，扬州城里有一个姓林的盐商过六十大寿，大摆酒宴，请了很多当地的有头有脸的人，一方面为了庆祝，主要是

郑板桥兰图

想借此攀附权贵，以提高自己的社会地位，他也给郑板桥送去了熠熠发光的大红金字请帖。

郑板桥本来就看不起这些嫌贫爱富又不学无术的盐商，但是这次为了看个究竟，就欣然接受了邀请，庆寿那天应邀而至。

酒席间，大家猜拳行令，非常热闹。郑板桥提议说：“今日是林府寿筵，行酒令应该以‘林’字为题？”众人都拍手称妙。

郑板桥便举起酒杯说：

林字拆开成两木，

东边木升官，

西边木发财。

盐商一听，又升官，又发财，心里非常喜欢，觉得这个酒令真是喜庆，便连忙说：“依金口，依金口！”说完就举起杯来满满地干了一杯。

散席之后，有人提醒他说：“老爷，郑板桥那个酒令并不吉利，你想想一边木字加官字，一边木字加才字，这是两个什么字啊？”盐商一听，气愤非常，可又拿郑板桥无可奈何。

四冠三淋对谜联

郑板桥的画堪称一绝，他在扬州以卖画为生，有位叫陈子书的老主顾喜欢郑板桥的画不说，还非常喜欢跟郑板桥对对猜谜，郑板桥才华横溢，陈子书觉得跟他对对猜谜真是趣味无穷，但他总是不是郑板桥的对手。

郑板桥像

有一次，他冥思苦想了几天，想出了一条难度很大的连带着谜语的绝联，心想这次肯定能难倒郑板桥了，便兴冲冲来找郑板桥。

郑板桥一看见陈子书那副样子，就知道他是为猜谜对对而来的，便问：“今天来猜谜还是对对子？”陈子书说:“今天猜谜对对交互进行，怎么样?敢不敢较量?”郑板桥就说:“请讲。”

陈子书说:

十月怀胎，十日分娩。（打一字)。

郑板桥马上就说:“这是个‘朝’字。”

陈子书又说:

多一半。(打一字)。

郑板桥说:“这是个‘夕’字。

陈子书说:“六个‘朝’字相连，最后加个‘夕’字，请对。”

郑板桥想：六个‘朝’字相连，这该怎么理解呢?必定是“朝朝（每天)朝（日出）朝朝（每天）朝夕(日出日落)”才能读通，他便对道:

月月（每月）月（月亮）月月（每月）月圆

非常出乎陈子书意料，板桥竟很工整地对上了，他又说:“要是改成七个‘朝’字相连，还能对上吗?”

古代名画欣赏

郑板桥想：这七个“朝”字连在一起应该是怎么回事呢，必定是“朝（早）朝（朝见）朝（早）朝（朝见）朝朝（每天早上）朝（朝见)”。

于是他就对道：

长（长远、长久）长（生长）长（长久）长（生长）长长（永远）长（生长）

陈子书又说:“把第二、四、七的‘朝’字都加三点水，请再对。”

郑板桥在心里默念着加三点水后的句子应是：朝潮朝潮朝朝潮，便反问说:“我先出个谜，请你回答：

月当头。(打一字)。

再用这七个连起来对你的上联。”

陈子书问:“我的上联有三个带水的，你七个同样的字怎么能对呢?”

郑板桥说:“我还没说完，我这七个字有四个戴帽子的，三个淋雨水的。你猜得出就对上了。”

陈子书非常困惑，不知道该怎么对，嘴张得大大的，许久也没猜出这个字来。郑板桥笑着说:“哈哈，老兄，这回你认输了吧?”接着笑着写下：

宵消宵消宵宵消。

郑板桥诗讽庸官

郑板桥因为办理赈济一事，得罪了豪绅，不幸被罢官。他在坐船返回老家途中，与刚到扬州上任的新官在码头上相遇。郑板桥知道这个人是大奸臣的儿子姚有财，且是个无德无才之辈，对他颇有成见。

他们寒暄了几句后，姚有财便非向郑板桥要字画，以充风雅。郑板桥

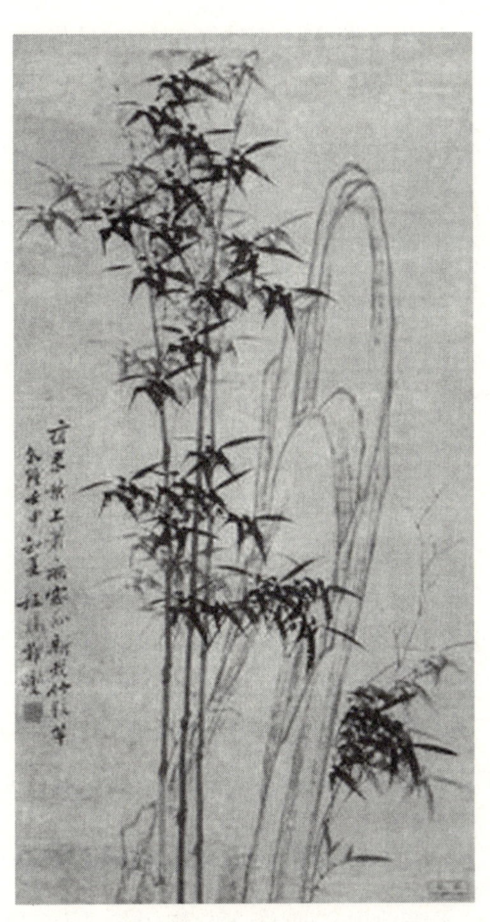

郑板桥竹图

本来就对他十分厌恶，但被姚有财缠着不放，就想写首诗谜戏他一下，于是就提笔写道：

有钱难卖竹一根，
财多不得绿花盆。
缺枝少叶没多笋，
德少休要充斯文。

姚有财见郑板桥果真听了他的话，给他写了一幅字，非常神气。他接过字幅，读了一遍，不解其中意思，他的下人看到了，发现这是首藏头诗谜，他让姚有财把每句的第一个字连在一起，姚有财才发现他被戏弄了，原来郑板桥在讥讽他“有财缺德”，姚有财气得直跺脚，但这个时候郑板桥已经走远了。

郑板桥咏壶劝学

有一天，郑板桥路过一座学堂，听到里面传来嘻嘻哈哈的声音，走过去一看，原来是一群调皮的学生不听老师讲课，正在嘻嘻哈哈地打闹。郑板桥生气地说：“你们太不像话了，赶快好好读书吧！”

有个学生看他穿着布衣草鞋，还以为是个老农民，就傲慢地问：“穷光蛋还来教训我们，我问你，你会写诗吗？”郑板桥说：“我不光会写诗，还会出谜呢！”他看到学堂旁边是厨房，里面有一样东西，就当场吟了一首咏物诗：

嘴尖肚大个不高，
放在火上受煎熬。
量小不能容万物，
二三寸水起波涛。

学生们猜了半天，谁都猜不出来，只好向郑板桥请教，郑板桥故意说：“这么简单的字谜都猜不来，还不好好读书呢。”然后指了指厨房，学生们这才知道答案，他们见老先生出口成诗，心中暗暗佩服，便老老实实地读书了。

（谜底大揭密：水壶）

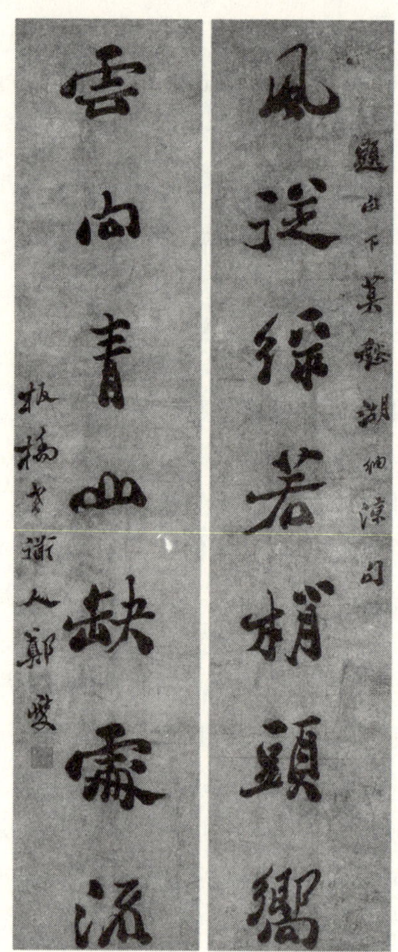
郑板桥书法图

郑板桥铁面猜谜

相传郑板桥在潍县做县令时，曾下令把一个无恶不作的纨绔子弟抓了起来，那纨绔子弟的父母仗着有钱有势，先派人在衙门口吵闹，郑板桥不予理睬。这招儿不管用，他们又来软的，让那纨绔子弟的舅舅和一位与郑板桥相识的读书人一起去说情。那读书人明知郑板桥是个铁面无私的人，根本说不通，但又难以推辞，只好硬着头皮答应了。

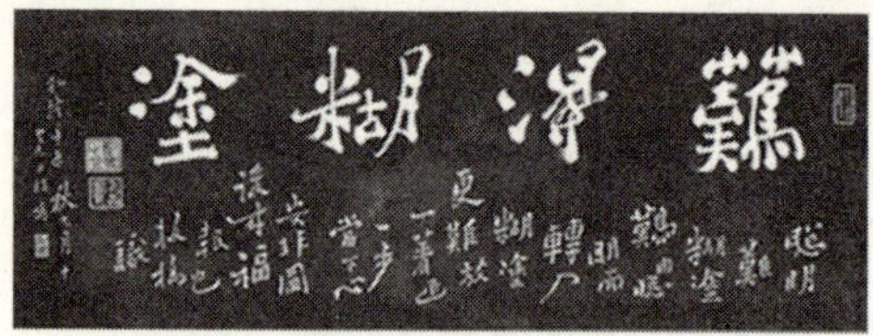
郑板桥难得糊涂

两人带着厚礼来到郑板桥的住处，读书人觉得张不开口，便以谜语的形式问道："有件事想请大人费心，只是不知大人能否'正月没有初一'时办?"郑板桥一见这两个人，便知他们是来做说客的，听了读书人的话更明白了，于是马上答道："我上衙门，一不骑马，二不坐轿。"那读书人听了，知道没什么希望，便寒暄几句，拉着那纨绔子弟的舅舅告辞了。

出了门，那纨绔子弟的舅舅就十分不满地说："叫你一起来说情，你只字不提我外甥的事，咱们来干什么啊?"那读书人一听，急急忙忙地说道："你好糊涂，我刚才已经被碰了回来，你怎么还说我没说呢?"那纨绔子弟的舅舅还是不明白，读书人只好给他解释："我问'能否正月没有初一'时办，这是个字谜，谜底是'肯'字。郑大人说：'我上衙门，一不骑马，二不坐轿'，这也是一则谜语，谜底是：'不（步）行'。"那位纨绔子弟的舅舅这才恍然大悟。

师生妙语说粽子

王文治（1730～1802），清代书法家，字禹卿，号梦楼，江苏丹徒（今江苏省镇江市）人。王文治12岁便吟诗作书，诗有唐人风范，乾隆进士，殿试第三人，官翰林院侍读。官至云南临安知府，后来罢官归隐。

清代人物画

有一年元宵节，灯市异常热闹，彩灯百种千样，文人雅士们纷纷悬挂灯谜，供人猜对。王文治特别喜欢舞文弄墨，也擅作灯谜，就在自家门口挂出一则“文虎”，谜面是：

珍珠白小姐，
许配竹叶郎，
穿衣去洗澡，
脱衣上牙床。

王文治的老师饱读诗书，才高八斗，路过学生家门口，看见这个灯谜，驻足凝思，连说：“这个弟子嘴馋，嘴馋。”当即说出了谜底，并要了文房四宝，也写一则灯谜，贴在旁边，谜面是：

三角尖尖草束腰，
沸水锅中走一遭，
原是珍珠包红娘，
被人剥得赤条条。

王文治听说老师在外面，赶忙迎了出来，一见此谜，马上鼓掌称妙，并说：“师傅，原来您跟我一样嘴馋呀！”原来师徒二人所制诗谜共咏一物。

（谜底大揭密：粽子）

秀才妙联刺贪官

清代乾隆年间，有个叫吴省钦的人，他不学无术，贪得无厌，又喜欢滥用权势，大家都很厌恶他。

有一次，他到某地去主持乡试，他利用职权，行私受贿，并按行贿的多少来确定考生乡试的名次，当地有一个大户人家，他家的考生都榜上有名，而那些有真才实学而家境贫寒的考生却名落孙山，一时间闹得沸沸扬扬，乡里乡亲都对他非常不满。

清代《山水册》

当地有一个穷秀才，饱读诗书，很有才华，本来这次乡试应该是十拿九稳，一定能中的，可是因家庭条件不好，没有钱贿赂这位吴省钦大人，

结果榜上无名。他特别气愤，觉得太不公平，夜里在吴省钦住所门口贴了副对联。

上联是：少目焉能识文字？

下联是：欠金安可望功名！

横额是：口大吞天。这四字暗隐‘吴’字。

两旁的对联是这样的意思：上联是讥讽吴省钦不学无术，胸无点墨，下联讥讽学台贪赃枉法，行私受贿；而且对联采用的是谜语的离合法，“少目”为“省”，“欠金”为“钦”，暗隐“省钦”的名字，简直是构思精巧，妙语双关。

第二天，有人发现了这副对联，在当地很快就传开了。大家都争相来看，一时间吴省钦的住处被围得水泄不通，大家都看明白了这个对联是讽刺吴省钦的，无不拍手称快。

盐商设谜夸富有

清代乾隆初年，淮盐产量大增，许多盐商因此发了大财。他们往往傲视乡里，挥金如土。

有个盐商举办了一个夸耀富有的哑谜会。哑谜，是不用语言文字，不用图画，只用实物来做谜面，并要求猜谜的人不出声，只能用动作来表示谜底。这次哑谜会中有一则哑谜是：

桌子上放一只玉盘和一尊银罗汉。——打《千家诗》一句。

许多人都没能猜出，这时进来一个中年学者，上前将玉盘旋转一圈，拿起银罗汉默默地一直走出门去。原来这则哑谜的谜底是：“银汉无声转玉盘”。据说这银罗汉就作为赠品给了猜谜者。

清代宫女像

另一则哑谜是：

大厅里摆着丰盛的宴席，

厅内有班歌伎，

堂上彩灯高悬，

中厅系着一匹马。——打唐诗一句。

围观的人见宴席上摆满山珍海味，但不知是干什么用的。这时，过来一个猜谜者，众目睽睽之下落座又吃又喝，旁若无人，喝得醉醺醺的，然后招呼歌女扶他上马。只见他鞭拂檐前灯，扬长而去，这个人的动作正确揭示了此谜的谜底：

醉后玉人扶上马，

珊瑚鞭拂檐前灯。

嘉庆字谜下圣旨

嘉庆皇帝是清朝第五位皇帝，嘉庆四年（1799）正月，乾隆帝死后，嘉庆开始亲政。面对乾隆末年危机四伏的政局，嘉庆帝打出“咸与维新”的旗号，整饬内政，整肃纲纪，诏求直言，广开言路，祛邪扶正，但都未从根本上扭转清政府的颓败。

嘉庆皇帝像

在嘉庆帝继位以前，就对首辅和珅恨之入骨，只是因为太上皇乾隆皇帝庇护着和珅，所以隐而未发。

乾隆皇帝驾崩三天后，嘉庆帝突然当廷宣布和珅有二十大罪状，又马上将御史王念孙唤到座前，让他伸出手来，提笔在他手心上写了个“少”字。王念孙马上就领会了皇帝的意思，跪称“领旨”后就匆匆撤下。旁边的王公大臣们都不知道王念孙到底领了什么旨。待退朝之后，才发现满城皆传：“王御史突然率人将和珅府邸包围，正在抄和珅的家。”

原来，嘉庆皇帝知道和珅党羽众多，朝廷内外都遍插耳目，唯恐这边圣旨一下，便马上有人通风报信，使和珅有了马上转移财产的可能，所以就趁着众人都来朝见的时候，突然宣布和珅的罪状，并立即钦点为人正直的王念孙去抄和珅的家。在“手”中写“少”字，即为“抄”，王御史一看就心领神会了。

第二天，据王御史的呈报，嘉庆帝宣布：昨日共抄没和珅家产109宗，83宗未估价，仅仅已经估价的26宗，就合银子两亿三千万两。嘉庆帝马上以巨贪治了和珅的罪，将其赐死牢中，并没收了和珅的全部家产。

新科状元破诗谜

梁章钜（1775～1849），字茝中、闳林，号茝邻，晚年自号退庵，祖籍福建长乐，清初迁居福州，自称福州人。他生长在明清以来“书香世业”之家，幼年聪颖，后博览群书。清朝嘉庆年间，梁章钜科举考试连中三元，金榜题名，状元及第。

是日，在皇宫里，嘉庆皇帝为新科状元举行了盛大的宴会。他听说梁章钜熟于掌故，便想试试他，于是对

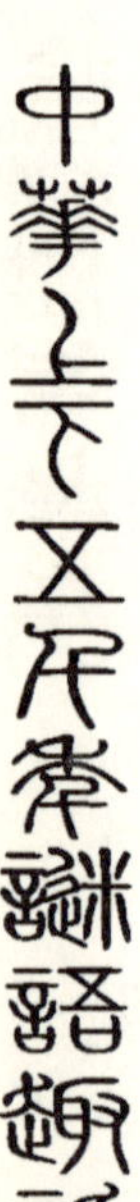

《西图雅集图》

身旁的一位翰林老学士俯耳悄悄地说："爱卿，你用书名编个诗谜出来，考考这位江南才子。"

那位翰苑名贤暗接圣旨，心想这福建才子梁章钜可非同一般，他博览群书，思维敏捷，我可要出个难点的，要不然在皇上面前可就说不过去了。他沉思良久，想出一谜，于是捧着酒杯走到梁章钜桌边："梁状元，今日幸会，老夫借酒兴想了四句诗谜，猜一个字，请您赏脸破之。"

这时，全场人都知这是翰林老学士要考考这位新科状元，都安静了下来，目光聚集在梁章钜身上。只听翰林老学士朗声吟哦道：

《三国志》魏、蜀、吴各有据点，
《水浒传》诸英雄同奔一方，
《西游记》多神怪似人非人，
《红楼梦》大观园佳人才子。

梁章钜虽在众目睽睽之下，但一点也不慌张，略加思索即拱手答道："老大人的佳谜，乃诗仙李白平生最爱好的，是个'游'字，对否？"老学士一听，朝皇帝一拱手说："正是此字。"并赞叹道："不愧才子，不愧才子啊！"四座顿时对梁章钜肃然起敬。嘉庆皇帝也十分欣喜，为又得一能臣而高兴。

老学士的谜语制得非常巧妙，第一句内含"三点水"；第二句含一个"方"字；第三句含一个"人"字；第四句含着一个"子"字，合起来是个"游"字。

才子猜谜求渡河

清朝嘉庆年间，湖北浠水县有位秀才名叫陈沆，文思敏捷，才华出众。

清代瓷器

有一年八月，他要赶赴省城参加选拔举人的考试，刚刚走到河边，渡船已经离岸。陈沆心急如火，连声呼唤，求艄公拨转船头，搭他同去，以免误了考期。那艄公眯着眼朝岸边细瞧，见是位清俊秀逸的文弱书生，便笑道:“岸上那位相公听好，你要去省城参加科举考试，想必定有满腹学问。老汉出个谜儿试试你，倘能猜出，就渡你过河。”说罢，大声咏歌一首：

在娘家，绿影婆娑；

到婆家，青少黄多，

经过几多风波，受尽几番折磨。

莫提起，提起泪珠洒江河。

心有灵犀的陈沆，稍加思索，当即拱手回道:“贤翁适才所言，乃你我求助之物也。”接着说出了谜底。老艄公侧耳一听，连连点头，于是驾船返回岸边将陈沆迎上船去。

（谜底大揭密：撑篙）

断桥咏物助书生

清朝乾嘉诗坛上，崛起了“江左三大家”，他们是袁枚、赵翼、蒋士铨，其中钱塘人氏袁枚以才情卓异而列三大家之冠。

袁枚（1716～1797），清代诗人、散文家，字子才，号简斋，晚年自号仓山居士、随园主人、随园老人，钱塘（今浙江杭州）人。

乾隆三十七年（1772），袁枚游西湖，在断桥附近漫步，碰到一个书

《奚官放马图》

生，见他愁容满面，使上前询问原因。那书生拱手一拜，述说曰:“晚生乃平湖人氏，前来州府参加选拔举人的科考，经钱塘门时，不慎书箱、行囊被窃，现在身无分文，无法投宿。”袁枚笑曰；“汝既是秀才，一定能赋诗吧?”书生又拱手说道:“愿献丑。”袁枚接道:“那好，先吟一首咏物诗试试。那书生略—思考，咏了四句：

有石不是山，

有路走不完。

雷声隆隆不见雨，

雪花飘飘不觉寒。

袁枚点了点头，又指着行人手中一物让那秀才再赋诗一首，那秀才沉吟片刻，又云：

独木造高楼，

无瓦无砖头。

人在水中走，

水在人上流。

袁枚夸道:“真是捷才、捷才啊!”当即资助那书生，让他在自家书房攻

读，结果那书生考中了举人。原来，书生咏的是两首诗谜，聪明的你能猜出各指的是什么吗？

（谜底大揭密：磨、伞）

酒店之水何其多

清朝咸丰年间，山东黄河渡口上有一家酒店，为一对粗通文墨的夫妻俩所开，自己写了个店名叫“齐宾酒店”。大家看了这店名，有人说这里为古齐之地，取广招宾客之意。有人说是店主夫妻二人敬仰古人梁鸿孟光夫妻“举案齐眉”“相敬如宾”而取此名。主人则说兼而有之。

清代《仕女图》

有一次，天色将晚，来了一个风尘仆仆的秀才。店主人招呼客人落座以后，向柜台里面吟了一句：“君子之交淡若何？”只听里面内掌柜应了一声：“北方壬癸已调和。”秀才一听，想不到这小店的夫妻俩竟还懂得一些文字，这前面一句本是《庄子·山木篇》里的“君子之交淡如水”。第二句是《淮南子·天文》中说：“壬、癸、亥、子、水也。”显然，这两句话里都隐着一个“水”字。

秀才不愿喝掺了水的酒，就接上了一句：“有钱不买金生丽”，便起身要走。店主心中明白客人这话是从《千字文》的“金生丽水”来的，便连忙将秀才拉住说：“前面青山绿更多。”秀才扑哧一声笑了出来。他想这位店主倒挺有风趣！秀才本来也是个喜欢谐谑的人，便让主人取纸笔来在“齐宾”两字上多加三点，写成了“济滨酒店”四字。笑着对店主说：“贵店在古济水之滨，这样才名实相符呢！”店主知道这是嘲笑他的酒中兑了水，但也假装糊涂，连声称好。秀才余兴未尽，又提笔写了一副对联：

生意兴隆通四海；

财源茂盛达三江。

又加一个横批：

川流不息

店主人虽知道秀才的用意，可是见到他写的字挺秀飞动，很有功力，便欣然接过来，悬挂在店堂之上。这样倒引来了许多顾客，真个是“川流不息”“生意兴隆”起来。后来，这副对联流传开去，被商界广泛地采用，但是人们已经不了解它的根底了。

谢宝猜谜吃田螺

清朝时，海南琼台书院有位掌教名叫谢宝，曾当过广东省肇庆府教谕。

他才高学饱，治学有方，在琼山享有盛名。

《听阮图》

有一天，谢宝先生访友归来，老婆骂他说："你平时总说你那宝贝学生张日旼聪明过人，刚才他来了，问老师去哪了？我说访友未归，那小子便当着老娘的面又拍屁股又啧啧吮嘴，然后嬉皮笑脸地走了，活像个下流哑巴，真不知道他找你这老夫子干什么。"

谢老先生听了，笑呵呵地说："这是好事，是好事。"谢宝老婆听了此话，更是大惑不解，连声问道："好事？又拍屁股又吮嘴，还是好事？老头子，我看你是在别人家灌多了马尿，弄得黑白不分，神魂颠倒了。"谢老夫子捋须笑道："他是请我去吃一种鲜美的东西，岂不是好事。"说罢，连屁股也未落凳，又一摇三晃地上学生家赶宴去了。原来张日旼作了个哑谜，他是要请谢宝吃"田螺"。

塞得乾坤不透气

许桂林（1779～1822），12 岁时参加童子试考取秀才，被学官称为"奇才"，嘉庆十四年（1809）和嘉庆二十年（1815）两次获得海州科试第一名，嘉庆二十一年（1810）中举。许桂林不贪求功名利禄，终生以教书为生，精于诗词文学，精古算术及天文星算历算的研究，也是清代知名的谜家。

他著有《春梦十三痕》《空谷传声》等书。其中《冰天谈虎》《幻影山得冰天谈虎全书》两篇，依托富有传奇色彩的故事情节，引出了 128 则谜语，非常有意思。

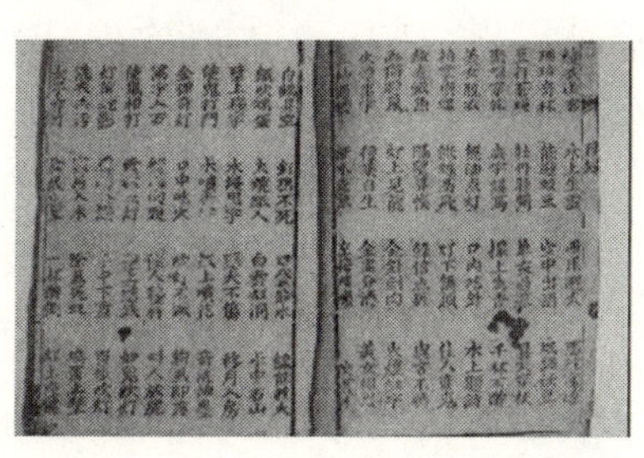

清朝书影

许桂林曾为小说家李汝珍的《镜花缘》做文字润色。有一天，他正在审阅《镜花缘》书稿，书中第八十回、第八十一回描写的打灯虎的场面十分动人，中间穿插有七十则灯谜。许桂林心想："汝珍兄的《镜花缘》一定会成为巨篇，写书的决心不减，现在又玩起了灯谜。"许桂林一边翻看书稿，一边摘抄了几则灯谜：

天上碧桃和露种，

日边红杏倚云栽。（打花名）

何谓信（打《论语》句一）

秦王除逐客令（打《四书》句一）

"这灯谜作得真好，汝珍兄真是奇

才呀！”许桂林不禁在心里感叹，正在这时，李汝珍走了进来，说：“小弟的书稿，让林兄费神了。”许桂林赶忙说：“哪里哪里，我正欣赏你的灯谜呢，真是精彩。刚巧，我也有一个灯谜，请你一猜。”说完，便提笔在纸上写道：

上撑天，下拄地，

塞得乾坤不透气（打一字）

李汝珍看后，并没有马上回答，而是说：“我也有一谜，‘头朝西，脚朝东，塞得乾坤不透风’，（打一字），请猜谜。”许桂林说：“请你先猜我的谜。”李汝珍笑说：“我的谜就是您的谜，不过是将直立者放倒即可。”

你知道谜底各是什么吗？

（谜底大揭密：凌霄花、不失人亦不失言、信斯言也，许桂林的谜底是“1”，李汝珍的谜底是“一”）

蒲松龄诗谜骂恶棍

清代文学家蒲松龄，字留仙，一字剑臣，号柳泉居士，世称聊斋先生，现山东省淄博市淄川区洪山镇蒲家庄人。出生于一个逐渐败落的中小地主兼商人家庭。19 岁应童子试，接连考取县、府、道三个第一，名震一时。补博士弟子员。以后屡试不第，直至71 岁时才成岁贡生。

为生活所迫，他除了应同邑人宝应县知县孙蕙之请，为其做幕宾数年之外，主要是在本县西铺村毕际友家做塾师，舌耕笔耘，近 42 年，直至61 岁时方撤帐归家。他从小勤奋好学，聪慧过人，虽科举考试连连失败，一生穷困潦倒，靠教私塾维持生计，但却一身正气，嫉恶如仇。蒲松龄的座右铭是：

蒲松龄像

有志者，事竟成，破釜沉舟，百二秦关终属楚。

苦心人，天不负，卧薪尝胆，三千越甲可吞吴。

他还给我们留下了千古不朽的文学巨著《聊斋志异》。

蒲松龄的家乡山东淄川县有个王大官人，是地方一霸，为富不仁。他的独眼管家也狗仗人势，欺压穷苦百姓。这王大官人是个附庸风雅之人，家里字画满堂，这个独眼管家也想弄

点字画挂在自己家中，风光风光。

他想到蒲松龄的诗才，便想求蒲给自己写首诗。蒲松龄早就恨透了这帮欺压穷人的恶棍，本来不想给他写，可是转念一想：正好可以借此机会整治他们一下。于是，蒲松龄便假装笑脸，提笔写下了四句：

一头尖尖一头扁，
扁头只有一个眼；
独眼只把衣衫认，
任凭主人来使唤。

独眼管家如获至宝，千恩万谢地拿走了。

其实这是一首打油诗，表面上是一条物谜，实际上讽刺了独眼管家的品行和职业。

（谜底大揭密：针）

一窍不通评文章

清朝著名文学家蒲松龄因能写鬼故事而出名，但是他却屡试不第，穷困潦倒，只能靠教书为生。

有一个财主，自己没有学问，但望子成龙，于是就请蒲松龄教他的儿子学问。可是还不到三个月，蒲松龄便对财主说：“令郎已学有成就，老夫要告辞了。”那个财主听到这个消息，非常高兴，马上摆酒席为蒲松龄饯行。

酒至半酣，财主笑问蒲松龄：“我儿的文章怎么样？”

蒲松龄笑着答道：“高山响鼓，声闻百里。”

蒲松龄印章

财主听了，大悦，又问：“我儿在易、礼、诗方面怎么样？是不是也通了？”

蒲松龄又笑着说：“八窍已通七窍。”说完，蒲松龄挑起书就告辞了。

这天晚上，财主迫不及待地把这个消息告诉了在衙门当师爷的胞弟，那师爷一听，哭笑不得，连说：“大哥，你被那教书先生给戏弄了。这其实是个谜语，‘高山响鼓，声闻百里’，是说侄儿的文章如敲鼓的声音，‘不通’‘不通’！‘八窍已通七窍’那就是‘一窍不通’啊。”财主听完，又气又羞愧，只能怪自己没有学问。

蒲松龄巧骂吴才

蒲松龄是个不畏权势的人，而正因为这样，他得罪了很多贪官污吏和走狗奴才。蒲松龄屡试不第，因生计所迫，只能做个教书先生。有一年，他被邀请到淄川府城教书，当地的毕大人是个清正廉洁的好官。

有一天，毕大人邀请知府大人、李进士、胡举人作陪，设宴请蒲松龄，想听听他聊鬼谈狐。毕府的管家吴才是个长得尖嘴猴腮，又是个嫌贫爱富的人，他见王、李、胡三位客人已经进入客厅，就赶忙点头哈腰，设座奉茶。

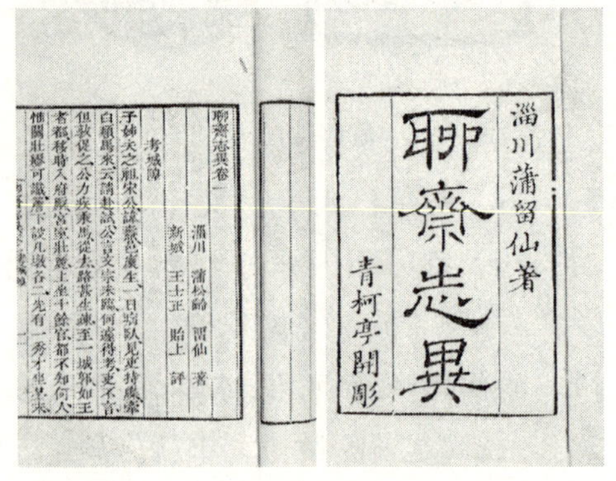

《聊斋志异》

这时，蒲松龄也进来了，吴才看见蒲松龄，便让丫环搬小座放在门后，冷冷地说：“先生没有官职，不能和各位官爷同坐，你只能将就一下了。”蒲松龄没有示弱，说了声：“狗眼看人低。”可是刚一坐定，又发现座上有一根缝衣针，蒲松龄不得不马上站了起来。等再落座时，吴才又故意把一抹布扔在了蒲松龄的鞋上。蒲松龄连连受辱，非常气愤。

过了一会儿，毕大人才来，他进入客厅时，拱手说：“老朽今天身体有些不适，所以来晚了，让各位久等了，请各位都入座吧。”吴才不得不给蒲松龄设座。

酒至半酣，毕大人说：“今天请三位大人来此，是想听听蒲先生讲讲鬼故事，我们都洗耳恭听，怎么样？”大家都连声说好。

蒲松龄微微一笑，说道：“我先说两个谜语，大家猜一下。”

头尖身细白如银，
上秤没有半毫分。
眼睛长在屁股上，
只认衣衫不认人。

第二则谜语是：

看似出身富贵家，
忽东忽西满桌爬。
宾客来到先忙碌，
食人残羹酱醋茶。

大家一听就都知道谜底，就都捂着嘴偷笑，没有人愿揭谜底。吴才听到这些，脸一阵红，一阵白的，灰溜溜地退出了客厅。

（谜底大揭密：针、抹布）

蒲松龄猜谜得生计

清朝康熙年间，山东淄川县蒲家庄有个儒生叫蒲松龄，他自幼苦读诗文，学识渊博，才华横溢，但因是汉族书生，被清朝统治者看不起，因而屡次参加科举考试，却总是名落孙山。

有一天，大名士王涣祥见穷困潦倒的蒲松龄，正挑着两担书，欲外出谋生，便想试试他的才学，于是口占一联：“芙蓉花开，红粉佳人争望月。”王涣祥令蒲松龄应对。

文思敏捷的蒲松龄苦苦一笑，不假思索，拱手便对：“梧桐落叶，青皮

《人物故事图》

光棍打秋风。”

王涣祥称赞道：“对得好！对得好！”他略一沉思，然后笑着说：“我前些天在京城听人赋了一个诗谜，久不能解，你是否愿意猜猜看？”蒲松龄点点头，表示同意，王涣祥一见，便把谜面念了出来：

崔莺莺失去佳期，
老和尚笑掉口齿。
小红娘没有良心。
害张生一命归阴。

蒲松龄稍微思索了一会儿，便朝远处高山指了指，以此作答。王涣祥大惊其才，也悟出了这个诗谜是“巍”字，他冥思苦想很久而未猜出的谜语，蒲松龄竟轻松作答。王涣祥佩服蒲松龄的才华，便留他在自己家中教书馆，从此，蒲松龄这个落第秀才便成了一位教书先生。

王筠出谜收徒弟

清代有一个叫王筠的文字学家，字篆友，山东安丘县人。他写有《说文句读》，这本书可谓是独辟蹊径，专家们认为是段玉裁、桂馥二家的劲敌。王筠为了普及文字学，让小孩子也能知道中国文字的规律，特地写了一本叫《文字蒙求》的书，流传于世。

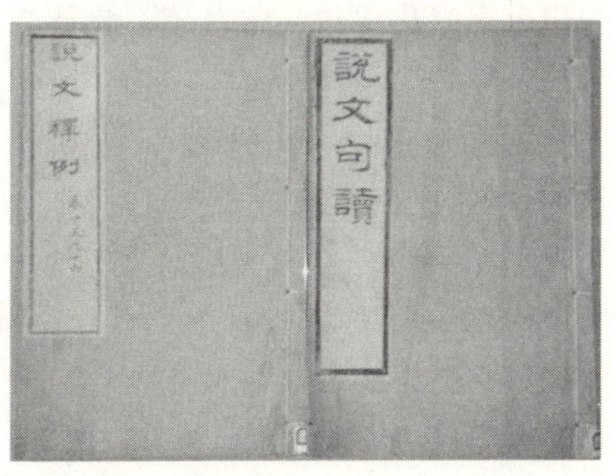

说文句读

有一次他到郊外散步，遇见了一群儿童。儿童们看见是文字学家出来了，中间有一个大一些的孩子便上前拦住王筠的去路说：“王老夫子，听说你精通文字，我要给您出个谜语，猜四个字，猜得出来才让你过去。”王筠很感兴趣地说：“小朋友，你要出个什么谜呀？请说说看。”儿童说：

一点一点分一点，
一点一点合一点，
一点一点留一点，
一点一点去一点。

王筠一听，心想：这个谜出得果

然很巧，想不到这些孩子有如此的聪明。可他是个文字学家，仅仅是一个孩子的谜语能难住他吗？他便笑眯眯地对儿童们说：“你们看，我写得对不对？”说完，捡起一根树枝就一边念着“一点、一点……”一边在地上写出“汾”“洽”“溜”“法”四个字。儿童们一看，都拍手大叫：“对了！对了！您真不愧是文字学家！”

这时，那个大点的孩童说：“先生，您肯收我做学生吗？”王筠说：“那我也出个字谜让你猜，猜对了，我就收你当学生。”接着说道：

一横一横又一横，
一竖一竖又一竖，
一撇一撇又一撇，
一捺一捺又一捺。

这是个什么字？

儿童在地上画来画去也画不出个字形来，挠挠头说：“先生，请您告诉我吧，我猜不出来了。”王筠便在地上上面画一横，下面画两横，并在每一横上加了一竖，又在每个“十”字上加了一撇。这时，那个孩童抢过王筠手里的树枝便在每个“才”字上加了一捺，说：“先生，我猜对了吗？”王筠笑嘻嘻地拍着孩童的头说：“好吧，我收你做学生。”

（谜底大揭密：森）

王筠说字巧解惑

王筠（1784～1854），字贯山，号箓友，山东省安丘市景芝镇宋官疃人，语言学家，文字学家。出身于安丘书香世族、官宦之家。王筠不但是安丘历史上学术水平最高的学者，而且也是国内“说文四大家”之一。一生著述宏富，影响颇大，他在山西乡宁做官的时候，曾应朋友陈嵋山的要求，写了本关于教儿童识字的书，叫《文字蒙求》。

清代《秋林舒啸图》

一次，他去看望陈嵋山的时候，遇见陈嵋山的邻居，那位老人要砍倒院中唯一的一棵榆树。王筠对此非常不解，问他为什么要砍倒这么珍贵的树，老人说他近来心神不适，前几天看了一个风水先生，那个风水先生说：“这四合院中有一棵树，就是个‘困’字，很不吉利，把这棵树砍倒了，就

不犯困了。”

王筠一听，不禁哈哈大笑起来，他对老人说：“想不到这位风水先生也是位文字学家啊。可惜他见物不见人，他没有看到四合院里还住着人呢。有树、有人就不是个‘困’字了。可是如果你把树砍掉，四合院里光剩了人，你想是个什么字？这不是更不吉利了吗？”老人一听，恍然大悟说：“唉，幸亏县太爷是个真正的大学问家，要是听信风水先生的话，我不是落入更凶险的境地了吗？大人救了树，也救了我，恩德无量啊！”

教书先生姓什么

清朝的时候，两个书生赴京赶考，他们在旅店相遇，二人互问贵姓。

一个书生说道：

左边加一是一千，
右边减一是一千，
不加不减再计算，
其中共有人一千。

另一个听完之后也摇头晃脑地说道：

左看不出头，
右看不出头，
左右一齐看，
两个不出头。

刚巧，这时有个教书先生路过这里，听了两人报姓的方式很感兴趣，便也来凑热闹，他先向两位书生道了一声：“任、林二君可好？”

清代《胤行乐图》

这二个人不禁一惊，这是哪位呀？怎么会知道我们的姓，两个人一起转过脸来看这位老者，发现根本不认识，便问：“老人家，咱们素不相识，你是怎么知道我们两个的姓的呢？”老人笑着说：“刚才你们二位不是互通过尊姓了吗？”二人又问老人贵姓，老人却吟出一阙《忆江南》来：

遥望处，牛女正双栖。
天上人间相与共，
银河杳渺水迷离，
新月落西垂。

两位书生猜了半天也没猜出来。忽然听到店家女儿来到桌前喊了一声：“滕老先生，饭已备齐，请用餐。”他们不禁佩服这位店家女儿的聪明，也称赞这个字谜比他们二人的谜更高明，更有文采。

（谜底大揭密：任、林、滕）

新娘诗谜难新郎

洪升（1645～1704），清代浙江钱塘人，戏曲作家、诗人，字昉思，号稗畦，又号稗村、南屏樵者。他著作的《长生殿》非常有名，流传于世。

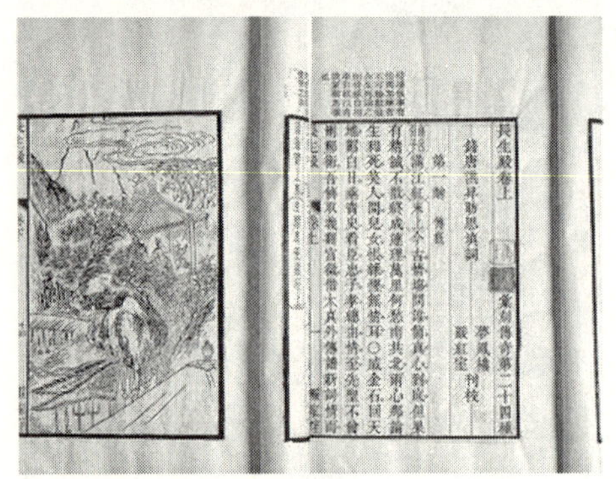

长生殿

洪升的夫人黄兰次，是大学士黄机的孙女，庶吉士黄彦博的女儿。她善吟咏，解音律，是位作曲能手。夫妻二人相处得十分和谐。相传他们新婚之夜，也有一段新娘以诗谜难新郎的佳话。黄兰次想测试一下洪升的才华，就连出了三则谜语，让新郎来猜。第一个谜语是：

无心骄白昼，
有力破黄昏。

洪升笑而未答，只是将洞房中红光熠熠灯举到新娘的面前，问道："娘子可是需要此物？"兰次点头微笑，又出了第二个谜语：

相看黑面真如铁，
独具丹心未肯灭。

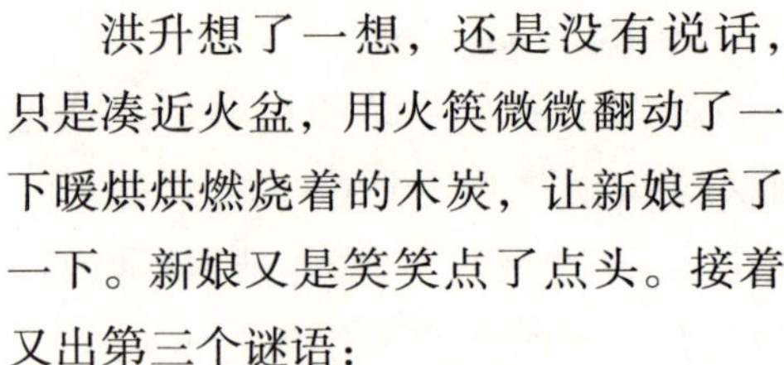

洪升想了一想，还是没有说话，只是凑近火盆，用火筷微微翻动了一下暖烘烘燃烧着的木炭，让新娘看了一下。新娘又是笑笑点了点头。接着又出第三个谜语：

古月照水水长流，
水伴古月度春秋，
留得水光耀古月，
碧波深处可泛舟。

洪升拉起新娘的手，一起来到窗前，撩开窗帘，洪升指着窗外月光下的一片湖水说："娘子喜欢这月光下的湖水吗？但愿水月永伴！"兰次报以多情的微笑，然后相携入帐。

（谜底大揭密：灯、木炭、湖水）

李方膺妙笔生"风"

李方膺（1695～1755），中国清代诗画家。字虬仲，号晴江，别号秋池，抑园，白衣山人。寓居金陵借园，自号借园主人，为"扬州八怪"之一。出身官宦之家，曾任乐安县令、兰山县令、潜山县令、代理滁州知州等职。工诗文书画，擅长画梅、兰、竹、菊、松、鱼等。

李方膺常往来扬州卖画，其用笔放纵而苍劲，可谓独树一帜，很多人都喜欢他的作品。

有一次，李方膺到诗友家做客，席间，有个倜傥才子笑道："人说宇宙乾坤皆可入画，我看有一种东西，丹青妙手也画不出来。"

李方膺的作品

李方膺一听，觉得奇怪，便拱手相问："愿请教。"

那才子带着神秘的口吻，说道："这种东西，虚无缥缈，无影无踪。"李方膺略一思索，便知道这人是在说"风"，笑答："这个也能画。"

在座的诗人墨客一听，都很好奇，便催他快点画出来让大家见识一下。

李方膺也不推辞，铺好纸，润好笔，静思片刻，俯身挥毫而作，不一会儿，一幅栩栩如生的作品便出来了，只见画面上有一簇茂密的竹子向一边倾斜着，让人强烈地感觉到有一股狂风正在呼啸而过，还似乎能够听到竹子相互摩擦的声音。众人一看，无不拍手称绝。刚才那才子上前说："佩服，佩服，这无影无踪的'风'，竟然被你画得这么传神！"

李方膺给这幅画起名为《风竹图》，并在旁边题诗一首：

画史从来不画风，
我于难处夺天工。
请看尺幅潇湘竹，
满耳丁冬万玉空。

金农以花喻人

金农（1687~1764），清朝画坛扬州八怪之一，杭州人，久居扬州。字寿门、司农、吉金，号冬心，因生活在康熙、雍正、乾隆三朝，因此他给自己封了个"三朝老民"的闲号。人生际遇坎坷，平生未做官，晚年以在扬州卖字画为生。他为人磊落，生性浪漫，爱怡情山水。

有一天，有一雅士在扬州瘦西湖旁的平山堂宴请文朋诗友，金农也应邀赴宴。

金农在去往雅士家的途中，见从湖旁小角亭中走下一位俏丽村女，只见她腰不束而自细，唇不点而艳红，眉目清秀，顾盼生辉，金农不禁暗自赞叹曰："脂粉不施，天然素雅，真乃绝代佳人也！"

金农一走进那雅士家的客厅，便诙谐地说："酒与文人素有不解之缘，低吟浅酌有利笔耕，快快拿酒来！"他先喝了几口酒．然后要来笔墨纸砚，笑着说："刚才，在路上遇到了一位天仙般的绝色女子，待我们以花喻之。"旋即挥毫作画一幅。画完后，在左上角题诗四句：

纤小淡白气吐芳，
不及芍药上红妆。
花茶待客成新赏，
更觉口泽一缕香。

众人都感叹诗美，且画中人更美，不禁抚掌称好。这时，有位才子说："金兄，你是把那绝色女子比做"茉莉花"了吧。"金农点头称是，思绪又回到了遇到那女子的一霎那。

百姓谜联骂贪官

清朝同治年间，四川有一个名叫李儒卿的官吏。他为人贪婪，鱼肉百姓，心狠手毒，人称"李剥皮"。老百姓对他敢怒不敢言，但有个秀才却用他的名字作了一副字谜联，并在当地得到广泛流传。谜联是这样写的：

本非正人，装作雷公模样，却少三分面目；

惯开私卯，会打银子主意，绝无一点良心。

这副谜联，头一句"本非正人"，是"亻"旁；"装作雷公模样"，取其"雨"字；面字少三，是"而"字；合起来正是"儒"字。下一句"绝无一点良心"是"艮"字，加上"卯"字分开，组合起来拾成"卿"字。此联不仅是绝妙的两个字谜，拆分清晰，而且含义深刻，讥刺贪官嘴脸入木三分。对联虽未明点写谁，但人们一猜就知道是在骂谁，真是神来之笔。

也是在清朝时候，还流传这样一副对联：

一日难支，足下分开两片；

草头割断，此身应受八刀。

横批是：梁上君子。

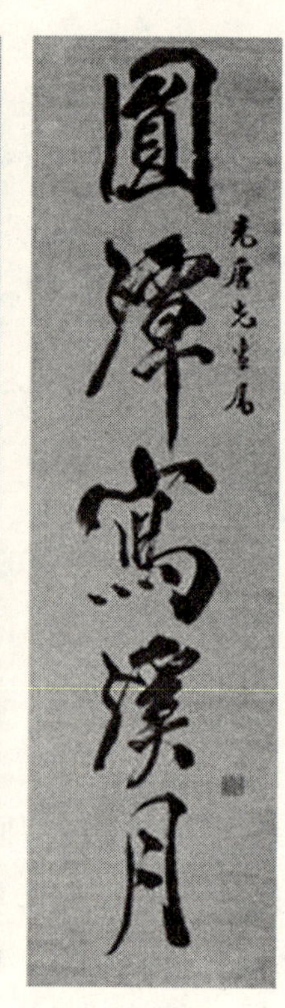

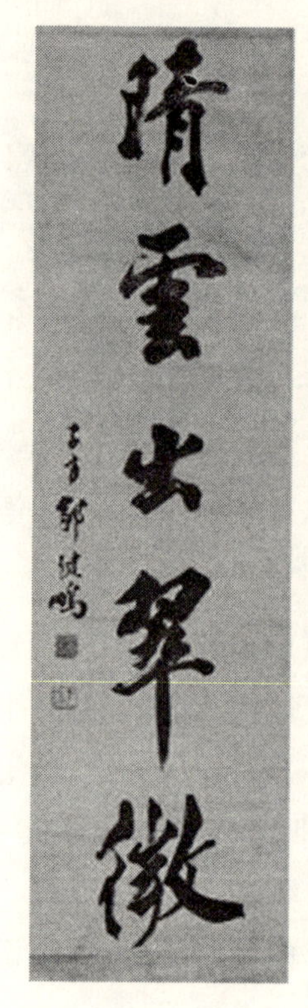

清代对联

这副对联是针对湖北汉阳府太守梁鼎芬的。梁鼎芬是广东人，他对老百姓敲诈勒索，干尽了坏事，湖北当地老百姓早就恨透了他，有人就写了这副对联来嘲讽他。对联的上联隐一"鼎"字，下联隐一"芬"字。而"足下分开两片""此身应受八刀"的含义，又表达了人们对这个贪官的怨恨。横批一语双关，既点出他的"梁"姓、又揭露了他是一位"梁上君子"。真是痛快淋漓，令人拍案叫绝。这副对联代表了百姓的心声，很快就传开了。从此梁鼎芬声名狼藉，朝廷为了安抚民心，不得不撤了他的官职。

儿媳妇猜谜回娘家

传说，清朝时有一户人家，老太太已经过世，三个儿子都娶了媳妇，由老太爷管着这个家。老太爷最怕儿媳们回娘家，因为她们一走，家里的许多事就耽误了。

清代人物画

有一年春节过后，媳妇们照惯例是要回娘家待几天的。老太爷没理由不让她们回娘家，但又怕家里事情没人管，于是想了一个办法。他对三个儿媳说："你们要回娘家是可以的，不过，得替我办三件事，谁能办得了，谁就先回去；谁办不了的，就等以后有了机会再回去。"三个儿媳连忙问："您要我们办什么？快说吧！"

老太爷说道："第一，先给我点一碗'永远不熟'的菜；第二，回家后，给我带一些'骨包肉、肉包骨'来；第三，路过'人从屋上过，水从屋下流'那村庄时，找到姓'西北风'的我表弟那里，把我放在他那里的'包火筒'，'招风纸'带回来。"

三个媳妇明知公公不愿让她们回娘家，故意难为她们，可平日公公待她们不错，所以也不好意思和公公争辩。三个媳妇就都在那儿冥思苦想起来，大媳妇、二媳妇都一筹莫展，聪明伶俐的三媳妇却笑嘻嘻地走到公公面前说："我可以办到。"

然后她到厨房煮了一碗生菜，双手端到公公面前。老太爷看了点点头，同意三媳妇回娘家，但必须把另两件事办好，否则一年内不许回娘家。三媳妇胸有成竹地答应了，然后高高兴兴地回娘家了。

几天之后，三媳妇回来了，她先到公公房间去. 拿出一包鸡蛋说："爹，这是您要的'骨包肉'。"又拿出一包红枣说："爹，这是您要的'肉包骨'。"老太爷一看，一点不差。又赶忙问："第三件事呢？"三媳妇递上灯笼和扇子，然后不紧不慢地说："我路过大桥时，就到那个村庄找到了姓冷的表叔家，拿回了你放在那里的'包火筒'和'招风纸'。"老太爷一看，一点儿都不差，高兴地笑了起来，连连夸奖三媳妇聪明。

灯谜大师传佳话

晚清的时候，有位叫张起南的灯谜大师，字味鲈，号橐南，福建闽侯人，生于1878年。张起南童年时非常聪慧，读书过目成诵，写文章挥笔立就，10岁就能在灯谜会上独立猜射谜语。16岁补学官弟子，中了秀才。张起南一生工诗、词、骈、散文，毕生嗜好谜学，自称“谜癖”，制谜万则以上，著有《橐园春灯话》、《续橐园春灯话》等，被后人誉为现代“谜圣”“谜语大师”。

张起南像

相传有一年新春，张起南在辰州任职，看见窗外大雪纷飞，一眼望去白茫茫的一片，不禁触景生情，马上巧制了一则字谜：

雨余山色浑如睡。

当时正是元宵节，他便将此谜写在灯上，悬挂在街上，供游人猜射。

有位书生看了好久后，抚掌赞道：“此谜富有诗情画意，真可谓妙极了！”张起南一听，拱手问道：“看来这位公子已胸有成竹，愿当面领教。”

那个书生答礼后说道：“早就听说先生的大名了，今天能当面请教，实在是小生有幸，请听不才赋诗一首：

此花自古无人栽，
一夜北风遍地开；
近看无枝又无叶，
不知何处长出来。

张起南一听，这个书生不仅猜出谜底“雪”，而且能以诗谜猜谜，实属高手，不禁连声称赞：“猜得好！猜得好！”还将自己所著谜书《橐园春灯话》送给了他。

还有一次，有位朋友来找张起南玩，当时张起南刚构思好了一则谜语，便说给朋友听：“两行蜡炬已成灰。请打五言唐诗一句。”

朋友听了，沉思很久都没猜不出来。张起南解释道：“这个谜的谜底是唐朝诗人杜甫《月夜》这首诗中的一句诗：‘双照泪痕干’。两行蜡炬——双照，已成灰——泪痕干。”朋友听后，方才恍然大悟。

慈禧出谜戏御医

慈禧太后，又称西太后，她博学多才，能书善画，书法长于行书、楷书。绘画有花卉等传世。清末同治、光绪两帝在位时，慈禧太后垂帘听政，独揽大权长达47年之久。慈禧太后也

很注重养生之道，曾经一度蛰居在颐和园保养身体。

慈禧太后像

有一天，慈禧太后在颐和园的长廊里游玩散心，突然觉得有东西迷进眼睛了，泪流不止，就马上命令李莲英传旨太医院的白御医前来看病。等到白御医来的时候，她眼睛里边的东西早就被泪水冲出去了，白御医连说：“无妨，无妨。”然后马上把这个情况记到了医案里，并给慈禧过目，没想到白御医误将“迷”字写成了“谜”字，慈禧看了觉得好笑，就说：“将‘迷’字写成了‘谜’，想必是个谜迷，那我就出个谜语你猜猜看。谜面是《新嫁娘》的诗句：

三日入厨下，
洗手做羹汤，
未谙姑食性，
先遣小姑尝。

每句猜三味中药，两天后交卷，猜中有赏。”

白御医领旨，赶忙回家，连夜遍查《本草纲目》《本草拾遗》等药物书籍。很快两天的期限就到了，勉强拼凑了十二味药名，提心吊胆地前去复命。谜底写着：

生地、独活、落新妇；
白及、细辛、制乳香；
防已、知母、五味子；
寄奴、女贞、婆婆纳。

慈禧一看这个谜底，心想：“我本来是信口开河说了个谜语，没想到白御医这么认真，这谜底写得还挺贴切。”就让李莲英赏赐给白御医二百两银子，白御医马上跪地谢恩。

老佛爷连夜出逃

1900 年，八国联军进攻北京，慈禧太后如惊弓之鸟一般，乔装打扮后就连夜出逃了，一直向西走。

慈禧太后像

有一天，走到山西永济时，到了一个叫“普济寺”的地方，慈禧觉得这个名字很吉祥，就传旨到寺内休息。

寺内方丈得知太后驾到，马上开

门迎驾，太后问道："这普济寺的香火旺吗？"方丈答道："回老佛爷，敝寺的天王殿、舍利塔、大佛殿今年重新装修，刚完工。听说老佛爷近日要经过此地，想请老佛爷参加开光盛会，待明日就可为佛祖开光了，敬请光临。"慈禧说："开光盛会我一定去。"

第二天，大佛殿前香烟云盖，众僧人念动经语，就等老佛爷驾到。一会儿，李莲英搀扶慈禧进入大殿，只见新塑的佛祖盘坐在莲叶之上，右手托着一个寿桃。李莲英献媚说："老佛爷吉祥，佛祖也为您祝寿呢。"慈禧听了，非常高兴。这时李连英看到佛座前有一张纸，上面写着字，便忙拿过来给老佛爷看，只见上面写着：

连日劳顿气难消，
夜行晓宿路遥遥。
佛仙偶有落难日，
爷们常无乐陶陶。
脱钩蛟龙困池浅，
逃避国难罪岂饶。

太后读过后，一回味，发现原来这个暗谜，这首诗每句的第一个字联起来正是"连夜佛爷脱逃"，慈禧立刻大怒，但已无从查知该诗出自何人之手了。

光绪慈禧猜诗谜

1900 年，八国联军阴谋瓜分中国，借口清政府排外，联合进攻中国。8 月 14 日黎明联军攻进了北京，京城失守了。

八国联军烧杀抢夺，肆意践踏中国主权。慈禧太后、光绪皇帝 8 月 15 日早上 3 点多钟坐车仓皇出逃，慈禧太后乔装打扮，很像个小京官的女眷。一路上淋雨冒风，非常惊险。

光绪帝像

皇后知道慈禧平日在宫中喜欢猜谜语，为了迎合老佛爷，就说："老佛爷，说个谜语让我们猜吧。"

慈禧说："好，免得寂寞，我说谜语给你们猜吧。"慈禧其实也是怕大家忧郁而病，在路上就更麻烦了，也想猜个谜语给大家排解一下。她想了想，对着光绪说："皇帝，我说个谜语你猜吧。"

"我可能猜不中，试试看吧，请说一个吧。"

"很容易猜，大家也都听着吧，

一家好好过，怕听五更鸡，
鸡鸣三唱后，白昼失东西。"

光绪在心里把慈禧的谜语默念了一遍又一遍，过一会儿说：“猜到了，这个谜语是说一个已经死了的人。”

“那皇帝说给我听听。”慈禧说。

“是明怀宗，是前朝的末代皇帝崇祯，他不已经是鬼了吗？鬼不就是怕听五更鸡，到了白昼就不见了。”

慈禧强忍住满腔的怒火，狠狠地扫了光绪皇帝一眼，说：“皇帝怎么会猜是他，谁愿意出个鬼的谜语呢，皇帝这么猜，太晦气了。”

光绪帝又想了想说：“这次我猜到了，是‘月亮’，对吗？”

慈禧笑了下，说：“那皇帝也给我出个谜语吧，看我能不能猜到。”

光绪说了个谜语：

话雨巴山旧有家，
逢人流泪说天涯，
红艳为伴三更雨，
不断愁肠并落花。

皇帝刚说完，慈禧就冰冷着脸，望着窗外，半天也没说一句话。过了一会儿，慈禧说：“皇帝，为什么你张口便是不吉利的话呢？凄凄惨惨的，我觉得皇帝不该说这些。”

“谜底是红蜡烛。大红蜡烛正是喜庆之兆，您还觉得不吉利吗？”

“皇帝想得很好，只是这个谜语听起来太不吉祥了。”慈禧竭力抑制住心中的不快，对光绪皇帝说。

“好，我以后再也不说了。”光绪皇帝小声说。

溥仪暗语制诗谜

爱新觉罗·溥仪，是清朝最后一位皇帝。1911 年辛亥革命后退位，因对清室有优待条件，所以退位后仍不废帝号，1921 年方被废除皇帝称号出宫。溥仪虽然是废帝，但仍过着奢侈的生活。

溥仪像

有一天，溥仪心血来潮，装扮成落魄的文人样子，到集市上去卖字。他挨家挨户地给店主写对联，以此索取酬金。虽然溥仪的字写得很好，但店主见他衣衫褴褛，就用三五个铜板打发他了，甚至有人直接把他写的对联投入纸篓中。一天下来，溥仪虽然写了三十几副对联，但是却所获无几。

第二天，溥仪派人回收对联，称若保存完整，则以百枚银洋赎回。可

是三十几副中只有四副是完整的。但有一家店主，虽然有保存完好的对联，却称出双价也不愿转让，人们都很诧异，不明白是怎么回事。原来溥仪所题诗句为：

情到伤心方落泪，
湖畔花前两相依。

店主解释说："这幅字哪里是百枚银洋就能买到的？其实这是则谜语，暗隐"满清"二字，落款为"青巾"，是清帝二字的省笔。这可是废帝宣统的墨宝啊！"大家听完这个店主的解释后，才恍然大悟，都后悔没好好珍藏这幅字。

灯谜无巧不成书

清末有个满族正白旗人叫瑞方，号午桥，曾经赴西欧考察多国政治，回国后历任南北洋大臣，为中外人望所归。

在他担任两江总督的时候，曾经遇到这样一个案件：蔡乃煌与陈启泰在京作官时就互相不和，后来陈启泰做了苏州巡抚，蔡乃煌放任上海道。陈启泰外放途经上海时，蔡乃煌本为下属，却依仗着京中有靠山，没有迎送陈启泰。陈启泰则对蔡乃煌上报的公文任意批驳，甚至当面训斥；蔡乃煌则反唇相讥。陈启泰忍无可忍，便上本弹劾蔡乃煌；蔡乃煌则修书向京中后台求援。京中便把此案批给两江总督端方审理。

清代宫灯

端方知道此二人在京里都有后台，不知道怎样应付为好，每天都因为这件事郁郁不乐。元宵节夜晚，府中照常悬灯猜谜，端方也出来观灯解闷，忽见一则灯谜写道：

端判军左右为难——射《四书》一句。

这个灯谜一下子触动了他，正在思索的时候，忽然听到有人报告出谜底说："厄于陈、蔡之间。"射中谜底也恰恰打中了他的心事，他不禁苦笑了一声。

道士画中藏字谜

清朝末年，有个云游四方的道士。

这个道士知识渊博，能画一手好画，尤其酷爱猜谜。

清代花鸟画

有一天，他来到京城。心想，人们都说京都里人才济济，我要亲眼见识见识。于是，他精心画了一幅画。画的是一只黑毛狮子狗，那狗画得栩栩如生，尤其是那一身油黑发亮的皮毛，更是让人赞不绝口。

道士来到闹市，把画悬挂在路旁，顿时招来许多行人看客。有人出钱要买这幅画，可是道士笑着说道："我这画不卖，出多少钱也不卖。这幅画内藏有一个字，要是有谁猜中，本人分文不要，白白将画送给他。"众人一听，天下竟有这样的便宜事，不花一文钱，白得一幅好画，于是争相猜射起来。可是猜了半天，谁也没有猜中。

这时，只见一位老者，分开众人，走上前去，将画卷摘下来，也不言语，夹起就走。众人看了愕然，道士也上前问道："老翁您还没猜呢？怎么就拿走我的画？"老人仍不吭声，还是往外走。众人也七嘴八舌地嚷开了："嘿，先别拿画，你说出谜底是什么？"老人如同聋了一般，还是不吭声，只顾往前走。道人看到这里，不禁哈哈大笑道："猜中了！猜中了！"原来，道士出的是一个画谜。画中的"黑狗"，隐寓着"黑犬"的意思。"黑"与"犬"合在一起，就是"默"字。所以老人自始至终默不作声，难怪道士说他猜中了。

妻子谜语巧避酒

清朝有个酒鬼，把家里都喝穷了，还向妻子要钱买酒喝，妻子劝他戒酒，他说："要我不喝酒，得有个条件：从今以后，你说话不准说出一个与'酒'字同音的字来，带出一个酒字来，我就还得喝。"妻子想了想，就说："那你也不准说，你说我就更不给了。"

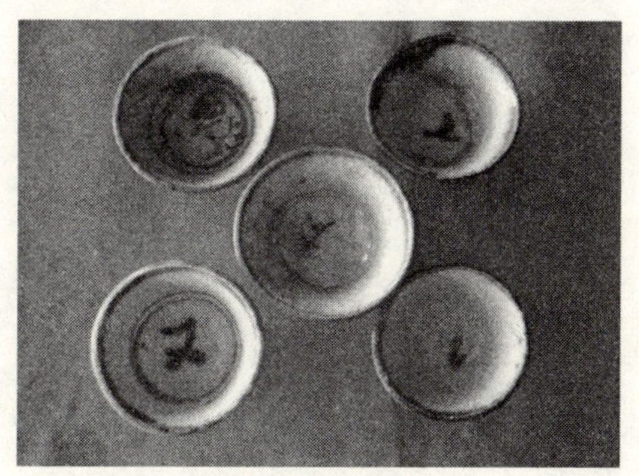

清代酒碗

三天过去了，妻子一直没讲出一个"酒"字来，他可忍不住了，就到几个酒友家里诉苦。一个酒友就帮他出了个主意：要他先不要回家。这位酒友一手拿着酒壶，一手提着铜钱，来到他家约他喝酒，他妻子说当家的不在家。来人便说："那就请大姐待他回来时告诉他：张老九、李老九，提着铜钱九百九，手拿酒壶去打酒，接他九月九日去到我家来喝酒。"

酒鬼晚上回到家，故意问："有谁来过吗？"妻子对他说："张三三，李四五，提着铜钱一千差一数，手里拿的酉水壶，接你重阳日，去到他家走一走。"酒鬼一听，一个"酒"字也没说出来，便假装昏了过去。妻子一看也扑上去哭道："我晓得你这样很难受，怎么不拿出一点儿来，以解解忧愁？"酒鬼一听妻子的哭声里好像要准许他喝点酒的样子，便立刻醒了过来说："快拿来！"妻子说："拿什么？"酒鬼要说"酒"，可又想起妻子也向他提出的条件，如果说了就更不给了，便只好用手向嘴边比画了一下。妻子说："我可没说出一个你要喝的字来，你还是喝不成。"

巧题匾额说行当

清朝的时候，有弟兄二人，哥哥是铁匠，弟弟是皮匠。两人的手艺都很好。他们辛勤了半辈子，有了一点积蓄，便各自修了一所新的房子。兄弟俩商量，要请人起个堂号，题块匾挂上。堂号要表示出他们各自的行业特点，又要雅而不俗。

他们请了好多文人秀士，都作不出来。最后找到一位教书先生。教书先生想：这兄弟俩不识字，必须让他们看见匾上字的样子，就认得出是自己的堂号才行。于是他思索片刻，便给哥哥题了"二酉堂"，给弟弟题了个"甲乙堂"。

兄弟俩不明白是什么意思，教书先生说："这是用象形法制的两块谜匾。你看：'酉'字正着看，就像锻铁炉；倒下来看，就像风箱。这两件东西，都是你们铁匠少不了的。再看这个'甲'字，好似钉鞋用的砧子，'乙'字就像裁皮子的刀。这两件东西是你们皮匠所必备的。你们看行吗？"兄弟二人非常满意，便重重地酬谢了这位教书先生。

店老板制谜引客人

清朝的时候，有个杂货店，老板为了吸引顾客，便在门前挂出两条谜笺，注明：猜中者即以该物相赠。第一条谜是：

墙里开花墙外红，
若想采花路不通，
东方一亮花要谢，
一场欢喜一场空。

第二条谜是：

少时青，老时黄，
盘起辫子挡太阳。

这一下果然吸引了不少过往的行人，一时间门庭若市，热闹非常。到了中午，一个农民打扮的小伙子走上

前来拿起店前摆的一个草帽，举到第二条谜语前，晃了晃，戴到头上就走。大家最初觉得这人买草帽不付钱，实在是无理之极，继而明白他是猜对了。不料老板却大声喊：“客官请回！”那人回过头来问道：“难道我猜得不对吗？”老板说：“猜得对，请回来留下姓名，交个朋友。”

清代家具

天快黑的时候，有一位穿长衫的老者，走上前来，指着挂在店前的灯笼说：“我把灯笼拿走了，这一件属于我了。”老板立即把灯笼摘下来送给了他，从此，这个杂货店的生意就更加兴隆起来。

巧妇妙语说年历

清朝的时候，有一个人在外面做事，长年不归。这年旧年将尽，新年将临，仍是不能回家，正在思念自己的妻子的时候，竟得到了妻子寄来的一份礼物，还附了一封信，信上说：

自入君家，便与我翻脸。你应知我心中寒暖，纵然有时节、气满胸间，也强忍得五天十天。眼见得光阴似箭，年节不远，我在你心目中，更难比从前。怨郎君薄幸，厌旧喜新，终于将我抛在一边。郎君啊，如今盼你心回意转，来年重相见。

他读完这封信，不觉更加引起对妻子的同情和爱怜，打开礼物一看，才知道这封信里说的，原来就是这件礼物！

（谜底大揭密：年历）

灯谜文化趣味故事

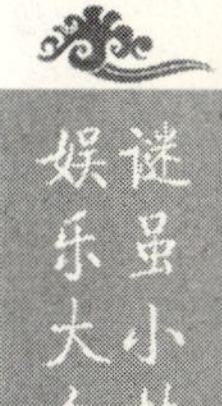

一、灯谜之萌芽：廋词和隐语

灯谜与民间谜语一样，最早起源于古时的廋词和隐语。

我国的谜语源远流长，已经有三千多年的历史了。早在西周以前，就出现了谜语的语言现象，它们以富有隐喻和暗示性质的歌谣呈现。随着人类社会的进步和科学文化的发展，到了春秋战国时期，语言日益丰富，具有隐示性的歌谣得到了很大的发展，出现了我国谜语的最早形式——廋辞和隐语，这是谜语的最初萌芽。

殷墟甲骨文图片

廋，是隐匿的意思，廋辞其实就是隐语。“廋辞”两字最早见于左丘明《国语·晋语》：“有秦客廋辞于朝，大夫莫之能对也”，这里讲的是发生于公元前542年春秋时期的事，在当时，廋辞已作为外交斗争的一种形式而登上大雅之堂，在统治集团高级官员中运用了。

隐语比廋辞要晚出现，它也跟廋辞一样，是以形象生动的评议来隐示事物，因而十分流行。随着社会发展的需要，语言日益丰富，有时人们因为种种原因，有些话不便直说，就产生了一种借代词语，这就是隐语。

“隐语”也叫“隐”，古字为“言隐”。是古时对谜语的一种叫法。隐语的含义是“遁词以隐意，谲譬以指事”。（《文心雕龙》）。

另生一说曰遁辞，不直言曰谲，以彼喻此曰譬，所以隐语是隐去本事而假以他辞来暗示的语言。隐语的性质，可分为密言、测智和谲谏三类。密言一般只是对方才能理解的语言，它本是隐语最基本的形式。测智相当于现代的谜语竞猜，要把“以此喻彼”的本意猜来，这需要一定的智力。

隐语，在古人的生活中应用的广泛程度，几乎令人难以想象，它在外交场中（尤其是青年男女间的社交）就是智力测验的尺度，国家靠它甄别贤才，个人靠它选择配偶，甚至敌国间还靠它伺探对方的实力。上到诸侯将相，下至平民百姓，几乎人人都喜

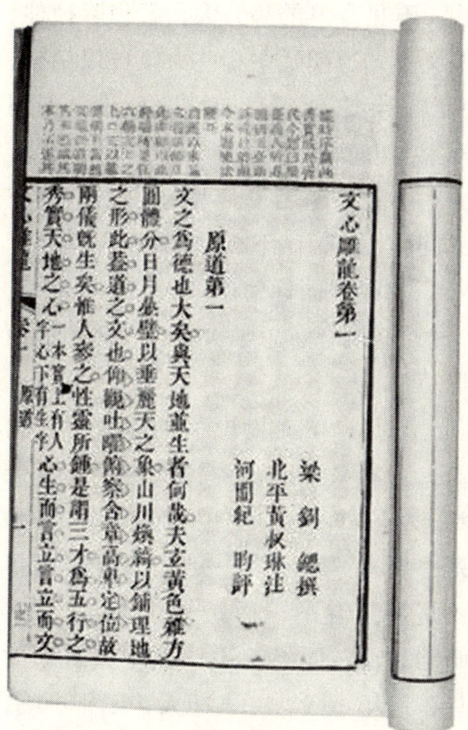

文心雕龍卷第一

原道第一

梁 劉 勰 撰
北平黃叔琳注
河間紀 昀評

文之爲德也大矣與天地並生者何哉夫玄黃色雜方圓體分日月疊壁以垂麗天之象山川煥綺以鋪理地之形此蓋道之文也仰觀吐曜俯察含章高卑定位故兩儀既生矣惟人參之性靈所鍾是謂三才爲五行之秀實天地之心

《文心雕龙》书影

欢隐语。

春秋时就有列国间利用隐语要对方来猜射而测试这个国家君臣们的智慧的例子。谲谏是臣子用隐晦的语言向君主进谏自己的意见，是春秋战国一段时间内隐语的主要表现形式。最早要数《史记·楚世家》所载“大鸟止阜”的故事。

隐语主要有如下三个特征：

隐语表达方式主要是口语。密语当然是语言，测智也是口头出题，谲谏更不能是书面的，因为要随机应变。

密语、测智和谲谏都是特定的人为对象，因人设隐，离开了这个特定的人。此隐就不能成立。

隐语是以物喻意，或以情说理，专人专事，内容都有非常强的针对性和时间性，时过境迁，此隐便自然消失。

战国时期出现了百家争鸣，产生了许许多多的文学作品，其中的一些赋和诗，就是极其精妙的隐语。汉刘向《新序》云：

齐宣王发隐书而读之。

这是最早的谜书。

荀子像

荀子的《蚕赋》完全采用隐语的手法，把蚕的形状体态、性能功用和生活习性等几种特征淋漓尽致地描绘出来，通篇到尾才道出个“蚕”字：

有物于此，蠡蠡兮其状，屡化如神，功被天下，为万世文。礼乐以成，贵贱以分。养老长幼，待之焉而后存。名号不美，与暴为邻。功立而身废，事成而家败。弃其耆老，收其后世。人属所利，飞鸟所害。臣愚而不识，请占之五泰。五泰占之曰：此夫身女好而头马首者与？屡化而不寿者与？善壮而拙老者与？有父母而无牝牡者

与？冬伏而夏游，食桑而吐丝，前乱而后治，夏生而恶暑，喜湿而恶雨。蛹以为母，蛾以为父，三俯三起，事乃大已。夫是之谓蚕理。——蚕。

荀子的这篇《蚕赋》对后世的咏物诗和民间谜语影响很大，历代不少谜家都认为它是我国物谜的开端，称“荀卿《蚕赋》已兆其体”。

不单如此，就是连当时的有些统治者也喜欢隐语，不好逆耳之言。臣民们如果想要讽谏朝政，就必须投其所好，利用隐语转弯抹角地劝谏。在国与国之间的政治斗争中，为了达到目的，也往往用隐语来掩人耳目。

申无畏以隐语规劝楚庄王

春秋时代，楚庄王当上了国君之后，看见令尹的势力大，就想除掉他，但又不知道朝廷中哪些大臣可以信赖，所以三年来装成只知吃喝玩乐，不问国家大事的样子，实则暗中准备力量。

一天，申无畏拜见楚庄王。楚庄王问：“你来干什么？喝酒还是听音乐？”“我来同你猜谜。”

“这倒有意思了，那么，请出谜面吧。”

于是，申无畏说了个谜面：“楚国山上，有只大鸟，身披五彩，可真荣耀，一停三年，不飞不鸣，人人不知是个啥鸟？”楚庄王一听，知道申无畏不是来猜谜的，而是来规劝自己的，暗暗欢喜，便笑着说：“这不是普通的鸟，三年不飞，一飞冲天，三年不鸣，一鸣惊人。你别急。”

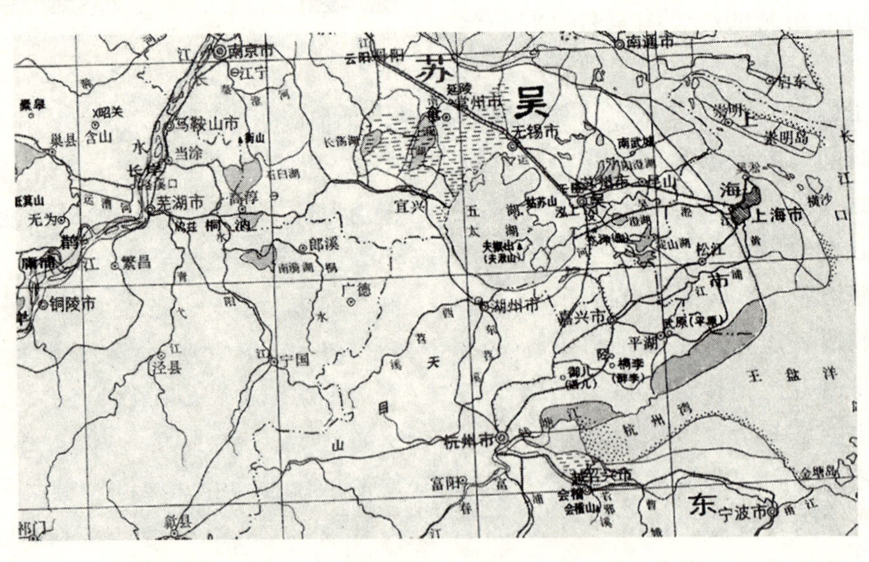

春秋列国地图

申无畏知道了楚庄王决心有所作为，心里有了底，就告辞了。不久，楚庄王就选了像申无畏这样敢于劝说他的人，加以重用，削弱了令尹的势力，亲自安排国家大事，使楚国很快强大起来了。

楚国大夫申叔展
设隐语巧救好友

春秋末期的鲁国史官左丘明在《左传》中记载了这样一个故事：

楚子伐萧……还（xuán）无社与司马卯言，号申叔展，叔展曰：“有麦鞠乎？”曰：“无。”

“有山鞠穷乎？”曰：“无。”

“河鱼腹疾奈何？”曰：“目于眢（yuān）井而拯之，若为茅绖（dié）哭井，则已。

明日，萧溃。申叔视其井，则茅绖存焉，号而出之。

这个故事是说公元前597年，当时楚强萧弱，因萧人杀了楚国两个大夫，楚欲兴师伐萧。萧国大夫还无社向楚国大夫申叔展求救，申与还很要好，想将伐萧事告知还，还当时正与同僚谈话。申叔展用隐语暗示还无社：“你有麦鞠吗？”，还无社答：“没有。”申叔展又问：“你有山鞠穷吗？”还无社仍答：“没有。”麦鞠和山鞠穷是两种防治寒湿的中草药，有了它们躲藏在水里保管无虞。

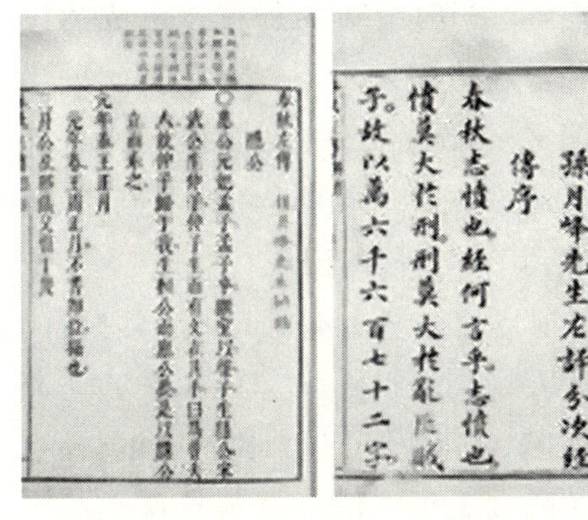

孫月峰先生批評分次經
傳序
春秋志憤也經何言乎志憤也
憤莫大於刑刑莫大於亂
予故以萬六千六百七十二字

《左传》书影

申叔展用这两种药名做隐语，其实暗指水坑水井，暗示还无社在战斗中身藏水井里。申叔展见还无社没有领会隐语的含义，便进一步暗示：“你得了风湿病怎么办？”还无社这才将隐语与水井联系起来，明白了申叔展的意思。第二天，萧国战败，申叔展救出了藏匿在废水井中的还无社。

隐语也称暗语，是把秘密信息变换成字面上有一定意义但与该信息完全无关的话语。暗语法是一种保密手段。这种保密手段具有很强的生命力，一直沿用到现在。在当代各国军队中，执勤哨兵或基层分队使用的简易联络口令，仍然采用这种隐语法。

二、隐语向谜过渡
暗藏趣味故事

隐语从先秦过渡到西汉，经过发展和演变，起了质的变化，少了谲谏

的内容。当时流行的射覆，已成为民间和宫廷的娱乐品了。射覆，就是事先把文字或瓯盒或盒匣覆藏起来，然后通过占卜来猜所覆物件，它是隐语发展到一定阶段的游戏。

文学家东方朔是当时隐语射覆的代表人物，班固《汉书》和张英《渊鉴类函》等书都有他射覆活动的记载。李昉的《太平广记》就载有这样一个故事：

汉武帝尝以隐语召东方朔。时上林献枣。帝以杖击未央前殿槛，曰：“叱叱，先生束束”。朔至曰：“上林献枣四十九枚乎？”朔见上以杖击槛两木，两木林也，束束枣也，叱叱四十九也。

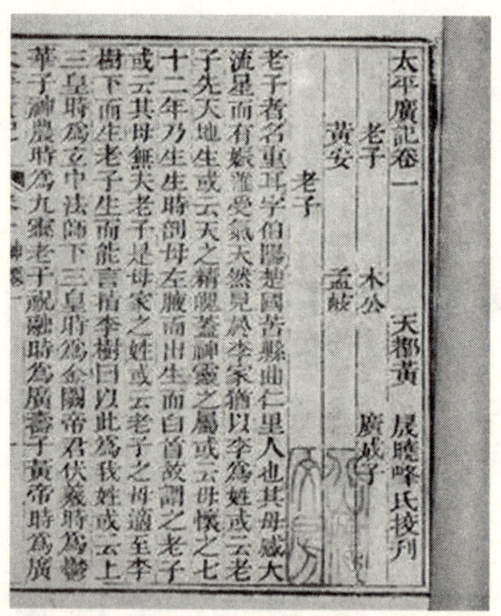
太平廣記卷一　天都黄　晟曉峰氏校刊
老子　木公　廣成子
黄安　孟岐
老子
老子者名重耳字伯陽楚國苦縣曲仁里人也其母感大
流星而有娠雖受氣天然見於李家猶以李爲姓或云老
子先天地生或云天之精魄蓋神靈之屬或云母懷之七
十二年乃生生時剖母左腋而出生而白首故謂之老子
或云其母無夫老子是母家之姓或云老子之母適至李
樹下而生老子生而能言指李樹曰以此爲我姓或云上
三皇時爲玄中法師下三皇時爲金闕帝君伏羲時爲鬱
華子神農時爲九靈老子祝融時爲廣壽子黄帝時爲廣

《太平广记》书影

可以看出，这一隐语采用了现代谜语的拆字法，又辅以动作和象声，略有几分“文义谜”的特色。

这时的隐语也发展为“赋体隐”和“离合”两类形式。谜语正是隐语经过这两种类型的过渡转化而成的。

（一）赋体隐

赋是古代文学体裁的一种，以赋的体裁出现隐猜一物，则为赋隐。赋体隐从战国末期开始，到了汉代由自己说谜底改为让对方猜破，这就具备了谜的完整雏形，只是尚未定名罢了。

典型的赋体隐就是东方朔与郭舍人的对隐：

郭先出隐曰：

“客从东方，且歌且行，
不从门入，逾我垣墙，
游戏中庭，上我殿堂。
击之拍拍，死者攘攘，
格斗而死，主人不伤。
此何物也？”

古人射覆图

东方朔不但知此何物，而且立即编了一则同底隐语回敬郭舍人：

“利喙细身，昼匿出昏，

嗜肉恶烟，指掌所扪。

臣朔愚戆，名之曰蚊。”

赋隐的特点为：

1. 以文为主，或是文学化口语，便于记录，便于猜射。

2. 对象是物或是事。

3. 内容带有普遍性。

4. 表面上叙述完整一件事，用拟人来写，符合隐“以此喻彼”的原则。

（二）离合

字谜的成熟阶段是在三国时期，已不再是机械呆板的拆字，而是运用会意的手法隐字了，从这时起出现了公认的最早的文义谜。如果说赋隐是事物谜（谜语）的过渡形式，那么文义谜（灯谜）就是由离合过渡而成的。

汉字经过秦代改革以后，为增损拆拼创造了条件。以离合形式出现的隐字谜，要数“曹娥碑题隐”最为典型了。

故事发生在东汉时期，公元143年浙江上虞地方，曹娥觅父自沉江中，县令尊其为孝女，设庙立碑，故事曲折动人，碑文生动感人。

中郎蔡邕夜过其地，边摸边看，读完这篇碑文，遂题八个字“黄绢、幼妇、外孙、齑臼”于碑阴，无人能解其意。

后曹操、杨修路过此地，杨修解出此隐：“黄绢色丝也，于字为绝；幼妇少女也，于字为妙；外孙女子也，于字为好；齑臼受辛也，于字为辞。所谓绝妙好辞也。”所以后世称蔡邕为谜界宗匠，杨修为猜谜鼻祖。而“黄绢幼妇”成为谜的代辞了。后来出现了谜格，人们也就把曹娥碑的这种离合猜射法称为“离合格”，又叫“曹娥格”。

这也是根据汉字的结构特点，利用方块字在离合增损中形、音、义的变化，产生的第一条“文义字谜”。

此种“离合谜”有如下特点：

1. 它是以文字为主，对象没有限制，除事物外，也可以用于人，取其字。

2. 此时的离合，面上只能各自成文，还不能全文连贯成意。

汉代猜谜家东方朔
——元宵节的创始者

东方朔像

东方朔以善谑、调侃和幽默的形象流传于世，著名史学家司马迁在《史记·滑稽列传》也对他作过详尽的描绘。

东方朔与元宵姑娘的美丽传说更使他蒙上了一层神秘的面纱。

东方朔是汉武帝的宠臣，善良又风趣。有一天冬天，下了几天大雪，东方朔就到御花园去给武帝折梅花。刚进园门，就发现有个宫女泪流满面准备投井。东方朔慌忙上前搭救，并问明她要自杀的原因。原来，这个宫女名叫元宵，家里还有双亲及一个妹妹。自从她进宫以后，就再也无缘和家人见面。每年到了腊尽春来的时节，就比平常更加思念家人。觉得不能在双亲跟前尽孝，不如一死了之。东方朔听了她的遭遇，深感同情，就向她保证，一定设法让她和家人团聚。

一天，东方朔出宫在长安街上摆了一个占卜摊。不少人都争着向他占卜求卦。不料，每个人所占所求，都是“正月十六火焚身”的签语。一时之间，长安里起了很大恐慌。人们纷纷求问解灾的办法。东方朔就说：“正月十三日傍晚，火神君会派一位赤衣神女下凡查访，她就是奉旨烧长安的使者，我把抄录的偈语给你们，可让当今天子想想办法。”说完，便扔下一张红帖，扬长而去。老百姓拿起红帖，赶紧送到皇宫去禀报皇上。

汉武帝接过来一看，只见上面写着：“长安在劫，火焚帝阙，十五天火，焰红宵夜”。他心中大惊，连忙请来了足智多谋的东方朔。东方朔假模假式地想了一想，就说：“听说火神君最爱吃汤圆，宫中的元宵不是经常给你做汤圆吗？十五晚上可让元宵做好汤圆。

宫廷元宵节娱乐图

万岁焚香上供，传令京都家家都做汤圆，一齐敬奉火神君。再传谕臣民一起在十五晚上挂灯，满城点鞭炮、放烟火，好像满城大火，这样就可以瞒过玉帝了。此外，通知城外百姓，十五晚上进城观灯，杂在人群中消灾解难”。

汉武帝听后，十分高兴，就传旨照东方朔的办法去做。到了正月十五日长安城里张灯结彩，游人摩肩接踵，热闹非常。宫女元宵的父母也带着妹妹进城观灯。当他们看到写有“元宵”字样的大宫灯时，惊喜地高喊：“元宵！元宵!”，元宵听到喊声，终于和家里的亲人团聚了。如此热闹了一夜，长安城果然平安无事。汉武帝大喜，便下令以后每到正月十五都做汤圆供火神君，正月十五照样全城挂灯放烟火。因为元宵做的汤圆最好，人们就把汤圆叫元宵，这天叫做元宵节。

赏花灯与猜灯谜，从此成了元宵节的重要民间娱乐活动。

增损体出现

东汉末年，图谶异常盛行，而作为预卜将来、荒诞玄虚的谶语则是利用汉字的结构特点进行分拆组合的，在这种情况下，离合体文字诗谜萌生了。东汉献帝时期的孔融首创了“鲁国孔融文举”六字。到了魏晋时期，离合体文字诗谜已十分盛行，作为一种文体活跃于文坛，风靡一时。随着离合体的发展，南北朝时期，增损体应运而生，并且能够结合最早出现的会意体，在实际生活中运用了。

李百药《北齐书·徐之才传》记载：北齐徐之才，聪辩强识，有兼人之敏。公私言聚，多相嘲戏。有一次，他戏王昕的姓为：

有言则诳，近犬就狂，

加颈足而为马，施角尾而为羊。

仅仅四句，就使“王”字跃然而出，极尽嘲戏之能事。

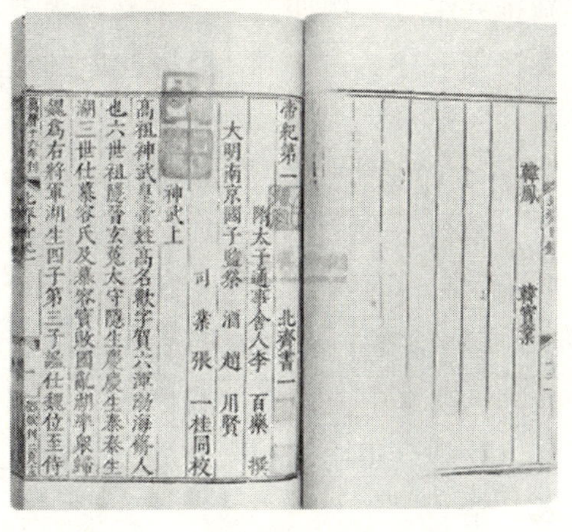
帝紀第一 北齊書一
[illegible]太子通事舍人李 百藥 撰
大明南京國子監祭 酒 趙 用賢
司 業 張 一桂同校
神武上
高祖神武皇帝姓高名歡字賀六渾渤海蓨人
也六世祖隱晉玄菟太守隱生慶慶生泰泰生
湖三世仕慕容氏及慕容寶敗國亂湖率衆歸
魏為右將軍湖生四子第三子謐仕魏位至侍

《北齐书》书影

所谓增损体灯谜，就是在灯谜的谜面或者谜底的字面上作拆拼处理。相对而言，增损体灯谜要比会意体灯谜好猜一点，掌握了增损体灯谜的一些基本常识，一些简单的字谜就可以迎刃而解。但是，有的时候，增损体和会意体、象形体等共存于同一条谜中，问题就会复杂一些。

下面我们具体地介绍一下增损体灯谜的几种不同情况：

1．增补：根据谜面所带有的表示增补的提示词，用增补字、部首、偏旁、笔画的办法得到谜底。例如，“一进门”（猜一字），谜底为“闩”。又如，“丹心一点血凝成”（猜一字），谜底为“盘”。

《孔雀东南飞》人物像

2．减损：根据谜面所带有表示减损的提示词，用从谜面的相关字中减去字、部首、偏旁、笔画的办法得到谜底。例如，“明月当空”（猜一字），

谜底为“日”。又如，“孔雀东南飞”（猜一字），谜底为“孙”。

3．离合：综合了“增补”和“减损”两种技巧，谜中有增有损，较为复杂。例如，“大河上下，顿失滔滔”（猜一字）谜底为“奇”，前半句组合成“氵”和一“奇”字，这是合，然后根据“顿失滔滔”这一提示，去掉“氵”这是离，先合后离，就得出了谜底“奇”字。

4．方位：根据谜面所带有表示方位的提示词，将谜面中的相关字、部首、偏旁、笔画作相应处理，从而得出谜底。例如，“南京下关”猜一字为“尖”。又如，“爸爸在北京”猜一字为“交”。

5．运算：运用加减乘除的运算来扣合谜底。例如，“右边九十九，左边九百九十九”猜一字为“伯”。“万无一失”猜电影《红高粱》中的歌词一句为“九千九百九十九”。

6．辗转：取成语辗转反侧之意，猜时需要转动一部分笔画来达到谜底和谜面的互扣。例如，“人人翻了身”猜一电影名为“《丫丫》”。“妇女解放翻了身”猜一字为“山”。此谜先用减损，将“妇”字中的“女”字“解放”，然后辗转“翻了身”，得出“山”字。

7．包含：是指谜面中包含了谜底所要猜的字。例如，“左没有右有，前没有后有”猜一字为“口”。又如，“提倡晚婚，个个有份”猜一字为“日”，因为谜面的前半句中均含有

古人休闲娱乐图

“日”字，这是一个被包含的字，也就是谜底。

8．半面：谜面中往往带有“半”“边”等修饰词，猜时根据汉字的笔画按上一左右部位组合。例如，“有你的一半，有我的一半”猜一字“伐”。“你在前边，我在后边”猜一字为“伐”。

9．参差：取成语参差不齐之意，猜时需要将有关的字或笔画打乱，重新排列组合。例如，“上下要节约开支”猜一字为“卉”。根据谜面的提示，“开”字上面的“一”字要节去，“支”的下面的“又”字须节去，再将“节约”后的笔画交叉相拼得出“卉”字。

10．影映：将谜面中的字或笔画按物体在水中或镜中形成倒影的原理加以处理后得出谜面。例如，“镜中人”猜一字“入”。又如，“上映”猜一字“卡”。

11. 指代：在灯谜中，还常用字义相近的字在谜底、谜面中互相扣合，这叫做同义指代。例如，“草”猜一字为“荀”，指代部分是将“草”字拆开成“艹十日”，十日为一“旬”，同义指代即为“荀”字。

12. 移位：汉字中有一些字的笔画中要稍加变动，就能组合出另一个字，这类谜中往往带有“调”“易”“反”等提示移位的字和词，比较容易猜射。例如，“部位相反”猜一字为“陪”。又如，“《易胆大》”猜鲁迅篇目一为“明天”。

增损体常常与会意体混合存在，例如，“石头老虎”猜一字为“蚕”，“石头”是增损，为“一”，“老虎”会意为“大虫”，组合成谜底“蚕”字。

至此，谜语便取代了隐语。

三、谜语的繁盛

隋朝时期，中国重新统一，南北的经济、文化逐渐融洽，这个时期的谜语活动比前朝更加活跃。

据载：隋朝秀才侯白拿一个槐树子挂在憔悴将死的树上，而且说这棵树一定会活。射《论语》一句：

子在，回（谐音槐）何敢死！

意思是说：孔子活着，我（颜回，孔子弟子）怎么敢轻易死去呢。这则谜语利用汉语特有的一词多义的特点，作另外的解释，而与谜面相扣，称之为“别解体”。

这个时期的谜语不仅开始用实物作谜面，而且开始用别解体制谜。

颜回像

到了唐朝，由于唐朝政治经济的昌盛，更加上文化上的繁荣，谜语更是开始兴盛。李肇在《国史补》中记载：

初，诙谐自贺知章，轻薄自祖咏，军语自贺兰广、郑涉；其后咏字有萧昕，寓言有李纾，隐语有张著，机警有李舟、张彧。歇后有姚岘、孙叔羽，讹语影带有李直方、独孤申叔，题目人有曹著。

《全唐诗·谚谜》收录有一则“曹著与客谜”的故事，可称得上是佳作，至今仍被不少谜家拿出来咏猜。

曹著机辩，客欲试之。与作谜云：“一物坐也坐，卧也坐，立也坐，行也坐。”

著应声曰：“在官地，在私地。”亦作谜曰：“一物坐也卧，行也卧，走也卧，卧也卧。”

客不能对，著曰：“吾谜吞得汝

谜。”

客大惭。

曹著已经猜出客人的谜底是“蛤蟆”，但没直接说出来，而是回敬了客人的谜语，曹著所作之谜谜底是“蛇”。

宋代谜语在唐朝的基础上进入了大发展时期。当时在两宋的都城出现了专为伎艺演出服务的场所，即“瓦舍”和“勾栏”。谜语被列为百戏之一，通过商业和伎艺场所的传播，得到了空前的普及，制谜和猜谜之风也开始盛行，涌现了一大批谜语艺人，如马定斋、张山人、霍百丑、胡六郎和魏大林等。

元宵之夜图景

早在隋唐之时，正月十五元宵节张灯就成为了民间习俗，但猜谜用灯却始于宋。到了北宋，元宵佳节更加热闹隆重。据孟元老《东京梦华录》记载：

正月十五日元宵，大内前，自岁前冬至后，开封府绞缚山棚，立木正对宣德楼。游人已集，御街两廊下，奇术异能，歌舞百戏，鳞鳞切切，乐声嘈杂十余里。……其余卖药、卖卜、沙书、地谜，奇巧百端，日新耳目。

南宋时，文人学士便：

以绢灯剪写诗词，时寓讥笑，及画人物，藏头隐语，及旧京浑话，戏弄行人。

至此，灯和谜发生联系，“灯谜”正式诞生。

随着灯谜的出现，产生了灯谜祖团。宋朝文人有很多谜事活动，当时在临安成立了诸多谜社，据宋灌园耐得翁《都城纪胜》:“隐语，则有南北垢斋、西斋，皆依江右谜法。谜语、习诗之流，萃而成斋。”谜社的成员都属飞诗之流的文人，他们或以谜相酬和，或以谜相嘲戏，或品谜玩隐，或著书立说，继往开来地共同推动了谜语的发展。谜社的兴起，有力地推动了谜语的发展。中国最早的谜社，就是宋朝的“南北垢斋”和“西斋”两社。

四、灯　谜

灯谜，又名灯虎、文虎、商虎、谜虎、独角虎、商灯、春灯、春谜、春灯谜、弹壁、弹壁灯、灯霓、文霓等。猜灯谜，又称打虎、弹壁灯、商灯、射、解、拆等，现在人们都习惯用“灯谜”一称。

灯谜源于春秋战国时期的宫廷文人墨客，他们为了展现才华和闲来解闷儿，就制作出了“文义谜语”。而把灯与谜联姻为一体，最早见于南宋时期。周密在《武林旧事》中写道：“有以绢灯剪写诗词，时寓讥笑，多画

人物，藏头隐语及旧京浑语，戏弄行人。”因多为“藏头隐语”，让人费解，所以把灯谜称为“文虎”“灯虎”“谜虎”，而把猜谜叫做“射虎”。

比如谜面“是儿最无信者”，这是个文义谜语，因为此谜引用了《三国演义》中吕布临死前骂刘备的一句话。因吕布“辕门射戟”有恩于刘备，而刘备却在曹操处置吕布时出“损招”：吕布该杀。因此吕布骂他是个不讲信用的人！吕布为了保全自家性命而责骂刘备，所以此谜谜底可解为“求全责备”。

刘备像

现在，随着花灯制作技术的进步，与此相辅相成的灯谜，从内容到形式，也有了大创新。灯是谜的载体，谜是灯的翅膀。元宵节通过赏灯猜谜，使人们在享受乐趣中既增长知识，又留下美妙的回忆。

谜语的结构

谜语由“谜面”“谜目”和“谜底”三大部分组成。

1. 谜面：它是谜语的主要部分。谜面有单字或多字，有成语或诗词文名，还有作者自拟的句子。是为猜谜人揭示谜底所给予的条件、暗示、线索和提示。

2. 谜目：它是指猜射的范围、格式及谜底的数量。它的作用跟向导一样，是指引猜谜者按照其提供的范围去寻找正确的答案——谜底。

3. 谜底：就是谜面文义隐含的答案，也是猜谜人需要给出的答案。

例如：拱手让人（打一个字）（供）

其中谜面为“拱手让人”，谜目为“打一个字”，谜底为“供”。

灯谜谜格出现

到了南北朝时，“谜”在民间和宫廷中随处可见，已经成为非常时髦的玩意儿了，并且出现了研究谜语的著作《文心雕龙·谐隐》，这也促进了谜语的发展。另外小说《镜花缘》等都有猜灯谜的情节，经过这些文学作品的传播和渲染，谜语变得更为普及。

隋、唐两朝结束时，谜已更加兴盛了，出现了一些猜谜专家。宋代，猜谜的风气非常盛行。王安石、苏东坡、秦少游等著名的文学家都有谜作散见于《全宋词》《夷坚志》《苕溪渔隐丛话》等诗词著作中。并且还出现了后来灯谜所习用的“别解”，谜作已接近成熟。“灯谜”的叫法就出现在宋代。北宋时，猜谜成为专门的技艺。谜的种类大大丰富了，杭州还成立了谜社组织。此时，灯谜真正走向了广大市民，元宵佳节的灯谜活动大大丰富了市民的娱乐生活。

到了明清两代时，不仅在元宵节，中秋、七夕（七月初七）也经常举行猜灯谜活动。由于谜语的普及，特别是文义谜的盛行，元宵、七夕和中秋都有张灯街巷的猜谜风俗，甚至空闲时间里人们也把猜谜作为乐趣。

闹元宵图

更重要的是，明代末期出现了灯谜谜格，当时由于谜事活动越来越频繁，谜语素材也跟着紧缺起来，一些文人雅士故弄玄虚，喜欢钻牛角尖，于是，谜坛上就兴起了创格新潮。所谓谜格，就是要猜谜的人，按照规定的格式，把谜底字的位置、读音、偏旁进行一番加工处理后，来扣合谜面。这是因灯谜向着更高难度的方面发展而创造的。据《韵鹤轩笔谈》所载，明朝末年的马苍山在整理和研究的基础上，并借鉴古代诗歌的格律，首创了“广陵十八格”，即卷帘格、徐妃格、会意格、谐声格、典雅格、传神格、碑阴格、寿星格、粉底格、虾须格、燕尾格、比干格、双钩格、钓鱼格、含沙格、锦屏格、碎锦格和回文格。谜格的创立，标志着灯谜的成熟，它已经跟民间谜语分开，自成体系了。谜格在清朝中期逐渐兴起，发展到晚清已经十分盛行。

灯谜的格

1. 谜格定义

谜格是根据汉字的音、形、义的特点创制出来的。它的作用在于对谜底的结构进行新的组合、调整、排列；有的把字音变读，有的把字形分拆，有的将字位调换，使之更严谨、更巧妙地扣合谜面。所谓“格助谜活，格为谜用”，使一些本来不能入谜的题材成为谜材，为制谜者广开了谜路。

张起南在《橐园春灯话》中这样阐述谜格：

谜之用格，终嫌造作，纵极灵巧，究失天然。惟为书有限，而作者无穷，其平正通达，可为迷料者，大都被前人攫去，不得不以人力补天工，庶几另辟一新世界。是格者，不得已而用之者也。然只可以一格为限，若兼用数格，则不独千头万绪，猜者为难，且支离破碎，必非佳构。

诸格中，以系铃、解铃为最近自

然，因其依然本字故也。亦有就所系之铃，生出新意者，如古谜推恶恶之心，以朱笔半圈，象一角红是也。余曾师其意以西施效颦，射施施；入时眉样，射今女画。皆假一弯以象眉。又以天坛，射是丘也。则留丘字外之大圈，以合圈丘之义。又以子畏于匡，亦射是丘也。则借其圈象孔子被围之形。此亦前人所未有也。

有似解铃、系铃，而实不同者。如录中之小人有母，射在亲民（卷帘）；一诺千金，射唯女子；敢谢不敏，射此之谓自谦之类。字同读异，又未加圈，而所用者乃其本字之音义，只可作为庐山格。此余以意为之，无所本也。又有并庐山格，亦不合者。如仲尼居曾子侍，射立则见其参于前也；萧何荐贤自代，射左传，属诸参之类。则同为一字，不知应以何者为本音，无格可用，惟有阙疑，以待论定而已。

谜以卷帘格为难猜，亦最难作，必事实确凿，字字贴切，不可移易。又须读之，自成文理，无佶屈聱牙之弊，乃为上乘。余所作此格中，有极当意者。如言幸平阳公主家，射夫人之云。以言扣云，幸扣之，平阳公主家扣子夫，何等圆到。又以左传男女辨姓，子不辟宗二语，射蒲卢也。卢蒲癸与卢蒲姜，姓字既属巧合，也字亦极灵动。此等谜底，骤见之似无所取材，他人必不甚注意，不料其竟有此佳面也。他如遥指红楼是妾家，射居吾语女（解铃）；与可飞白，射书同文；食指动矣，射振振公子。以振振形容动字，惟妙惟肖。由是感激，遂许先帝以驰驱，射礼记，辞不求备。亦恰如题分。更有用白描者，以把你做先生的财物，与红娘为赏赐，射修己以敬。以四字笼括全题，无一字落空，又无一毫呆相，预料此种谜，决无雷同者。

锦屏，又谓之鸳鸯，谜底必有对字或配偶等字。古谜如王瓜，射配之后稷；相无二我，射对影成三人；玉门关，射金殿锁鸳鸯皆是。必须对仗工整，方为合作。余录中此体绝少，因其无大意味故也。然亦有临时拈得，姑为之以备一格者。如以人爵也，射匹妇蚕之；宜日中，射以对于天下；员半千，射对曰方六七十（脱靴）。皆非有意撰成。又戏以云字，射对曰，或讶其浅率，余笑曰，诸君只知其一不知其二，盖曰字似日而宽，云字则似雲而短，同是天上之物，岂不甚工耶，众亦粲然。

2. 谜格分类

现在，有的谜格已经被淘汰，有的在原来的基础上得到了新的提高，归纳起来有如下几类：

（1）字型类

分解：蝇头格、虾须格、解领格、盘膝格、燕尾格、蜓尾格、展翼格、碎棉格。

删弃：折斤格、放踵格、徐妃格、摘遍格、只履格、折屐格、摘顶格、蝉蜕格。

合一：合璧格、叠锦格。

拆字：增损格、拆字格、曹娥格。

形近：亥豕格。

（2）字音类

音韵方面：移铃格、庐山格、解铃格、系铃格。

韵声方面：素心格、粉底格、梨花格、皓首格、丹心格、围棋格、别字格、丹顶格、丹胫格、朱履格。

（3）字序类

上楼格、下楼格、卷心格、掉尾格、双钩格、垂柳格、卷帘格、秋千格、拗项格、辘轳格。

（4）减字类

脱靴格、遗珠格、缩颈格、折腰格、蔽膝格、落帽格。

（5）句读类

加冠格、红豆格、牟尼格、集锦格、纳履格。

（6）楹联类

鸳鸯格、遥对格。

（7）其他类

神龙格、移花格、重门格、解铃兼红豆、卷帘兼解铃、集锦兼卷帘。

3. 常用谜格

（1）秋千格：谜底限定两个字，两字前后位置互移后扣谜面。例如：两袖清风（打一春秋战国人名），谜底为“廉颇”；再如：本来就是冤案（打一人名），谜底为“屈原”。

（2）梨花格：谜底字数须在两字以上，且字字谐音。例如：佳人佯醉索人扶（打一古人名），谜底为“贾岛”，是“假倒”的谐音。再如：不容易湿（打一历史朝代名），谜底为“南朝”，是“难潮”的谐音。

（3）燕尾格：谜底字数须在两字以上，末一字须是左右结构的合体字。猜时左右分开作两字读。例如：久旱（打一地名），谜底为“长沙”，将“沙”左右分开为“水少”，即“长水少”。

（4）虾须格：谜底字数在两字以上，谜底首字左右分开作两个字读，并与后面的字连起来读以扣谜面。例如：欲言又止（打一词汇），谜底为“味道”，谜底第一个字“味”左右离合成“口”与“未”两个字，口未道即嘴没说。

杜牧像

（5）卷帘格：谜底字数须三字以上。从后向前读，像珠帘倒卷一样，以倒读意扣谜面。例如：棒打薄情郎（打一人名），谜底为：“杜小雷”，倒读为“雷小杜”。杜牧被人称为小杜，他在《遣怀诗》里自称“赢得青楼薄倖名”，所以“雷小杜”就是捶打杜牧的意思。

（6）粉底格：谜底字数在两字以

上，末一字谐读才能扣面。例如：垂钓（打一数学名词），谜底为“等于”，最后一个字“于”与“鱼”谐音，和垂钓相扣。

（7）素心格：陶潜《移居诗》中有一句“闻多素心人”，“素心”是心地洁白的意思，所以谜底中间的字是白字叫“素心格”，也叫“玉带格”、“玉腰格”，谜底字数在三字以上。谜底中间一字以谐音读，作别义解扣谜面。例如：分外眼红（打一京剧名），谜底为“一箭仇”，中间的“箭”字是白字，应是“一见仇”，与“分外眼红”相扣。

陶潜像

（8）曹娥格：它的构成方法是用化形衍义得出，谜底每个字都要左右分读（或上下分读）。例如：天作丝丝道难行，含泪挥手送君行（打一鸟名），谜底为“露禽”，猜时，谜底应读作“雨路人离”才扣合谜面。

（9）白头格：谜底字数须在两字以上。猜射时谜底首字谐读，用别字代替扣谜面。例如：望梅止渴（打一地名），谜底为“响水”，即“响”与“想”谐音。

（10）调首格：谜底须三字以上。格法是将谜底的第一、第二字互调位置与下面字连读扣谜面。例如：丘（打《岳阳楼记》一句），谜底为“山岳潜形”，“山”与“岳”互换切合谜面。

（11）双钩格：谜底字数限定四字，扣面时须将前两字与后两字位置对调读。例如：用战争消灭战争（打一成语），谜底为“止戈为武”，读成“为武止戈”切合谜面。

（12）蝇头格：此格法与“虾须格”相似，谜底须两个字以上。首字须是上下结构的，分成两字并与后面的字连读。例如：俚词鄙语皆诗句（打一个四字成语），谜底为“斐然成章”，第一个字“斐”上下分成“非”与“文”两个字，意谓非文言然而成诗章。

（13）上下楼：谜底字数须在四字以上的词或词组，谜底首尾两字互移成别义紧扣谜面。例如：三代人都好（打二红楼梦人物），谜底为“良儿”和“孙绍祖”，将“良”“鹤”“祖”互换得“祖儿孙绍良”切合谜面。

（14）皓首格：李陵和苏武诗有一句“皓首以为期”，“皓首”是年老发白的意思，所以谜底的“首”字是“白”字，叫“皓首格”，也叫“白头格”等。例如：废品（打《水浒传》中一人名），谜底为“吴用”，首字是白字，应为“无用”。

(15) 脱靴格：要求谜底字数在三字以上，将谜底的最后一字摒除（不入谜义），以所余文字扣谜面。例如：玉环（打一京剧名），谜底为“杨门女将”，将谜底读作“杨门女”切合谜面。

杨玉环像

(16) 上楼格：谜底须三字以上。谜底末一字移置首字前面与下文贯通读，也叫“登楼格”“踢斗格”。例如：周王伐纣（打《易经》中的一句话），谜底为“挞彼殷武”，把最末的“武”字放到第一个字的位置，言武王挞伐殷纣。

(17) 下楼格：此格法与“上楼”相似，不同之处是将谜底的首字位移到底末。例如：积存赢余（打《书经》中的一句话），谜底为“多历年所”，“多”字移作“末”字，谓历年所多余。

(18) 回文格：谜底字数须三字以上。格法是将谜底先顺读，后倒读，

周武王像

把两次读的意思合起来以扣谜面。例如：射谜能手猜射谜（打一水浒绰号），谜底为“打虎将”，读“打虎将，将虎打”切合谜面。

(19) 丹心格：阮籍有句诗为“丹心失恩泽”，丹心为忠正之心的意思，所以谜底中间的是正字，其他的都是白字。例如：手拿泥鳅（打一外国地名），谜底为“渥太华”，谜面意扣“握太滑”。

(20) 离合格：此格谜底字数不限。只是谜底每个字必须是合体字，猜时先分后合读（或先合读后分读），使谜底一个字读成三个或四个字。例如：卓文君夜奔相如（打一词汇），谜底为“好逑”，将“好”分为“女子”，“逑”分为“求之”，即“女子好逑，求之”。

（21）摘遍格：谜底字数须在两字以上。猜射时去除谜底每个字的相同的字头，只取其下半部的字义扣合谜面。例如：一年最热的时候（打一中草药名），谜底为“茯苓”，去掉同盖头后为“伏令”，切合谜面。

（22）放踵格：谜底须在两字以上。猜时去除谜底每字下方相同部首，只取其上半部字义扣谜面。例如：十厘之积（打一词语），谜底为“忿懑”，去掉下半截“心”字，成为“分满”。

（23）辘轳格：谜底字须为四字以上的偶数词或词组。猜射时谜底的字逢双互移位。如四字的谜底，其第一与第二字位置互移，第三与第四字位置互移，以此类推。例如：冬至一阳生（打一词牌名），谜底为“应天长满”，读成“天应漫长”切合谜面。

（24）红豆格：谜底须在三字以上。猜时将谜底断开顿读扣谜面。此格现一般不标出，以“顿读”代之。例如：九十九（打一成语），谜底为“百无一是”，将谜底断读为“百无一，是”。

（25）蕉心格：谜底须四字以上的偶数词或词组，中间两字位置互换后与上下文融为一体，以扣谜面。例如：京师（打一成语），谜底为“千军万马”，谜底读成“千万军马”，古时计数以千万为京。

（26）解铃格：来自“解铃还须系铃人”这句成语。明代瞿汝稷编的《指月录》里有段记载：有个法眼大师问众和尚：“系在老虎脖子上的铃，谁能解下来？”泰钦禅师回答说：“原来系铃的人能解下来。”解铃格是它的借义。古代时，凡是改读字的本音，就要在字的右上方圈上红圈，好像铃铛一样，这叫做圈读。解铃格就是把应该圈读的字故意取消圈读，仍读本音。例如：孟诹庚寅（打《左传》中的一句话），谜底是“原将降矣”。屈原在《离骚》里说他的出生年月日是“摄提贞于孟陬兮，惟庚寅吾以降”。“孟诹”“庚寅”是记载月日的，意谓着屈原在孟诹庚寅时降生。谜底“原将降矣”的“将”字圈读为jiàng，解铃取消了圈读，仍然读本音jiāng。

屈原像

（27）遗珠格：谜底需三字以上单数字，最中央的一字除去。例如：口（打一成语），谜底为“因小失大”，读“因失大”切合谜面。

（28）加冠格：谜底大部分取材

于诗、词、文连接着的两个句子，句子文义不足，需借上句末一字，加至本句的句首连续，以补充谜底句文的不足。例如：大江东去（打一红楼梦词句），谜底为“……水，无复向西流”，从原句的“东逝水”借来“水”字。

（29）抵销格：谜底一般由两个或两个以上的词组成。中间除有相同的字外，还含有与“抵销”义有关的关联词，如“掉、去、省、没、迁、无”等字。相互抵销后以所余字扣谜面。例如：尖端（打《水浒》二绰号名），谜底为“小遮拦、没遮拦”，“尖”之端为“小”，谜底上句“小遮拦”之“遮拦”由下句“没遮拦”抵消，剩一“小”字。

（30）加履格：谜底大都取材于诗、词、文中连接着的两个句子，用上一句全句，加下一句首句，连读切合谜面。例如：党的号召（打一《韩非子·显学》句），谜底为“一国可使齐、为”，从下句“为治者用众而舍寡”解来“为”字。

（31）徐妃格：《南史·后妃传》里记有徐妃的一段故事：她因为梁元帝萧绎瞎了一只眼睛，所以每当元帝要进宫的时候，都半妆等候。元帝见了，非常生气地离开了。所以，谜底去掉每个字相同的左或右偏旁，最后只剩下每个字的一半，即为“徐妃格”，谜底每个字必须是相同的偏旁。例如：夜梦肥猪拱门（打一植物名），谜底为“核桃”，“核桃”去掉半边为“亥兆”，“亥”是猪，梦乃预兆。

徐妃像

（32）泄白格：灯谜术语，称之为“露春”，为文义谜的大忌。底面相犯，在谜规上不允许。此格曾有不少子格，如犯第一字为“露头”，第二字为“露颈”，中央一字为“露腹”，倒数第二字为“露胫”，末字为“露尾”。例如：施珠则太赤，施粉则太白（打唐诗七言一句），谜底为“却嫌脂粉污颜色”，“粉”字底面相犯，在谜规上不允许。此格曾有不少子格，如犯第一字为“露头”，第二字为“露颈”，中央一字为“露腹”，倒数第二字为“露胫”，末字为“露尾”。

（33）摩顶格：谜底删去首字，不入谜意，又叫“落帽格”等。例如：花木兰从军记（打一书名），谜底为“《儿女英雄传》”，删去第一字为“女英雄传”，与谜面相扣。

（34）玉版格：将谜面的字，部分暗隐叫销。如谜面上发现有“勿、不、休、莫、去、别、漏、流、泛等字眼，就把邻近的多余的字除去，剩

下的字，才是有关谜底的字。例如：漏船载酒泛中流（打古文《喜雨亭记》一句），谜底为“是岁之春”，猜时将“载酒”二字作为谜面，其余字已暗隐，“载”扣“岁”，“酒”扣“春”。

（35）鸳鸯格：即谜面为上联，谜底为下联，要谜底的前面或后面加上“对、双、比、配、齐、合、偶、匹”等字词，像凤求凰一样成对成双，所以又叫“求凰格”等。例如：虎鼓瑟（打一句谚语），谜底为“对驴操琴”或“对牛弹琴”，上联是“虎鼓瑟”，下联是“驴操琴”，前面加了个“对”字。

五、制作灯谜的方法

1．字谜、人名谜和地名谜的制作方法

（1）会意法

按照字本身所表明的意义，用提供线索的办法制成谜语。如字谜“下是在上边，上是在下边，不是在上边，生就在下边”，谜底是“一”。又如“风平浪静”，谜底是“宁波”等。

（2）离合法

把某个字的形状笔划，或者一部分结构分开，然后又巧妙地组合起来。如“甜一半，辣一半”，谜底是“辞”。

（3）误会法

利用汉字一字多义，或者特殊形状，故意在词意上设置障碍，使人产生误会。如“指东说西”谜底“诣”。

（4）象形法

按照某字的字形，制成谜面。如“锅子炒黄豆，两颗掉到锅外头（打一字）”，谜底是“心”。

（5）置换法

巧妙地把某字的一部分去掉，而用另一字或另一字的一部分换进去，使之成为一个新字。如：挖掉穷根巧安排（打一字），谜底是“窍”。

（6）别解法

利用汉字一字多义或形状、字音上的某些特点而制成的谜。如：坐船规则（打数学名词），谜底是“乘法”。

（7）反射法

根据某一字的意思，从反面去制作谜面。如：无一死亡（打生物学名词），谜底是“共生”。

（8）分扣法

汉字中有许多字是由几个字组成的，因而可以把某一字分成若干部分，按照每一部分包含的意思，使之完整地表达一个意思制成谜面。如：立春时节雨纷纷（打一字），谜底是“泰”。雨纷纷就是没有太阳（日）只有（水）。

（9）剔除法

把一个字的某部分或某些笔划，用含蓄的词句把它剔掉，使之成另一个字。如：干涉（打一字），谜底是

“步”。

（10）隐藏法

用生动、巧妙的词句把谜底隐藏在谜面之中，使人通过思索才发现。如：金银铜铁（我国一地名），谜底为“无锡”。

2．物谜的制作方法

（1）直描法

谜面通过比喻、状物，直接描写物的形貌、动态、本质和作用，只抓住其中一点，加以渲染，使猜者一时不易捉摸。如：一朵芙蓉头上戴，锦衣不是剪工裁，虽然不是英雄汉，唱得千门万户开，谜底是“公鸡”。

（2）象形法

抓住事物形态特征，并把它和相似的事物联系起来，制成谜面。如：麻屋子，红帐子，里面住个白胖子，谜底是“花生”。

（3）反比法

按事物的形态特征，从反面去构思造象；但这种事物必须是能进行反比的。如：不是桃树却结桃，桃子里面长白毛，到了秋天桃子熟，只摘白毛不摘桃，谜底为“棉花”。

（4）矛盾法

利用事物本身存在的矛盾的不同方面，采用对比方法来描述。如：一家分为两院，弟兄姐妹众多，多的要比少的少，少的反比多的多，谜底为“算盘”。

（5）类比法

借用好多不同的事物，来描述某类事物的特征。如：大姐用针不用线，二姐用线不用针，三姐点灯不干活，四姐做活不点灯（打四种小动物），谜底为“蜜蜂、蜘蛛、萤火虫、纺织娘”。

3．举一些灯谜例子，请结合谜格知识分析分析：

◎ 今日秋尽。（打中药名一）明天冬

◎ 仲尼日月。（打古人名一）孔明

◎ 落花满地不惊心。（打晋人名一）谢安

◎ 降落伞。（打古人名一）张飞

◎ 相见时难别亦难（打一成语）祸不单行

◎ 二十四小时（打一成语）一朝一夕

◎ 齐唱（打一成语）异口同声

◎ 清除（打一成语）满不在乎

◎ 天涯何处无芳草（打一成语）不毛之地

◎ 水管结冰用火攻（打一成语）融会贯通

◎ 谁知盘中餐，粒粒皆辛苦（打一成语）点点滴滴

◎ 化妆讲座（打一成语）谈何容易

◎ 南北安全，左右倾斜。（打成语一句）东倒西歪

◎ 西施脸上出天花。（打成语一句）美中不足

◎ 五句话。（打成语一句）三言两语

◎ 游泳比赛。（打成语一句）力争上游

◎ 万年青。（打成语一句）长生不老

◎ 导游。（打成语一句）引人入胜

◎ 铁公鸡。（打成语一句）一毛不拔

◎ 爬楼梯。（打成语一句）步步高升

◎ 戒之在斗。（打唐五言诗一句）

莫学武陵人

◎ 除夕守岁。（打论语一句）终夜不寝

◎ 劝君更尽一杯酒。（打离合字一）回

◎ 朱门美脯臭。（打离合字一）腐

◎ 十五天。（打字一）胖

◎ 十个哥哥。（打字一）克

◎ 两人十四个心。（打字一）德

◎ 上无兄长。（打字一）歌

◎ 多一半。（打字一）夕

◎ 半部春秋。（打字一）秦

◎ 岳父大人。（打字一）仗

◎ 草上飞。（打字一）早

◎ 春去也，花落无言。（打字一）榭

◎ 今朝泪如雨。（打字一）潮

◎ 一家十一口。（打字一）吉

◎ 是非只为多开口。（打字一）匪

◎ 弄璋之喜。（打字一）甥

◎ 中央一条狗，上下四个口。（打字一）器

◎ 一家有四口，还要养只狗。（打字一）器

◎ 说他忘，他没忘，心眼长在一边上。（打字一）忙

◎ 一家十一口（打朝代一）周

◎ 人者何所乐。（打地名一）乐山

◎ 锄禾日当午。（打地名一）田阳

◎ 永久和平。（打地名一）长安

◎ 黄昏。（打地名一）洛阳

◎ 一路平安。（打地名一）旅顺

◎ 四季花开。（打地名一）恒春

◎ 山明水秀。（打地名一）景美

◎ 北军归顺。（打地名一）南投

◎ 南军归顺。（打地名一）北投

◎ 君子之交。（打地名一）淡水

◎ 改邪归正。（打地名一）善化

◎ 开张大吉。（打地名一）新店

◎ 饮水思源。（打地名一）知本

◎ 玉皇太后。（打地名一）天母

◎ 空中霸王。（打地名一）高雄

◎ 雨后春笋。（打地名一）新竹

◎ 狼来了。（打地名一）杨梅

◎ 无盐。（打地名一）淡水

◎ 开张大吉。（打地名一）新店

◎ 万世太平。（打地名一）永和

◎ 一声呼出喜怒哀乐，十指摇动古今事由。（打传统戏一）布袋戏

◎ 在欉黄。（打闽南话歇后语一）无稳

◎ 葫芦墩白米。（打闽南话歇后语一）无错（无糙）

◎ 归欉好好。（打闽南话歇后语一）无错（无锉）

◎ 阿哥住楼顶。（打闽南话歇后语一）高高在上（哥哥在上）

◎ 鲁迅逝世一世纪。（打一成语）百年树人

◎ 七仙女嫁出去一个（打一成语）六神无主

◎ 建国方略。（打一字）玉

◎ 拍一个巴掌（打一地名）五指山

◎ 石头旁边有块皮（打一字）破

◎ 受感动全是汉子（物理名词）激光束

◎ 墙上挂灯谜（打一动物名）壁虎

◎ 爷爷当先锋（打南北朝人名）祖冲之

◎ 又一个星期（打古代文献名）周易

◎ 盼天明（打一欧洲首都）巴黎

◎ 无头无尾一亩田。（打一动物）狗

◎ 绝妙好言（打一动物·徐妃铬）狼狗

◎ 人言此山天外来。（打一个书名）岳飞传

◎ 羌音打破苍暮声（打一个字）枪

◎ 柳拂翠首携幼主（打两字）羽樱

◎ 桥头佳人相道别（打一字）樱

◎ 相依相伴对残月（打一字）羽

◎ 上上下下，不上不下（猜一字）卡

◎ 姚明一溜烟（打一体育词语）男子长跑

◎ 书签（打一字）频

◎ 中山立志振华夏（古书目）文心雕龙

◎ 出水芙蓉（打花名）荷花

◎ 哑姑（打一成语）妙不可言

◎ 一点不假（旅游胜地名）滇池

◎ 行行重行行（河南地名）漯河

◎ 十分精巧（广东地名）湛江

◎ 洞房花烛夜（中药名）桔梗

◎ 国际第一（司法名词）扣押

◎ 儿童不宜（打数学用语）无限大

◎ 地狱狭窄（打两字）小区

◎ 悬崖勒缰（打一国家名）危地马拉

◎ 七六（打一国家名称）希腊

◎ 七（打一日常生活用品）增白皂

◎ 愿用家财万贯，买个太阳不下山（4 字教育用语）自费留日

◎ 狼牙山壮士跳崖（成语）五体投地

◎ 公主出世（礼貌用语）贵姓

◎ 吕奉先雄心十足（猜时人）布什

◎ 不难分解。（打一昆虫·徐妃格）蜥蜴

◎ 板门店和谈（打一成语）美不胜收

◎ 夜半新月挂枝头（打一字）季

◎ 芳龄几何（打一古人名）盘庚

◎ 一贯重视自我批评（打党史人名一）向警予

◎ 话说长城（打党史人名二）万里、陈云

◎ 昨日之日不可留（打一国家名）乍得

◎ 十有四五皆倒戈（打一离合字）叛

◎ 江郎才尽（打一离合字）

◎ 牲（打中药名二）牵牛独活

◎ 频哭上苍何不应（打中药名二）天麻、苦参

◎ 聚餐（打金融名词）进口合同

◎ 勇一半，谋一半。（打字）诵

◎ 牛羊马齐全，还可闻猪声（打一字）朱

◎ 相聚西湖边，泪别断桥前（打一字）湘

◎ 明月松间照，清泉石上流（打二字词语）影响

◎ 劝君更尽一杯酒（打一欧洲地名）巴尔干

◎ 寄书长不达（打一成语）难以置信

◎ 魏武挥鞭（打一名词）操行

◎ 日落星出月当头（打一名词）生肖

◎ 一见钟情（打五言唐诗句）相看两不厌

◎ 望而生喜（打五言唐诗句）十五始展眉

◎ 包龙图一言不发（打五言唐诗句）青天无片云

◎ 残阳如血（打一花卉名）晚来红

◎ 齐心抓重点，欣然向前进。（打一字）斧

◎ 羞颜未开前缘定。（打一字）纽

◎ 进口连衣裙（打一字）尹

◎ 洞房第一曲（打酒名）孔府家酒

◎ 生财有道（打一出版名词）发行

◎ 笑语声中喜相逢（打一文艺名词）音乐会

◎ 牛头马面挂两边（打一口语）装神弄鬼，想吓唬谁?

◎ 家家迎元宵（学校用语）第二节

◎ 但愿花长开（打一礼貌用语）不要多谢

◎ 莫等闲白了少年头（打《红楼梦》中一人物）惜春

◎ 文明（猜一人名）朱时茂

◎ 元旦元宵捷报频传（打一成语）首字五笔节节胜利

◎ 下棋落子无俗手（打一国内家电品牌）步步高

◎ 清明前夜（打一传统节日）元宵

◎ 正月一去，再不出头（打一美国前总统）林肯

◎ 迁怒（打一国名）挪威

◎ 翻身得自由（打一字）由

◎ 夏至（打一成语）地久天长

◎ 写点东西留人间（打一字）火

◎ 眉来眼去惹是非（打一字）声

◎ 初生月映之江畔（打一字）岸

◎ 望断南飞雁（打一日常用语）久仰

◎ 无可奈何花落去（打一日常用语）感谢

六、谜语与文学

谜语是我国古代劳动人民所创造的一种口头文学，在漫长的发展过程中，逐渐成为一种独具特色的语言文化艺术。

谜语文体

在我国文学史上，刘勰是第一个把谜划为文学范围的理论家。他在《文心雕龙·谐讔第十五》中，对谜作了详细的论述：

讔者，隐也。遁辞以隐意，谲譬以指事也。昔还社求拯于楚师，喻眢井而称麦麹；叔仪乞粮于鲁人，歌珮玉而呼庚癸；伍举剌荆王以大鸟，齐客讥薛公以海鱼；庄姬托辞于龙尾，臧文谬书于羊裘。隐语之用，被于纪传。大者兴治济身，其次弼违晓惑。盖意生于权谲，而事出于机急，与夫谐辞，可相表里者也。汉世《隐书》，十有八篇，歆、固编文，录之赋末。

昔楚庄、齐威，性好隐语。至东方曼倩，尤巧辞述。但谬辞诋戏，无益规补。自魏代以来，颇非俳优，而君子嘲隐，化为谜语。谜也者，回互其辞，使昏迷也。或体目文字，或图象品物，纤巧以弄思，浅察以衒辞，义欲婉而正，辞欲隐而显。

荀卿《蚕赋》，已兆其体。至魏文、陈思，约而密之。高贵乡公，博举品物，虽有小巧，用乖远大。观夫古之为隐，理周要务，岂为童稚之戏谑，搏髀而忭笑哉！然文辞之有谐讔，譬九流之有小说，盖稗官所采，以广视听。若效而不已，则髡朔之入室，旃孟之石交乎？

在唐宋以前，不少书籍中就有关于谜语的记载。谜语与诗、赋都有着密切的关系。

谜语与诗歌

汉末到南北朝时期，文人们大多用隐谜来创作诗歌，这也更促进了诗与谜的融合。如南北朝时徐陵编的古诗集《玉台新咏》中的一首古绝句：

藁砧今何在，山上复有山。

何当大刀头，破镜飞上天。

第一句“藁砧今何在”隐“夫”字，意思是问丈夫去哪里了。“藁砧”即藁碪；碪，砧板，古时斩人用的刑具。藁，即稻草。古时斩人时在碪上铺上稻草，犯人在上面受刑。后来“藁砧”便成为“丈夫”的代词。第二句“山上复有山”隐“出”字。“大刀头”隐“还”字。第四句“破镜飞上天”隐“月半”。“破镜”指夫妻离散；“飞上天”即半个镜子象半月形。全诗隐“夫出月半当还”。这是用诗作谜的开始，所以人们称之为

徐陵的《玉台新咏》

诗谜之最。

唐诗在我国文学史上的地位非常高，在这个时期，带有隐语性的诗更多。如大诗人李白《司马将军歌》中：

狂风吹古月，窃弄章华台。

诗中“古月”隐“胡”。再如虞世南的《蝉》：

虞世南的作品

垂緌饮清露，流响出疏桐。

居高声自远，非是藉秋风。

唐宋以后，这种诗体仍在延续，如苏轼《夜烧松明火》：

坐看十八公，俯仰灰烬残。

诗中“十八公”隐“松”。

范仲淹像

再如范仲淹的《蚊》：

饱去樱桃重，饥来柳絮轻。

但知求旦暮，休更问前程。

明代高岱《灯蛾》：

物性固有癖，附炎岂我情？

宁投明处死，不向暗中生。

清代王笠天的《蜂》：

金房千孔自潭潭，

花积成粮露酿酣。

辛苦终年无隙日，

到头毕竟为人甘。

这些诗都是咏物诗，表现手法很相近，如果去掉题目，就是一则谜语。

谜语与四大名著

《红楼梦》中的谜语

清代大文学家曹雪芹所著的《红楼梦》被誉为是一部包罗万象的百科全书。《红楼梦》把诗、词、曲、歌、谚、辞赋、楹联、灯谜等穿插其中，成为小说情节构成和人物描写不可缺少的一部分。

在张起南所著的《橐园春灯话》中对《红楼梦》所用谜语这样写道：

清代《大观园图》

《红楼梦》一书，包罗万有，若借以制谜，大可专立一门。尝戏拟数条，如补画《携蝗大嚼图》，射“上老老”；黛玉道铁锅一口，铁铲一把，射“食色”；手足眈眈小动唇舌，射“环而攻之”；尴尬人难免尴尬事，射“赦小过”；娇杏门前见太守，射“所过者化”；好了歌，射“费而隐”；贾珍岳母，射“则寡尤”；蓉儿转来，射“王笑而不言”；宝玉你好，射

《左传》，其以贾害也（解铃）；活冤孽妙尼遭大劫，射“窃负而逃”；史湘云醉眠芍药裀，射《易经》“困于石”。若有意搜寻，用之不竭矣。

第22回“听曲文宝玉悟禅机　制灯迷贾政悲谶语”中有十则灯谜，贾元春写的是：

能使妖魔胆尽摧，
身如束帛气如雷。
一声震得人方恐，
回首相看已化灰。

谜底为“爆竹”。这个灯谜寓意是贾元春荣华富贵瞬息即逝，如爆竹一样一响而散。

贾迎春写的是：

天运人功理不穷，
有功无运也难逢。
因何镇日纷纷乱，
只为阴阳数不同。

清朝画家孙温绘红楼梦图

谜底为“算盘”。

贾探春所写的是：

阶下儿童仰面时，
清明妆点最堪宜。
游丝一断浑无力，
莫向东风怨别离。

此谜语的谜底是“风筝”。谜中说，清明是放风筝的好时节，可放风筝的线一断，风筝便随风远远飘去，一去不返。“妆点”即妆饰打扮。“游丝”指放风筝的线。脂评说：“此探春运适之谶也，使此人不远去，将来事败，诸子孙不至流散也，悲哉伤哉。”此谜当是以断线的风筝暗示探春将远嫁不归。这里“清明妆点最堪宜”与探春判词中“清明涕送江边望”之句对照来看，实点出清明正是八十回后原稿中探春出嫁的时节。后四十回续书写探春出嫁在秋天，显然忽略了作者此处的暗示。以风筝喻探春之遭际，似还含有探春虽有才志高，但因生于末世，终究“无力”挽救贾府衰败的颓势，只能像断线的风筝一样飘荡远去。

惜春所写的是：

前身色相总无成，
不听菱歌听佛经。
莫道此生沉黑海，
性中自有大光明。

清朝画家孙温绘红楼梦图

此谜语的谜底是“佛前海灯”。首句说海灯本应置于佛殿，而前身却被置于尘世之中，因其性本不适于尘世，所以总“无成”。“色相”是佛教

用语，一切有形质、颜色、相貌可见的东西都叫色相。“无成”指不能悟道成佛，修成正果。第二句说海灯前身虽身处尘世，却能看破红尘，只听佛经。“不听菱意，因为乐府诗中的菱歌莲曲，内容多属男女情歌。第三句说海灯终于在佛殿寺内找到归宿。“沉黑海”指投身佛门与人间繁华欢乐绝缘，从世人来看，这就象沉入漆黑的海底一样。结句说，海灯一旦置于佛前，尽管灯光黯淡，内中却自有光明在。“性”是指佛教认为人自身存在一种神秘的“佛性”，只要能觉悟到它，就能成佛。“大光明”是指佛祖释迦牟尼曾称大光明王，后佛家以此代指佛。据脂评说：“此惜春为尼之谶也，公府千斤至缁衣乞食，宁不悲夫。”此谜是借“佛前海灯”隐喻惜春一生的遭际。前二句说惜春未出家之前处于繁华的尘世，总未能修成正果，但她却能看破红尘，一心遁入空门。后二句暗寓惜春出家为尼的归宿。说不要用世俗的眼光看她沉入黑海，只要能悟到人自身的本性则心中自有光明。

薛宝钗出的谜语是：

朝罢谁携两袖烟，
琴边衾里总无缘。
晓筹不用鸡人报，
五夜无烦侍女添。
焦首朝朝还暮暮，
煎心日日复年年。
光阴荏苒须当惜，
风雨阴晴任变迁。

此谜谜底是“更香”。更香即古代为夜间打更造的一种线香，每燃完一支恰是一更，故此得名。首句“朝罢谁携两袖烟”暗隐“香”字。第二句写更香的特征，古代的香种类繁多，这里意思说更香与弹琴时用的鼎炉之香和熏被褥衣裳之香均无关。颔联写更香的作用在于报时。“晓筹”是指清晨的时刻。“鸡人”是古代宫中头戴“绛帻”（红布头巾，象征雄鸡冠）专职司晨报晓的卫士。“五夜”即五更，古代计时将夜里时间分为五等分，称五更为五夜。“添”指添香。颈联描写更香燃烧的情景，说更香被从头上点燃，从外向内燃烧，永无休止之时。尾联说时间一天天消逝，更香不断地消耗着自已，而同风雨阴晴的变化无关。这个灯谜是借更香暗寓薛宝钗与贾宝玉成婚后孤凄寡居，独守空房的遭际。首联上句中的“两袖烟”喻“两袖清风”之意，暗示薛宝钗在荣华之后，落得个两手空空、一无所得的结局。下句“琴边衾里”喻亲切和谐、朝夕不离的夫妻关系，隐寓宝钗同琴瑟和谐的夫妻生活终究没有缘分。颔联意思是说宝钗在宝玉出家后独守空房，因愁闷而夜夜难眠，故不用鸡人报晓，也不用侍女添香。颈联以香火燃烧的情景喻宝钗终日为孀居生活的冷落孤寂而困扰，朝朝暮暮、年复一年地过着孤独难熬的生活。尾联寄寓了作者对宝钗命运的感慨，纵然青春可贵，韶华应当珍惜，但因世事风云变幻，宝钗也只能任其自然了。

这个灯谜透露了八十回后原稿中薛宝钗孤苦寂寞的生活情景，后四十回续书写宝钗日后得贵子，并“兰桂齐芳”，似与曹雪芹原意不符。

金陵十二钗图册判词也都是谶语性质的谜语。如首页上画的既不是人物，也不是山水，不过是水墨滃染的满纸乌云浊雾而已。后面有几行字，写道：

霁月难逢，彩云易散。心比天高，身为下贱。风流灵巧招人怨。寿夭多因诽谤生，多情公子空牵念。

此判词的寓意是晴雯的名字和她的为人及她的早夭。宝玉又去取那“正册”看时，只见头一页上画着两株枯木，木上悬着一围玉带；地上又有一堆雪，雪中有一股金簪，也有四句诗道：

可叹停机德，堪怜咏絮才！
玉带林中挂，金簪雪里埋。

清朝画家孙温绘红楼梦图

第一句写的是薛宝钗；第二句写的是林黛玉，册里面“两株枯木”，双木为林，木上悬着一围玉带，寓意林黛玉泪“枯”而死，而宝玉空“悬”念。后一句前三个字暗示薛宝钗，“雪”谐音“薛”，“金簪”比“宝钗”。寓意宝钗婚后独守空房的凄凉处境。

清朝画家孙温绘红楼梦图

《红楼梦》中其他谜语：

贾环作：

大哥有角只八个，
二哥有角只两根。
大哥只在床上坐，
二哥爱在房上蹲。

（谜底为枕头、兽头）

贾环口中的兄弟明显是指宝玉和自己，八个角与两个角的区别也许是犀角的聪明伶俐，而宝玉在床上坐，再贴切不过，贾环在房上蹲，此句就不好解了，也许也是后文伏笔。

贾母作：

猴子身轻站树梢。（打一果品）

（谜底大概是：荔枝）

贾母是一家的核心，隐射“树倒猢狲散”的无奈结局。

贾政作：

身自端方，体自坚硬。
虽不能言，有言必应。（打一用品）

（谜底大概是：笔洗）

贾政的身行自是端正，感情也自是坚硬，贾政的话会印证什么呢？据作家端木蕻良研究，此谜中暗含祖先

名儿，即曹玺，读者诸君可参与研究。

宝玉作：

南面而坐，北面而朝。
象忧亦忧，象喜亦喜。（打一用品）

（谜底大揭密：镜子）

宝钗作：

有眼无珠腹内空，荷花出水喜相逢。
梧桐叶落分离别，恩爱夫妻不到冬。
（打一用品）

（谜底大揭密：竹夫人）

宝琴作：

赤壁怀古

赤壁沉埋水不流，
徒留名姓载空舟。
喧嗔一炬悲风冷，
无限阴魂在内游。

（谜底大揭密：青铜油灯）

桃叶渡怀古

衰草闲花映浅池，桃枝桃叶总分离。
六朝梁栋多如许，小照空悬壁上题。

（谜底大揭密：燕巢）

淮阴怀古

壮士须防恶犬欺，三齐定位盖棺时。
寄言世俗休轻鄙，一饭之恩死也知。

（谜底大揭密：厨刀）

马嵬怀古

寂寞脂痕积汗光，温柔一旦付东洋。
只因遗得风流迹，此日衣裳尚有香。

（谜底大揭密：熏衣香）

梅花观怀古

不在梅边在柳边，个中谁拾画婵娟？
团圆莫忆春香到，一别西风又一年。

（谜底大揭密：团扇）

蒲东寺怀古

小红骨贱一身轻，私掖偷携强撮成。
虽被夫人时吊起，已经勾引彼同行。

谜底大揭密：捻线拨（俗称“拨调”）

交趾怀古

铜柱金城振纪纲，声传海外播戎羌。
马援自是功劳大，铁笛无烦说子房。

（谜底大揭密：琵琶）

广陵怀古

蝉噪鸦栖转眼过，隋堤风景近如何？
只缘战尽风流号，惹出纷纷口舌多。

（谜底大揭密：柳树）

青冢怀古

黑水茫茫咽不流，冰弦拨尽曲中愁。
汉家制度诚堪笑，樗栎应惭万古羞。

（谜底大揭密：木匠墨斗）

钟山怀古

名利何曾伴汝身，无端被诏出红尘。
牵连大抵难休绝，莫怨他人嘲笑频。

（谜底大揭密：牡丹花）

清朝画家孙温绘红楼梦图

这些谜语为《红楼梦》增色不少。除此之外，喜好红学的谜师们也制作了许多与《红楼梦》中人、物、事相关的谜语，更令我们深感谜语的有趣，并由衷佩服谜师们的聪慧。请看这些以红楼梦中事物等为谜目之谜：

◎ 樽中酒不空（打红楼梦诗句）莫使春光别去

◎ 川剧变脸（打红楼梦诗句）失去本来真面目

◎ 海市蜃楼（打红楼梦景名）太虚幻境

◎ 空中楼阁（打红楼梦景点）太虚幻境

◎ 慈母心（打红楼梦七言绝句）只有儿女忘不了

◎ 廉洁一生（打红楼梦中七言绝句）名利何曾伴汝身

◎ 屠夫之技（打红楼梦四字词）骨肉分离

◎ 世上谁人敢夺魁（打红楼梦词一句）天下无能第一

◎ 效颦安可希（打红楼梦曲目）枉凝眉

◎ 恰逢月圆时，可怜岭上村（打红楼梦五言绝句）在望有山庄

◎ 发家之后更辛勤（打红楼梦七言诗句）昨贫今富人劳碌

◎ 容易（打红楼梦七言诗句）失去本来真面目

◎ 倒数第一心不甘（打红楼梦曲一句）到底意难平

◎ 冰心给小读者的信（打红楼梦诗句）寄言众儿女

◎ 打开诗篇（打红楼梦人衣物）披风

◎ 因（打红楼梦七言绝句）便是烟消火灭时

◎ 云雾笼春山（打红楼梦五言词句）展不开眉头

◎ 相声无包袱（打红楼梦七言绝句）枉与他人作笑谈

◎ 东床（打红楼梦用物）木榻

◎ 不学无术混一生（打红楼梦曲目）终身误

◎ 杜康已去（打红楼梦五言绝句）无以解忧兮

◎ 官迷（打红楼梦七言绝句）只有功名忘不了

◎ 王母请客（打红楼梦词牌）宴瑶池

◎ 盘山道上寻清境（打红楼梦景点）曲径通幽

◎ 对聋子说相声（打红楼梦七言诗句）枉与他人作笑谈

◎ 探花去东篱（打红楼梦词目）访菊

◎ 蜡梅苞（打红楼梦药名）冷香丸

◎ 岩下落珠泉（打红楼梦景词）石中清流激

◎ 天作棋盘星作子（打红楼梦曲一句）空对着

◎ 三月正当三十日（打红楼梦曲一句）春流到夏

《红楼梦》中的人名谜

◎ 集思广益（打人名两个）赖大家的、智能

◎ 木兰飘香（打人名一个）花自芳

◎ 致富之道（打人名一个）程日兴

◎ 少壮不努力（打人名三个）大了、时觉、惜春

◎ 始皇统一六国（打人名两个）
秦邦业、大了

◎ 挥毫落纸如云烟（打人名一个）雨墨

◎ 桃花一片柳千条（打人名两个）
小红、翠缕

◎ 寂寞开无主（打人名一个）花自芳

◎ 燕山教子俱成名（打人名两个）
五儿、同贵

◎ 严监生临终伸指（打人名两个）
云光、大了

◎ 零存整取（打人名两个）
钱升、大了

◎ 科学致富（打人名两个）
智能、钱升

◎ 新年献辞（打人名两个）
元春、陈瑞文

◎ 严冬过后花争发（打人名两个）
迎春、来旺

◎ 紫陌红尘佛面来（打人名一个）
花袭人

◎ 汉业建（打人名两个）
秦邦业、终了

◎ 珍珠（打人名两个，求凰格）
鸳鸯、宝玉

◎ 一水平流舟荡漾，秋灯黯淡月光明（打人名一个）沁香

◎ 陌头嫩绿垂杨柳，一任东风细细吹（打人名两个）翠缕、迎春

◎ 灯谜知识浅谈（打人名一个，徐妃格）琥珀

◎ 新年开端，踏雪寻梅；辞别旧岁，寸阴是竟（打人名四个）
元春、探春、迎春、惜春

◎ 六一节（打人名一个，秋千格）庆儿

◎ 流产（打人名两个）坠儿

◎ 大兴安岭（打人名一个）林如海

◎ 美谈（打人名一个）陈也俊

◎ 神童（打人名一个）智能儿

◎ 对对子（打人名一个）四儿

◎ 老来俏（打人名一个）陈也俊

◎ 语言美（打人名一个）陈也俊

◎ 聪敏有为（打人名一个）智能

◎ 芬芳扑鼻（打人名一个）花袭人

◎ 俏也不争春（打人名一个）花自芳

◎ 安装木马（打人名一个）宋妈

◎ 马上断案（打人名一个）宋妈

◎ 一一垂丹青（打人名一个）入画

◎ 寒梅著花未（打人名一个）探春

◎ 草色遥看近却无（打人名一个）碧痕

◎ 女孩男孩一个样（打人名一个）平儿

◎ 莫让年华付水流（打人名一个）惜春

◎ 坐以待旦（打人名一个）侯晓明

◎ 岁朝图（打人名两个）元春、入画

◎ 八姐游春（打人名两个）
多姑娘、张华

◎ 杨延辉探母（打人名两个）
四儿、张妈

◎ 科教兴国（打人名两个）
智能、张华

◎ 弃子入局（打人名两个）
舍儿、思棋

◎ 旅游中国热（打人名两个）
张华、来旺

◎ 为有暗香来（打人名两个）
迎春、花袭人

◎ 人人欢笑贺新年（打人名两个）
同喜、迎春

◎ 乐事全归万众心（打人名两个）
同喜、赖大家的

◎ 七子八婿笏满床（打人名两个）
多官儿、多姑娘

◎ 既是青年革新迷，又是三八红旗手（打人名两个）
智能、巧姐

◎ 一荣俱荣，一损俱损（打人名三个）同贵、坠儿、舍儿

◎ 木刻春柳图（打人名三个）
板儿、翠缕、入画

◎ 倌（打人名一个）多官人

◎ 御医（打人名一个）王大夫

◎ 福晋（打人名一个）王夫人

◎ 双杠（打一外号）二木头

◎ 出痘（打人名一个）花袭人

◎ 旧都（打人名一个）陈也俊

◎ 昏官（打人名一个）胡老爷

◎ 请柬（打人名一个）单聘人

◎ 笞刑（打人名两个）板儿、袭人

◎ 枫芽（打人名两个）小红、叶儿

◎ 寡妇（打人名一个）单大娘

◎ 加薪金（打人名一个）钱升

◎ 过家家（打人名一个）小燕

◎ 司马炎（打人名一个）昭儿

◎《三国志》（打人名一个）史鼎

◎ 纸片儿（打人名一个）小张

◎ 秦皇岛（打人名一个）贾政

◎ 结婚照（打人名两个）鸳鸯、入画

◎ 一再提问（打人名一个）何三

◎一抹蓝天（打人名两个）
碧痕、色空

◎ 上等皮草（打人名一个）裘良

◎ 不让须眉（打人名一个）女先儿

◎ 心急如焚（打人名一个）焦大

◎ 失信于民（打人名一个）赖大家的

◎ 全面上涨（打人名一个）同贵

◎麦子丰产（打人名两个）
来兴、来旺

◎ 四大皆空（打人名一个）净虚

◎ 发言完毕（打人名一个）云光

◎ 消灭赤字（打人名一个）扫红

◎政权解体（打人名两个）
秦邦业、终了

◎ 生灵涂炭（打人名一个）焦大

◎ 童星走俏（打人名一个）小红

◎ 商家算盘（打人名一个）贾珠

◎ 扮演皇帝（打人名一个）王君效

◎ 女鞋紧俏（打人名一个）香菱

◎ 耳目不少（打人名一个）多官人

◎ 羊角辫子（打人名一个）毛丫头

◎ 玫瑰扎手（打人名一个）花袭人

◎ 气象记录（打人名一个）晴雯

◎ 爱酒如命（打人名一个）惜春

◎ 考考徒弟（打人名一个）傅试

◎ 说话漂亮（打人名一个）陈也俊

◎ 售楼小姐（打人名一个）贾舍人

◎ 掌上明珠（打人名一个）宝姑娘

◎ 颜料售缺（打人名一个）色空

◎ 往来无白丁（打人名一个）多官人

◎ 李宁纵身跳（打人名一个）王子腾

◎ 米芾的雅号（打一外号）石呆子

◎ 功德林广告（打人名一个）素云

◎ 学习气象学（打人名一个）天文生

◎ 夫人妊娠反应（打人名一个）喜来家的

◎大家新年快乐（打人名两个）迎春、同喜

◎ 雨前牡丹写生（打人名两个）
茗烟、入画

◎ 商业形势大好（打人名一个）贾瑞

◎ 连说：不忙，不忙（打人名一个）空空道人

◎ 惊闻四面楚歌声（打人名一个）呆霸王

◎ 无可奈何花落去（打人名两个）惜春、扫红

◎ 话说湖南千古事（打人名一个）史湘云

◎ 赤条条来去无牵挂（打人名一个）空空道人

◎ 贴上差价，小房改善（打人名三个）钱升、舍儿、大了

◎ 莫等闲，白了少年头（打人名一个）惜春

◎ 生意兴隆，财源茂盛（打人名两个）贾瑞、金荣

◎ 遥知不是雪，唯有暗香来（打人名两个）王作梅、花袭人

◎ 方便千万家，辛苦我一人（打人名一个）琥珀

◎ 三个臭皮匠，抵个诸葛亮（打人名两个）赖大家的、智能

◎ 上穷碧落下黄泉，两处茫茫皆不见（打人名一个）空空道人

◎ 辞别旧岁，展望未来；恭贺新年，前途似锦（打人名两个）迎春、程日兴

◎ 个个花开淡墨痕（打人名一个）王作梅

◎ 二月春风似剪刀（打人名两个）叶生、翠缕

◎ 白话（打人名一个）素云

◎ 断桥如今换新貌（打人名一个）娇杏

◎ 峰碟纷纷过墙去（打人名一个）探春

◎ 此恨绵绵无绝期（打人名两个）来喜、终了

◎ 不是一人能领导（打人名一个）赖大家的

◎ 看花莫待花枝老（打人名两个）张华、小红

◎遥知不是雪（打人名一个）花袭人

《三国演义》中的谜语

据考证，《三国演义》中的谜语描写，可能是最早被写进小说里的。其中第71回写有谜史上广为流传的曹操与杨修猜“曹娥碑阴”的故事。第72回写了曹操与杨修猜谜的故事：

猜谜故事一：

东汉建安十三年（208），曹操被汉献帝封为丞相，他的僚属便动用了当地的大批能工巧匠为他修造相国府。修建这个相国府，整整修建一年才基本完工。完工之后的一天，曹操来到相国府，看着那雄伟壮丽的建筑，不住地点头。他来到后花园，站在门前仔细端详了一番，便拿笔在门上写了一个“活”字，什么也没说就走了。

人们都不明白曹操为何要在门上题此“活”字，可又不敢去问曹操。大家都知道主簿杨修足智多谋，就去把他请了来。杨修站在后花园门口看了看门上写的字，便笑着说：“不用担

心，你们把门拆掉，重新改小一点就行了。”大家听后都不明白，问杨修为什么要这样改。杨修笑着回答：“这是丞相的命令，你们看‘门’字中添个‘活’字不就是‘阔’字吗？门既然‘阔’了，就应当改小，要拆掉重建就是了。”大家听了这番话，方才醒悟过来，都夸杨修聪慧过人。门很快就按照曹操的意思整修好了。

几天以后，曹操又来到这里，看到门已经整修好，很满意，便问手下人：“这是谁猜出了我的意思啊？”左右的僚属回答：“是杨主簿告诉我们的。”曹操对着众人大大称赞了杨修的聪明才智。

猜谜故事二：

一天，有人给曹操送来一盒酥糖，曹操吃了几块，感觉味道很好，然后收了起来，并在盒盖上写了“一合酥”三个字，递给大家传看。大家不明白曹操的意思，有的夸夸糖盒精美，有的说曹操的字写得好。曹操看着众人却一句话也不说，笑了笑就出去了。

汉代漆盒图

过了一会儿，主簿杨修进来了，看大家围在一起议论纷纷，便凑上前去一看，原来是一盒酥糖，再仔细一看，盒盖上还有曹操的题字：“一合酥。”足智多谋的杨修一琢磨便笑了起来，连说：“今天有口福。”伸手拿过盒子，打开盖子取出一块酥就吃了。大家吃惊地看着他，他也不解释，又取出一些酥糖，一人一块分了起来。这些人拿着酥糖，不明白杨修的意思，谁也不敢吃。杨修笑着说：“没关系，吃吧！这是丞相的命令，一人一口酥嘛！”大家经他一解释这才明白过来，便放心地享受起又香又甜的酥糖来了。

原来这是个字谜，“合”字可分解为“人、一、口”，加上前面的“一”，后面的“酥”，就成了“一人一口酥”了。大家刚吃完，曹操回来了，看着空空的盒子，又看杨修在场，便明白了，却故意问：“谁叫你们吃的？”杨修上前答道：“是丞相您让我们吃的，我们怎敢违命呢！这不是写着一人一口酥吗？”曹操听后，哈哈大笑，并说：“我就知道肯定是你解开的这个字谜。”

猜谜故事三：

曹操进攻汉中，兵败，想退兵。这时夏侯惇到帐镇中请示夜间口令，曹操看着碗中的鸡肋，随口说：“鸡肋，鸡肋！”当众官往下传令时，杨修让士兵们收拾行装，准备起程。夏侯惇问他为什么，杨修说：

以令夜口令，便知魏王不日将退兵：鸡肋者，食之无肉，弃之可惜。今进不能胜，退恐人笑，在此无益，不如早归。

曹操塑像

这也是个隐语。但是就因为杨修屡次说出曹操所出的谜语，遭到了曹操的嫉妒，以致给自己带来的杀身之祸，后曹操以扰乱军心的罪名将杨修斩首。

《三国演义》第 90 回中的猜谜故事：

三国时期，赤壁之战最为关键，奠定了三足鼎立之势，而孙刘联盟又是此胜利的前提。而在联盟的过程中，因为存在利益的冲突，矛盾仍很多，这主要体现周瑜和诸葛亮之间。

东吴的周瑜是个心胸狭隘的人，他知道诸葛亮足智多谋，必将是东吴的大患，于是就千方百计地想把诸葛亮除掉。

有一天，周瑜摆下酒宴，款待诸葛亮，周瑜想以对诗为名杀掉诸葛亮。诸葛亮是何等聪明之人，早就察觉出周瑜的心思，就故意说：“谁输了就砍谁的头，子敬也算一个。”

周瑜以为诸葛亮中计了，心中暗喜，马上吟诗道：

有水也是溪，无水也是奚。
去掉溪边水，加鸟便是鸡。
得志猫儿胜过虎，落毛凤凰不如鸡。

诸葛亮一听，就知道周瑜是在骂他是落毛凤凰，就对答道：

有木也是棋，无木也是其。
去掉棋边木，加欠便是欺。
龙游潜水遭虾戏，虎落平阳被犬欺。

显然，诸葛亮把周瑜比做犬。周瑜听了大怒，鲁肃（即子敬）马上劝解说：

有水也是湘，无水也是相。
去掉湘边水，加雨便成霜。
各人自扫门前雪，休管他人瓦上霜。

周瑜气未消，就又吟了一首：

有木也是柩，无木也是丑。
去掉柩边木，加女便成妞。
隆中女子生得丑，百里难挑一个妞。

原来，诸葛亮就是隆中人，周瑜是在奚落自己的夫人，故反唇相讥道：

有木也是桥，无木也是乔。
去掉桥边木，加女便成娇。
江东美女数二乔，难保铜雀不锁娇。

周瑜对诸葛亮的嘲讽暴跳如雷，鲁肃赶忙上前劝阻道：

有木也是槽，无木也是曹。
去掉槽边木，加米便成糟。
为今之计在破曹，龙虎相残大事糟。

周瑜听了，顿时觉悟，诸葛亮也化险为夷，鲁肃用字谜平息了这场干戈，于是他们共同商议破曹大计。

不少聪明雅士做了许多与四大名

著有关的谜语，令我们感到谜语的机智，更让我们对制谜者新生敬佩之情。下面是有关《三国演义》的谜语！

人物谜语：

◎ 凿壁偷光（打一三国演义人名）孔明

◎ 准备就职（打一三国演义人名）蒋干

◎ 鸡蛋（打一三国演义人名）黄忠

◎ 千里驹（打一三国演义人名）马良

◎ 不卖铺盖（打一三国演义人名）刘备

◎ 降落伞（打一三国演义人名）张飞

◎ 天子允诺（打一三国演义人名）王允

◎ 花容玉貌（打一三国演义人名）颜良

◎ 山东宁静（打一三国演义人名）鲁肃

◎ 镀金（打一三国演义人名）黄盖

字谜：

◎ 吕布哀哉（打一个字）戟

◎ 计刘备双股剑（打一个字）刹

◎ 刘备一死星殒落（打一个字）刘

◎ 连环一设东风（打一个字）讽

◎ 小霸王一去不返（打一个字）主

◎ 三顾频繁天下计（打一个字）众

◎ 一统江东吴始立（打一个字）言

用《三国演义》中词句作谜面的其他谜语：

◎ 江东二乔（打中国体操运动员名一）吴佳妮

◎ 铜雀春深锁二乔（打中国名胜一）储秀宫

◎ 牛儿打架（打中国军事家一人名）张角

◎ 唯使君与操耳（打中国电影名一）双雄会

◎ 青龙偃月无人敌（打河北名胜一）天下第一关

◎ 关公千里走单骑（打中国晋代人名一）卫夫人

◎ 云长乃吾弟也（打中国现代作家名一）刘白羽

◎ 关云长秉烛夜读（打中国戏剧演员名一）张春秋

◎ 华雄（打中国音乐界人名一）盛中国

◎ 赤壁败曹（打中国音乐界人名一）刘炽

◎ 赤壁破曹（打中国音乐界人名一）孙悦

◎ 张翼德之婿（打中国政治家一人名）岳飞

◎ 三顾茅庐（打中国元代人名一）张士诚

◎ 玄德文武双全（打中国足球运动员名一）刘斌

◎ 孙权任人唯贤（打中国足球运动员名一）吴承瑛

◎ 玄德大耳兆吉祥（打中国足球运动员名一）刘利福

◎ 孟德与刘备结拜（打中国足球运动员名一）曹限东

◎ 翼德护驾保安宁（打中国篮球运动员名一）张卫平

◎ 子龙一生豪杰（打中国游泳、跳水运动员名一）赵国荣

◎ 大江东去（打直辖市名一）上海

◎ 夏侯渊（打河北地名一）秦皇岛

◎ 铜雀春深锁二乔（打山西地名一）娘子关

◎ 孙权得势（打浙江地名一）吴兴

◎ 天下分久必合（打中国名胜一）关

大散

◎ 玄德话云长（打中国现代作家名一）刘白羽

◎ 草船借箭（打中国现代作家名一）茅盾

◎ 群英会（打中国地名二）孙吴、集贤

◎ 刘关张（打中国地名二）桃园、三义

◎ 诸葛亮出世（打中国武侠名作家一）卧龙生

◎ 翼德赤膊上阵（打中国科学家名一）张光斗

◎ 曹操因何割发代首（打中国科学家名一）马在田

◎ 鼎足之势（打中草药名一）三分三

◎ 徐庶进曹营（打中国歌曲名一）什么也不说

◎ 蒋干访友（打中国电影演员名一）张瑜

◎ 翼德出朝（打中国现代人名一）张廷发

◎ 割发代首（打中国汉代人名一）曹无伤

◎ 严颜因何归蜀汉（打中国汉代人名一）张释之

◎ 我乃天水姜伯约也（打少数民族名一）维吾尔

◎ 七擒七放蛮人服（打中国唐代人名一）诸葛德威

◎ 千里走单骑（打中国元代人名一）马致远

◎ 霸王云长皆作古（打中国电影名一）翠翠向

◎ 翼德何曾查户口（打中国电影名一）飞向未来

◎ 曹操煮酒赞刘备（打中国电影名一）与我同行

◎ 云长千里走单骑（打外国电影名一）过关斩将

◎ 孟德无恙（打河北地名二）魏、武安

◎ 孔明抗曹策（打黑龙江地名二）孙吴、友谊

◎ 东风不与周郎便（打山西名胜一）娘子关

◎ 令赵云以五百骑接之（打安徽名胜一）迎客松

◎ 孟获怀恩边得固（打福建地名二）德化、南靖

◎ 失街亭单斩马谡（打广东地名一）饶平

◎ 七擒七纵降孟获（打广西地名一）平南

◎ 武候弹琴退仲达（打云南地名一）曲靖

◎ 五月渡泸伏孟获（打甘肃地名二）临夏、肃南

◎ 刘关张结义原址（打台湾地名一）桃园

◎ 孔明智收姜伯约（打欧洲某国家首都名一）维也纳

◎ 温酒斩华雄（打欧洲某国家名一）捷克

◎ 曹操抹书间韩遂（打美洲国家名一）巴拿马

◎ 失街亭孔明请贬（打象棋专用术语一）去相

◎ 蜀魏相争（打中国歌唱演员名一）孙国庆

◎ 煮酒论英雄（打中国歌曲名一）你我之间

◎ 曹操抹书间韩遂（打象棋专用术语一）退边马

◎ 为何借东风（打食品名一）火烧

◎ 孔明为何施七纵（打中国当代报刊名一）收获

◎ 新野赤壁连营遭火烧（打穴位名一）三焦

◎ 曹操读罢陈琳檄（打中成药名一）惊风散

◎ 关公战秦琼（打排球专用术语一）打时间差

◎ 奉先称刘备为弟（打中草药名一）昆布

◎ 温酒斩华雄（打西药名一）可立克

◎ 水淹七军（打象棋专用术语一）卒过河

◎ 铜雀春深锁二乔（打保险专用术语一）关系人

◎ 何以割发代首（打象棋专用术语一）野马操田

◎ 过五关斩六将（打象棋专用术语一）连杀

◎ 留王平斩马谡（打象棋专用术语一）二将一要杀

◎ 凤雏一语教徐庶（打象棋专用术语一）守边告归

◎ 豹头环眼燕颔虎须（打象棋专用术语一）飞相

◎ 孟获数战皆被擒（打围棋专用术语一）北斗七

◎ 关云长刀下留命，黄汉升高箭射盔缨（打围棋专用术语一）两打同情不打

◎ 廖化当先锋（打桥牌专用术语一）弱无将

◎ 庞士元父母（打计算机专用词语一）子系统

◎ 东临碣石有遗篇（打机械专用词语一）操作过程

◎ 守街亭马谡分兵（打排球专用术语一）平拉开

◎ 范疆张达弑主投东吴（打排球专用术语一）双背飞

◎ 鼎足之势（打体育专用术语一）三点式

◎ 青梅煮酒论英雄（打体育专用术语一）准备操

◎ 定三分隆中决策（打电视专用术语一）亮度

◎ 三个臭皮匠，顶个诸葛亮（打金融专用术语一）联行

◎ 桃园结义无异志（打储蓄专用术语一）三联单

◎ 桃园结义（打中国现代史名词一）三人团

◎ 火烧赤壁（打税务专用术语一）起征点

◎ 七擒七纵定建宁（打保险专用术语一）收获保险

◎ 虎牢关（打保险专用术语一）消除隐患

◎ 过五关斩六将（打保险专用术语一）连续损失

◎ 赔了夫人又折兵（打保险专用术语

一）连续损失
◎ 扶天子以令诸侯（打保险专用术语一）代位求偿权
◎ 草船借箭（打唐诗名句一）将军夜引弓
◎ 水淹七军（打广告专用术语一）流动经营
◎ 孟德修书一封（打广告专用术语一）操作简单
◎ 扶天子以令诸侯（打交通运输专用术语一）操纵示意图
◎ 群英会（打机械专用词语一）组合模
◎ 火烧赤壁靠天助（打建筑专用词语一）自然通风
◎ 赵子龙从不落人后（打建筑专用词语一）云头
◎ 孟德新书（打机械专用词语一）操作
◎ 祢衡击鼓骂曹（打机械专用词语一）数控操作
◎ 生子当如孙仲谋（打储蓄专用术语一）活期有息
◎ 孔明弹琴退仲达（打机械专用词语一）空调设计
◎ 关云长温酒斩华雄（打机械专用词语一）快速走刀
◎ 割发代首（打计算机专用词语一）操作表
◎ 庞士元何许人也（打计算机专用词语一）系统
◎ 东临碣石有遗篇（打计算机专用词语一）文本操作
◎ 三人臭皮匠凑成诸葛亮（打计算机专用词语一）联机
◎ 孔明三用计，周瑜一命丧（打中医专用术语一）气功
◎ 刮骨弈棋（打医学术语一）关节痛
◎ 七军一淹于禁降（打医疗术语一）开水冲服
◎ 武侯弹琴退仲达（打物理学术语一）真空计
◎ 赔了夫人又折兵（打物理学术语一）失重
◎ 几番悟得士元谋（打数学术语一）数理统计
◎ 翼德长坂智解危（打环保术语一）飞尘
◎ 刘备与曹操相斗（打法律术语一）专利权
◎ 东风不与周郎便（打外交名词一）夫人外交
◎ 周郎新婚（打宋词名句一）小乔初嫁了
◎ 周瑜孔明齐亮掌（打汽车零部件一）内燃机
◎ 大江东去（打唐诗名句一）奔流到海不复回
◎ 三江口公瑾抱病（打唐诗名句一）东风不与周郎便
◎ 豫州牧三顾茅芦（打唐诗名句一）度前刘郎今又来
◎ 张翼德下乡（打唐诗名句一）飞入寻常百姓家
◎ 周郎设计烧战船（打词牌名一）满江红
◎ 华容道（打江西地名一）花径
◎ 火烧赤壁（打广西地名一）红石岩

◎ 诸葛亮不是仙人（打海南地名一）卧龙山

◎ 今天下英雄，唯使君与曹耳（打中央电视台栏目名一）与你同行

◎ 或告孔明曰：孝直太横，宜稍斥之（打中央电视台栏目名一）举案说法

◎ 刘皇叔跃马过擅溪（打体育项目一）急行跳远

◎ 门下一大将，有人说：关云长；有人说：楚霸王（打一字）扇

◎ 生子当如孙仲谋（打一法律名词）继承权

◎ 虎牢关战吕布（打电风扇名牌一）三角

◎ 两座大山山对山，到了衡州鱼下滩．太公年老少一点，周瑜用计脱衣衫（打四字）出行大吉

◎ 张翼德访问黎民（打七言诗一句）飞入寻常百姓家

◎ 关云长故居（打一字）扇

◎ 孙权之嫂，周瑜之妻（打一字）娇

◎ 七擒孟获是我兄，九伐中原是我弟，兄弟之间算我差，似人非人不成器（打一字）八

◎ 关羽战李逵（打一成语）大刀阔斧

◎ 身在曹营心在汉（打一成语）关怀备至

◎ 若刘景升儿豚犬耳（打一成语）虚有其表

◎ 关公赴会（打一成语）单刀直入

◎ 先主初薨，五路伐蜀（打一成语）攻其不备

◎ 孔明借东风，周瑜用火攻，鲁肃哈哈笑，曹操怒气冲（打厨房一劳作过程）蒸馒头

◎ 徐策（打食物名一）马蹄松

《水浒传》中的谜语

元末明初施耐庵与罗贯中所著的小说《水浒传》，第 38 回“浔阳楼宋江吟反诗”中写道，街市中流传着小孩子的谣言：

耗国因家木，刀兵点水工。

纵横三十六，播乱在山东。

蔡九知府不明白这首童谣的意思，黄文炳说：“耗尽国家钱粮的人，必是家头加个木字，明明是个‘宋’字；第二句，兴起刀兵的人，是水边加个工字，是‘江’字；第三、四句诗说六六之数，要在山东造反。这四句是隐‘宋江造反’啊！”

卢俊义，绰号“玉麒麟”，一身好武艺，棍棒天下无双。原为一员外大户，浪子燕青是其家仆，其人家世清白，为人谨慎，世居大名府。宋江慕其名，为壮大梁山声势，欲将其诓上山。军师吴用与李逵便假扮算命先生与哑童子，前往卢府为其算命。

卢俊义将吴用和李逵请到后堂小阁儿里，分宾主坐定。先献茶汤，然后叫伙计取过白银一两，说：“烦先生看贱造如何。”吴用说：“请贵庚月日下算。”卢俊义说：“先生，君子问灾不问福，不必道在下豪富，只求推算目下行藏。在下今年三十二岁，甲子

卢俊义像

年，乙丑月，丙寅日，丁卯时。”吴用取出一把铁算子来，放在桌上，排算了一番，拿起算子在桌上一拍，大叫一声“怪哉!”卢俊义大惊失色问：“贱造主何吉凶?”

吴用说：“员外若不见怪，当以直言相告。”卢俊义说：“正要先生与迷人指路。”吴用说：“员外这命，目下不出百日之内，必有血光之灾。家私不能保守，死于刀剑之下。”卢俊义笑着说：“先生差矣。卢某生在北京，长在豪富之家，祖宗无犯法之男，亲族无再婚之女，更兼俊义做事谨慎，非理之事不为，非份之财不取，怎么会有血光之灾?”吴用改容变色，急取原银付还，起身就走，叹息一声：“天下人原来都喜欢阿谀奉承！罢，罢！分明指与平川路，却把忠言当恶言。小生告退。”卢俊义说：“先生息怒。适才戏之耳，愿听指教。”吴用说：“小生直言，切莫见怪！员外贵造，一向都行好运。但今年时犯岁君，正交恶限。如今百日之内，身首异处。此乃生来份定，不可逃也。”卢俊义问：“可以回避么?”吴用再用铁算盘算了一番，回答说：“除非去东南方一千里之外，方可免此大难。虽有些惊恐，却不伤大体。”卢俊义说：“要是免得此难，当以厚报。”吴用说：“命中有四句卦歌，小生说给员外，请写在壁上。日后应验，方知小生算得准。”卢俊义叫取笔砚来，吴用口歌四句：

芦花丛里一扁舟，
俊杰俄从此地游，
义士若能知此理，
反躬逃难可无忧。

卢俊义写罢，吴用收拾起算子，作揖辞行。两人回到店中，算还房饭钱，回山寨去了。卢俊义中计，欲前往泰安州避祸。途经梁山时中埋伏，与梁山英雄大战，卢俊义不敌，乘船逃走时被浪里白条张顺活捉。卢不愿在梁山落草为寇，宋江也未强迫，将其放回。待其回到家中，其妻贾氏已与管家李固做了夫妻，诬陷其勾结叛匪，卢俊义在自家墙上题写的诗每一句的第一个字连起来就是：卢俊义反。卢俊义屈打成招，下了死牢。幸得燕青、石秀以及其他梁山众好汉等先后搭救，方免遭毒手。上得梁山后，坐上了第二把交椅。忠义堂前亦竖起了

"山东呼保义，河北玉麒麟"的大旗。

《水浒传》第 71 回写到何玄通辩认天书后，梁山一百单八将按天罡地煞排列了座次。何道士也得了一份重赏，酬谢黄金五十两。

那天，何道士带着黄金高高兴兴地走下山来，突然有一个人拦住了他的去路，抬眼一看，这个人是白日鼠白胜。白胜对何道士大喝一声道："你是何方妖道，识个屁的天书，老子跟大哥走南闯北，立下了汗马功劳，却被你故弄玄虚，将俺排在地煞的倒数第三位。你既然识得天书，我倒要问问你：现在我靠的是什么树？"

何道士被喝得一愣，战战兢兢地看到白胜靠在一棵大树上，便颤抖他说："将军，这是柏村。"白胜大吼一声，转过身子拔起李树，高高举起，正想向何道士砸下，吓得道士扑通一响跪了下来，哀求道："将军饶命！将军饶命！恕贫道直言，这是李树。"白胜将树向旁边一扔，当胸一把揪住了何道士说："你刚才还说是柏树，现在怎么又说李树？"道士忙辩白说："刚才白将军倚在树旁，白边木岂不是'柏'吗？后来举起树来想打贫道，将军雅号是白日鼠，按地支属子，木下子不是一个'李'字？所以我先说柏树，后称李树。"

白胜听了道士的鬼话，不由得哈哈大笑，推了何道士一下，骂道："好一张利嘴！"道士何玄通就趁机一溜烟地逃走了。

再来看看当代谜师们做的与《水浒传》人物有关的谜语：

◎ 黑棋输了（打一水浒传人名）白胜

◎ 冬去春来（打一水浒传人名）时迁

◎ 古往今来（打一水浒传人名）史进

◎ 宋朝大将军（打一水浒传人名）宋江

◎ 春秋半部日月同辉（打一水浒传人名）秦明

◎ 替爷爷站岗（打一水浒传人名）孙立

◎ 元前明后（打一水浒传人名）宋清

◎ 后生可畏（打一水浒传人名）童威

◎ 万紫千红（打一水浒传人名）花荣

◎ 单刀赴会（打一水浒传人名）关胜

◎ 环城路（打一水浒传人名）周通

◎ 钢琴伴奏（打一水浒传人名）乐和

◎ 召之即来（打一水浒传人名）闻达

◎ 左右开弓（打一水浒传人名）张横

◎ 绿化北京（打一水浒传人名）燕青

◎ 赫赫小英雄（打一水浒传人名）童威

◎ 越来越安定（打一水浒传人名）徐宁

◎ 供不应求（打一水浒传人名）索超

◎ 三代两传捷报（打一水浒传人名）公孙胜

◎ 正是寒风凛冽时（打一水浒传人名）方腊

◎ 桂林山水甲天下（打一水浒传人名）石秀

◎ 愚公移山谋非浅（打一水浒传人名）鲁智深

◎ 五颜六色红为尊（打一水浒传人名）朱贵

◎ 僧穿彩衣（打一水浒传人名）花和尚

◎ 普降甘霖（打一水浒传人名）及时雨

用《水浒传》中词句做的其他灯谜：

◎ 花和尚独走二龙山（打中国唐代人名一）僧一行

◎ 宋江迎战（打中国电影名一）黑三角

◎ 鲁智深独树一帜（打中国电影名一）花旗和尚

◎ 行者九纹龙（打江苏地名一）武进

◎ 智深不外露（打南美国家名一）秘鲁

◎ 行者气轩昂（打甘肃地名一）武威

◎ 大车上坐武二郎（打体育专用术语一）马拉松

◎ 林冲发配谁照应（打中国影视演员名一）顾也鲁

◎ 梁山泊上晨风吹（打中国蓝球运动员名一）宋晓波

◎ 及时雨宋江（打河北地名一）泊头

◎ 宋公明继任正头领（打福建地名一）晋江

◎ 周通施恩（打湖北地名一）广济

◎ 张横（打中国影视演员名一）顾也鲁

◎ 张青技穷（打中草药名一）没石子

◎ 景阳恰遇武都头（打中草药名一）岗松

◎ 武大郎开店（打桥牌专用术语一）高定约

◎ 招安（打股市专用术语一）投保人

◎ 坐楼杀惜（打云南地名一）怒江

◎ 伏兵华容（打中国宋代人名一）陈师道

◎ 亮瑜掌中何所见（打中国宋代人名一）张炎

◎ 武大郎踩高跷（打中国电影名一）取长补短

◎ 水泊长子耀眼明（打中国乒乓球运动员名一）梁戈亮

◎ 九纹龙（打中国影视演员名一）史进

◎ 大战豹子头（打内蒙古地名一）和林格尔

◎ 宋公明义释双枪将（打广东地名一）饶平

◎ 花和尚鲁智深（打四川地名一）色达

◎ 行者不带头（打甘肃地名一）武都

◎ 行者打绑腿（打日用品名一）松紧带

◎ 林冲误入白虎堂（打象棋专用术语一）高炮局

◎ 梁山末座（打围棋专用术语一）段位

◎ 天罡地煞排座次（打围棋专用术语一）星定式

◎ 金莲闷杀武大郎（打桥牌专用术语一）一盖一争叫

◎ 及时雨（打足球专用术语一）落点好

◎ 梁山兵陈祝家庄（打足球专用术语一）打下三路

◎ 智多星设宴，豹子头干杯（打中医专用术语一）用酒冲服

◎ 梦觉神游景阳岗（打湖南地名一）苏仙岭

◎ 快活林（打环保名词一）速生树木

◎ 及时雨（打财会专用术语一）利润

◎ 林教头站柜台（打财会专用术语一）冲销

◎ 梁山英雄大聚义（打股市专用术语

一）成百集团

◎ 八十万禁军谁掌管（打一成语）首当其冲

◎ 拼命三郎短命二郎（打保险专用术语一）保险单

◎ 智多星算无遗策（打广告专用术语一）用料上乘

◎ 出迎小霸王（打中国电信词语一）接通

◎ 青面兽（打集邮专用词语一）志号

◎ 李逵因何负张顺（打建筑专用词语一）不透水性

◎ 逼上梁山（打机械专用词语一）高压反冲

◎ 禁军教头（打医学术语一）护士长

◎ 戴宗添甲马（打物理学名词一）加速度

◎ 武都头（打广告专用术语一）居同行之首

◎ 宋江避雨驿舍内（打足球专用术语一）及时传中

◎ 智取生辰纲（打围棋专用术语一）套劫

◎ 回首又见金眼彪（打湖北地名一）恩施

◎ 武大郎开店（打毛泽东诗词一句）不要这高

◎ 都头屈尊询郓哥（打唐诗名句一）松下问童子

◎ 金眼彪恭请武都头（打安徽名胜一）迎客松

◎ 晁天王乃山寨之主（打一物品名）盖头

◎ 一丈青配矮脚虎（打体育项目一）女子高尔夫

◎ 神行太保送信忙（打集邮专用词语一）特快专递

◎ 不再缠金莲（打四川地名一）松潘

◎ 呼保义老家（打海南地名一）宋氏祖居

◎ 离开水浒无话讲（打海南地名一）白马井

◎ 豹子头统兵八十万（打海南地名一）将军林

◎ 真假李逵（打一歌词）鬼也不是鬼

◎ 张清张青怎不同（打一字）沙

◎ 梁山火并谁不服（打一成语）无与伦比

◎ 鲁达当和尚（打一成语）半路出家

《西游记》中的谜语

《西游记》第 1 回有这样一则字谜：

灵台方寸山，斜月三星洞。

这两句隐的是“心”字，“灵台”“方寸”都是“心”的别称。

《西游记》第 2 回中，有孙悟空打破须菩提祖师“盘中之谜”，得以传道的记叙。

在孙悟空的学艺过程中，他也有很多同门的师兄师弟，其实菩提祖师对孙悟空这个聪明伶俐的徒弟还是有一点偏爱的。在孙悟空学艺七年后的一天，菩提祖师讲道结束后，问孙悟空想学什么本领。孙悟空不管祖师讲什么求神拜佛、打坐修行，只要一听不能长生不老，就不愿意学，菩提祖

西游记场景图

师对此非常生气。祖师从高台上跳了下来，手里拿着戒尺指着孙悟空说：“你这猴子，这也不学，那也不学，你要学些什么？”说完走过去在孙悟空头上打了三下，倒背着手走到里间，关上了门。师兄们看到师父生气了，纷纷责怪孙悟空。孙悟空既不害怕，也不生气，心里反而十分高兴。

当天晚上，孙悟空假装睡着了，可是一到半夜，就悄悄起来，从前门出去，等到三更，绕到后门口，看见门半开半闭，高兴得不得了，暗自高兴没有猜错师父的意思。悟空走了进去，看见祖师面朝里睡着，就跪在床前说：“师父，我跪在这里等着您呢！”祖师听见声音就起来了，盘着腿坐好后，严厉地问孙悟空来做什么。孙悟空说：“师父白天当着大家的面不是答应我，让我三更时从后门进来，教我长生不老的法术吗？”菩提祖师听到这话心里很高兴，心想：“这个猴子果然是天地生成的，不然怎么能猜透我的哑谜。”于是，让孙悟空跪在床前，教给他长生不老的法术。

再请看聪明的谜师们制作的与《西游记》有关的成语谜：

◎ 孙悟空龙宫借宝（打一成语）

海底捞针

◎ 金箍棒变毫毛（打一成语）

千钧一发

◎ 美猴王并非鼠辈（打一成语）

不肖子孙

◎ 坐地日行八万里（打一成语）

不胫而走

◎ 悟空难逃如来掌（打一成语）

手下败将

◎ 闹水帘悟空称王（打一成语）

沐猴而冠

◎ 美猴王抗旨回洞（打一成语）

顶天立地

◎ 唐僧何故变成虎（打一成语）

黄袍加身

◎ 如来佛法降大圣（打一成语）

得心应手

《西游记》人物谜：

◎ 鉴真（打一西游记人物）唐僧

◎ 朱子（打一西游记人物）红孩儿

◎ 祖饯（打一西游记人物）孙行者

◎ 东宫（打一西游记人物）老子道君

◎ 骂人话（打一西游记人物）猪八戒

◎ 儿子想登月（打一西游记人物）

孙悟空

◎ 龙女善招风（打一西游记人物）

铁扇公主

◎ 尸体腐烂化妖怪（打一西游记人

物）白骨精

《西游记》词句作谜面的其他灯谜：

◎ 西游记（打储蓄专用术语一）水印

◎ 八戒投胎（打保险专用术语一）生猪保险

◎ 西行路漫漫（打交通运输专用术语一）长途客运

◎ 精通七十二变（打工业专用术语一）自动化程度高

◎ 孙悟空再下鼠洞（打股市专用术语一）探底

◎ 白骨惹恼孙大圣（打中医专用术语一）精气神

◎ 天宫（打哲学名词一）上层建筑

◎ 孙悟空告状（打一法律名词）申诉

◎ 白骨化作美人来（打广告专用术语一）精修仪表

◎ 悟空借扇过火焰（打中国名山一）清凉山

◎ 唐僧坐骑好威风（打中国电影名一）龙马精神

◎ 坐镇花果山（打中草药名一）猴儿掌

◎ 大闹天宫（打围棋专用术语一）角空

◎ 掌控悟空（打中草药名一）佛手

◎ 悟空自报来也（打中国影视演员名一）孙道临

◎ 悟空出世（打山西地名一）离石

◎ 悟空身世（打中国春秋战国人名一）石申

◎ 悟空恼恨金箍棒（打中国电影名一）怪圈

◎ 美猴王龙宫借宝（打西药名一）海得金针

◎ 频念紧箍咒（打外国电影名一）苦行者

◎ 孙行者获胜（打黑龙江地名一）逊克

◎ 火焰山（打当代长篇小说名著名一）红岩

◎ 悟空借来芭蕉扇（打疾病名一）支气管炎

◎ 唐僧误拜假雷音（打中成药名一）人参精

◎ 今日欢呼孙大圣（打中成药名一）毛发再生精

◎ 大闹天宫（打中草药名一）威灵仙

◎ 朱子（打《西游记》中一人名）红孩儿

◎ 花果山大王（打中草药名一）猴头

◎ 猪八戒照镜子（打中草药名一）二丑

◎ 唐僧怒念紧箍咒（打中草药名一）制猴头

◎ 悟空难逃如来掌（打中草药名一）神仙一把抓

◎ 猴子缘何称大王（打浙江地名一）虎跑

◎ 八戒吞吃人参果（打医学术语一）食物过敏

◎ 倒打一耙（打计算机专用术语一）退格

◎ 老孙守寨前八戒守寨后（打工业专用术语一）审核

◎ 雷达（打《西游记》人名）千里眼

◎ 行者空空如也（打中国影视演员名一）孙松

◎ 悟空天宫受仙箓（打围棋专用术语一）猴子遛马

◎ 悟空探路沙僧随后（打足球专用术语一）一挑一带

◎ 沙僧当班（打财会专用术语一）净值

◎ 坐地日行八万里（打股市专用术语一）全天走势

◎ 八戒初探火焰山（打保险专用术语一）生猪保险

◎ 唐僧远行劫难多（打地理专用术语一）西经八十一度

◎ 铁扇公主（打一食品名）牛肉

◎ 蜘蛛精结网困唐僧（打集邮专用词语一）丝织封

◎ 花果山花开（打中医专用术语一）实脉

◎ 蟠桃宴（打一成语）聚精会神

◎ 坐地日行八万里（打物理学术语一）圆周运动

◎ 白骨戏唐僧（打物理学术语一）三态变化

◎ 白骨毒计原也深（打数学术语一）高精确度

◎ 金猴奋起千钧棒（打环保术语一）空间除尘

◎ 悟空圈地护唐僧（打保护环境术语一）环保

◎ 猴头酣睡蟠桃园（打古文名句一）行者休于树

◎ 玉宇澄清万里埃（打一礼貌谦词）请勿见怪

◎ 鉴真东渡（打《西游记》中两人名）行者、唐僧

参考书目

1．中国名谜掌故趣谈，翟鸿起主编，中国文史出版社，2007 年 1 月出版

2．最精彩的谜语故事，海潮编，海潮出版社，2006 年 4 月出版

3．名人谜语故事，李永文主编，山东人民出版社，2005 年 1 月出版

4．灯谜，常巧萍，李方舟编著，中国社会出版社，2008 年 1 月出版

5．详说灯谜，江更生著，新世界出版社，2007 年 1 月出版

6．红楼梦，（清）曹雪芹，高鹗著，人民文学出版社，2008 年 7 月出版

7．三国演义，（元）罗贯中著，人民文学出版社，2008 年 7 月出版

8．水浒传，（元）施耐庵著，人民文学出版社，2008 年 7 月出版

9．西游记，（明）吴承恩著，人民文学出版社，2008 年 7 月出版

10．张居正，熊召政著，长江文艺出版社，2007 年 1 月出版

11．中华谜语大全：谜语故事大全，申江主编，学苑出版社，2000 年 1 月版

12．新编谜语大全，全国灯谜信息社编，内蒙古文化出版社，2001 年 12 月出版

13．灯谜猜制入门，潘振芳编著，金盾出版社，2001 年 2 月版

14．谜语集萃，楚风，秦虎编著，中国纺织出版社，2000 年 11 月版

悠长历史荟萃人间妙谈　千年文化尽在趣话之中

西苑中华上下五千年传统文化趣话馆

	书名	作者	简介	定价
1	中华上下五千年谜语趣话	蒋焱兰 周馥华	荟萃古今谜语故事，谜虽小技娱乐大众！	32.00
2	中华上下五千年盗墓趣话	张燕军	悬疑与惊悚的盗墓史，记载翔实的盗墓贼“手记”。	26.00
3	中华上下五千年茶道趣话	乔柏梁	品味茶中百香百味，感悟人生荡气回肠。	24.00
4	中华上下五千年妙诗妙词趣话	蒋焱兰	荟萃绝妙诗词，云集千姿百态的诗词故事。	36.00
5	中华上下五千年绝妙对联趣话	于子洲 陶明华	挥翰泼墨写尽千古风流文字，慨当以慷撰百世不朽华章。对联实乃中华传统文化之精髓。	30.00
6	中华上下五千年名流趣话	蒋志华	阅读中国历史名人的故事，走进他们的世界。	28.80
7	中华上下五千年断案趣话	吴维	勾勒中华历史经典断案故事，解密深奥断案智慧。	26.80
8	中华上下五千年妙典趣话	蒋志华	绝妙成语故事，精彩典故合集。	29.80
9	中华上下五千年宫廷趣话	蒋志华	览尽千古后宫佳丽神秘故事，观遍历代皇家气象。	28.80
10	中华上下五千年智谋趣话	蒋志华	领悟古人智慧，感悟历史，顿悟人生。	32.80
11	中华上下五千年民俗趣话	李静	叙述中华民族民俗文化，展现中国民俗丰富内涵。	39.80
12	中华上下五千年历史趣话	杨美华	描写历史人物鲜为人知的趣事，揭开历史事件背后的谜团。	31.80
13	中华上下五千年民族风情趣话	姚博 陈涛	展示大美中华的民族魅力，56个伟大民族的璀璨风情。	28.00
14	中华上下五千年历史谜案	楚湘	同样的史实不同样的视角，解读扑朔迷离的历史疑云及事件真相。	28.00
15	中华上下五千年绝妙酒令趣话	吕征	酒令是中华文化中独树一帜的奇葩！曲水流觞，唱尽天下感慨。	28.00
16	中华上下五千年养生趣话	郭志强	荟萃历代医家思想，集合名家养生精华，全面展示中华传统养生文化。	30.00
17	中华上下五千年名人家教趣话	蒋焱兰 郭志强	汇集古今名人家教故事，融汇百家教育思想精华。	28.80
18	中华上下五千年神仙趣话	李靖元	“得道神仙长生不老，人间真爱慈心普渡”融汇百位神仙的奇妙故事。	28.80